黄伯荣 廖序东《现代汉语》教材

出版四十周年研讨会文集

黄廖本《现代汉语》编写组

高等教育出版社·北京

内容提要

本文集主要收录"纪念黄廖本《现代汉语》出版40周年学术研讨会"的研讨成果,由历史回眸、宾主致辞、教材修订、教材评议、教学研讨以及大事纪要几部分构成,旨在全面反映大会研讨成果以及黄廖本《现代汉语》出版发行40年的发展历程。黄廖本《现代汉语》教材在全国乃至世界范围内都有着广泛的影响力。此文集一方面是纪念先贤、展现参编者几十年辛勤劳动的成果,更重要的是总结教材编写和使用的经验,从深厚的学术积淀中汲取养分。与此同时,介绍其编写出版历程,可以使广大读者更为全面地了解这部教材。

图书在版编目(CIP)数据

黄伯荣 廖序东《现代汉语》教材出版四十周年研讨会文集/黄廖本《现代汉语》编写组编. -- 北京:高等教育出版社,2021.4
ISBN 978-7-04-055055-9

Ⅰ. ①黄… Ⅱ. ①黄… Ⅲ. ①现代汉语-文集 Ⅳ. ①H109.4-53

中国版本图书馆CIP数据核字(2020)第178955号

黄伯荣 《现代汉语》教材出版四十周年研讨会文集
廖序东
Huang Borong
Liao Xudong Xiandai Hanyu Jiaocai Chuban Sishi Zhounian Yantaohui Wenji

策划编辑	吴 军	责任编辑	吴 军	封面设计	李树龙	版式设计	王艳红
插图绘制	李沛蓉	责任校对	王 雨	责任印制	赵义民		

出版发行	高等教育出版社	咨询电话	400-810-0598
社 址	北京市西城区德外大街4号	网 址	http://www.hep.edu.cn
邮政编码	100120		http://www.hep.com.cn
印 刷	北京中科印刷有限公司	网上订购	http://www.hepmall.com.cn
开 本	880 mm×1230 mm 1/32		http://www.hepmall.com
印 张	8.625		http://www.hepmall.cn
字 数	250千字	版 次	2021年4月第1版
插 页	2	印 次	2021年4月第1次印刷
购书热线	010-58581118	定 价	33.80元

本书如有缺页、倒页、脱页等质量问题,请到所购图书销售部门联系调换
版权所有 侵权必究
物 料 号 55055-00

目　　录

序言 ·· I
　　四十年的回顾与启示·····································李行健　I

历史回眸 ·· I

宾主致辞 ·· 1
　　历久弥新　薪火相传·····································苏雨恒　3
　　精英聚岛城　教材谱新篇·····························于永明　5
　　祝贺·感怀·邀请··钱　进　8
　　非凡的"黄廖本"　辉煌的四十年·················李行杰　13
　　精益求精　与时俱进······································王　勤　15
　　承前启后担大任　守正创新续传奇·············王建军　18

教材修订 ·· 21
　　浅谈黄廖本《现代汉语》(增订六版)上册的修订········李　申　23
　　黄廖本《现代汉语》(增订六版)下册修订要点说明········戚晓杰　29
　　顺应教学改革　拓宽发展空间
　　　　——黄廖本《现代汉语》精简本编写回顾·······王建军　41
　　黄廖本《现代汉语》文字章几个术语之演进·······邵霭吉　49
　　对《现代汉语》(增订六版)词汇章第六节的修订建议······王　沽　59

教材评议 ·· 69
　　一部受欢迎的《现代汉语》教材
　　　　——黄伯荣、廖序东主编《现代汉语》评介·······竟　成　71

I

黄廖本《现代汉语》:40年演绎语言学教材传奇故事……… 章红雨　74
浅谈黄廖本《现代汉语》教材的特点……………………… 刘小南　77
"框架核心分析法"解读 ……………………………………… 戚晓杰　90
廖序东先生对教学语法的贡献……………………………… 张爱民　105
守正出新　科学实用
　　——编写黄廖本《现代汉语》(增订六版)精简本的几点体会…… 秦存钢　119
一部长盛不衰的《现代汉语》教材
　　——读黄廖本《现代汉语》(增订六版)………………… 张怡春　124
知常守正　明变创新
　　——谈黄廖本《现代汉语》的传承和修订……………… 方　寅　133
常出常新　与时俱进
　　——论黄廖本《现代汉语》教材的发展………………… 余　静　140
黄廖本《现代汉语》"单句"相关内容修订比较…………… 许卫东　147
黄廖本《现代汉语》(增订六版)词汇部分商订…………… 杨力博　158

教学研讨 …………………………………………………………… 167
　框架核心分析法 …………………………………………… 黄伯荣　169
　论句子结构的分析法 ……………………………………… 廖序东　175
　拉近现代汉语教学与当下语言生活的距离……………… 刁晏斌　188
　基于过程性评价的现代汉语教学模式重构……………… 张怡春　197
　探讨新课程背景下小学教育专业现代汉语教学的改革
　　措施………………………………………………………… 张世洁　207
　武警院校民族班《现代汉语》语法教学存在的不足及
　　对策………………………………………………………… 李岑星　211
　高等院校"现代汉语"课程教育创新探析………………… 张　艺　218

大事纪要 …………………………………………………………… 227
　黄廖本《现代汉语》出版发行40周年
　　大事记…………………………… 黄廖本《现代汉语》教材编写组　229
　1980年黄廖本《现代汉语》教材审稿会纪要……… 邵霭吉　整理　244

后记 ………………………………………………………………… 260

序　言

四十年的回顾与启示

教育部语言文字应用研究所研究员　　李行健
黄廖本《现代汉语》教材领导小组组长

　　黄伯荣、廖序东先生主编的《现代汉语》教材面世40个春秋了。该教材从初版到现在一共出版了11个版本,总发行量已超过千万册,年发行量在国内同类教材中也连年占据榜首。这一纪录被人们看作一个不可复制的奇迹。2018年,为满足多方面学习者的需要,黄廖本又出版了"精简本",适应非中文专业的教学需要。一部高等院校的文科教材之所以取得这样的成功,固然在于它非凡的编写质量与学术价值。如果从深层次和全方位来加以审视,其中必定包含着很多值得研究、总结的时代特质和精神内涵。我准备从三个方面谈一些意见。

一、这是一部在时代洪流的推动下应运而生的教材

　　黄廖本教材编写启动于20世纪70年代末,它积极顺应了十年浩劫后教育和科技领域满目疮痍、百废待兴的大局。当时的高等教育同全国各领域一样,正面临新的时期,诸多方面急需恢复和重建。随着被停开近十年之久的"现代汉语"课程的恢复,相应的教材建设也立刻提到议事日程上来。各高校任课老师大多认为,仅仅靠一本1962年出版的《现代汉语》统编教材已不能满足教学的需要。于是,很多学校开始自发组织编写新的现代汉语教材。1978年3月,郑州大学张静先生等发起召开了全国现代汉语教材协作会议,全国23所高校参加了会议。同年6

月,教育部在武汉召开文科教材编选会议,接着又于8月在昆明召开了全国现代汉语教材协作会议。经过反复酝酿,会议最终形成了一个两套教材分头编写的方案。黄伯荣和廖序东被推选为第一方案教材(兰州本)的主编,张静和刘世儒为第二方案教材(郑州本)的正副主编。1979年3月,两支人马又分别在兰州和郑州两地召开了第一方案和第二方案教材的编写会议。第一方案的编写队伍进一步扩大加强,增加了殷焕先、葛本仪、钱曾怡、詹伯慧、许绍早、宋玉柱、徐青、胡安良、吴天惠、李行键、向光忠、林端、徐思益、李兆同等21人。这些都是当时活跃在全国各高校现代汉语教学和研究前沿的学者。

在这部教材之前,编写于1962年的胡裕树的《现代汉语》是唯一的一部统编教材。该教材于1979年进行了第一次修订。因此,20世纪80年代共有三部《现代汉语》统编教材,当时分别简称为兰州本、上海本、郑州本。

20世纪80年代初,我国开始了高等教育自学考试制度。现代汉语科目的自考用书最初由各省从三部统编教材中自主选定一部。后经调查发现,各省自考办和相关高校普遍选用兰州本(即黄廖本)作为指定教材。为此,国家教委的有关同志还在国家教委刊物《高教战线》1986年第6期上发表了一篇题为《一部受欢迎的现代汉语教材》的文章,对兰州本作了充分的肯定。

回顾当时的情景,可以说这部教材的诞生是带着改革开放的热度,带着广大现代汉语教师和学者锐意进取、勇于担当的勇气,带着从高校到地方各级领导的关注和支持,是在改革开放的大环境里教育战线沐浴改革春风而收获的一项重要成果。尤其值得一提的是,1979年在兰州召开教材编写会议期间,编写组的同志们还受到当时甘肃省党政军主要领导宋平、杨植霖、肖华等同志的亲切会见与热情接待。一部普通教材的编写能受到这种礼遇,现在是无法想象的。

二、这是一部遵循"守正创新"的原则编写出来的教材

出版发行40年来,黄廖本教材经历了两到三代教师的使用和验证。大多数教师反映,这是一部好教、好学、效果好的教材。这"三好"其实

也正是教材编写者们努力追求的目标。为了达到这个目标,教材编写者反复考量,确立了"守正创新"的原则。

"守正"有两方面含义:其一,这本教材特别注重与中学汉语教学相接轨,尤其是在语法体系方面。教材始终把科学性、简明性、继承性、实用性作为检验教材质量的基本标准。所谓继承性,即指教材的体系尽可能地与中学汉语教学体系形成自然的过渡,某些常用术语和分析方法能保持较多的对接点。其二,这本教材在知识点的选择、分布以及教学内容的安排上,不脱离专业的基础知识和基本能力,不求无原则的标新立异。吕叔湘先生在教材审稿会上曾讲到编教材的"三难",即"讲什么、讲多少、怎么讲"。面对"三难"的问题,黄廖本教材在"讲什么""讲多少""怎么讲"三方面都下了很大功夫,努力做到基础牢固,内容完备,分量适中,重点突出,好学好教。

"守正"不仅仅是一种方法,更显示出一种认识和立场。编写者强调"接轨"的必要性,正是着眼于中学汉语教学的现状和进入大学后有关学习内容深化和拓宽的需要。主编黄伯荣先生曾指出:"大学和中学的学习内容有重复,要分清是哪种重复。应该是不同层次的重复,应该是一级比一级深化拓宽。"大学阶段现代汉语知识的"深化和拓宽",必须正视学生在中学阶段所接受的汉语语法理论的深浅度和语言训练的实际水平。"守正"绝不能停留在对讲授内容作简单僵硬的划分,还要有易于教师掌握的教学章法,让教师有根据需要斟酌轻重深浅的发挥空间。这就要求教材编者对学科知识、教学任务、学生水平做到从宏观到微观的精准把握。主编廖序东先生长期研究语文教学,对中学与大学的教学衔接深有体会和感悟,在这方面发挥了很大的作用。

"守正"不能离开创新。没有创新意识和实践,最终会失去"守正"的阵地。教材的创新主要体现为对学科某些成熟的理论和方法的吸收。我们从40年来教材几次修订的情况就可以追踪到编写者不断创新的脚步。1979年,教材试用本出版后,即于次年8月在青岛召开了经教育部批准的审稿会。会后,教材编写组根据专家们的意见及时对教材做了修订,并于1981年出版了正式本。1981年,"《暂拟汉语语法教学系统》的修订要点和修订说明"甫一发表,教材立即按照"暂拟系统"的修订要点着手修改,于 1983 年推出了新的修订本。1986 年召开的第一次全国语言文字工作会议规定了新时期语言文字工作的方针和任务。教材编写团队当年就在河北承德召开修订会,在绪论中增加了"新时期语言文字工作的方针和任务"一节,及时推出了修订 2 版。从 1979 年的试用本到 2011 年的增订 5 版,教材从最初的 37 万字增加到 68 万字,内中大量吸收了现代汉语研究领域的新成果。回顾一下这段历程,我们就可以理解,为什么这部教材 40 年来能一直保持它的生命力和受欢迎度。

三、这是一部充分体现了学术民主和团结协作精神的教材

翻开这部教材,读者也许会发现这部教材编者队伍的构成状况明显不同于其他同类教材:参编者多达 40 余人,并且来自国内几十个学校和研究团体。这些来自不同单位的编写人员都是汉语教学与研究方面的拔尖人才,都有自己的专长和治学风格。尽管如此,整个编写群体并没有出现各唱各调、鼓锣不齐的局面。在长期合作中,编写组建立了一种和谐有效的交流机制,形成了浓厚的学术民主氛围。两位主编能及时听取、接受不同意见;参编人员之间有争议的观点,都可以坦诚地交流,通过反复深入的研讨,最后集思广益,达成共识,解决问题。

编写组外众多专家自始至终的关注和支持,也是教材取得成功的一个重要原因。从参与的专家情况来看,其水平之高、影响之大,也是现今难以想象的。1980 年,教育部在青岛组织了黄廖本教材审稿会。出席会议的正式代表有 30 多位,旁听人员有 20 余人,分别来自全国 20 多所高等院校和科研机构。30 多名正式代表中,很多是国内语言学界各领域的顶级学者。吕叔湘先生在开幕式上讲了话,他说他也没想到这次审稿会是这样一个"巨大的规模、隆重的气氛"。在数天的时间里,有 14 位专家作了发言,不能与会的岑麒祥先生还特地寄来书面发言稿。很多发言本身就是一篇有分量的学术论文。对事后编印的专家发言记录,审稿会领导小组作了这样的评价:专家的专题发言不仅对黄廖本教材的修改有很大帮助,而且对整个现代汉语教材的编写、现代汉语的教学研究工作也具有指导意义。教材编者也认为,这次审稿会上的专家发言一部

分是针对1980年版的黄廖本教材,而大部分内容则涉及现代汉语教材的编写原则、现代汉语的教学与研究方法等问题。无论是教材的编者,还是教材使用者,都会发现1980年后的黄廖本与以前的黄廖本很不相同,可以说后来的版本是根据专家们的意见逐步修订完善的成果。

教材编者不仅应看重业内专家的意见,也应重视使用教材的广大教师和学生的建议和意见,并视之为集思广益的宝贵资源。20世纪80年代以来,编写组先后举办了五期暑假现代汉语讲习班、七次现代汉语教学研讨会、八次现代汉语教材修订会。考虑到效率,讲习班往往和研讨会或修订会一起举办,采用班、会两结合的方式。例如,在河南开封召开《现代汉语》修订会时办讲习班,在庐山办班时开教材修订会。通过这些活动,大家一方面深入交流教学经验,另一方面广泛征求对教材的意见,作为修订教材的参考。黄伯荣先生曾说:"这部教材之所以至今仍受欢迎,打破多项纪录,首要的是因为集中了众人智慧的结果。光依靠我们编者自己努力,恐怕是难以做到的。"

说到教材的成就,我们应该牢记黄伯荣、廖序东两位主编的辛勤劳动,尤其是他们胸怀宽广、无私奉献、不计个人名利得失、一心为编好教材的可贵精神。在漫长的合作过程中,从学术观点到教材内容的具体安排,两位主编也常有不同的意见。我们也亲见他们各自坚持不同意见的场面,有时争论还很激烈,但两位长者却从未因不同意见而产生隔阂或不愉快。根据我的观察体会,二老化解不同意见的途径主要有两条:首先是他们两位常常相互讨论,一方被说服就取得了共识;其次就是听取大家意见,如果大家或大多数同志意见一致,两位先生就采取"吾从众"的态度,接受多数人的意见。有时实在不能取得共识,就把问题暂时搁置,留待以后继续研究讨论,绝不存在把意见强加于对方的情况。两位主编的谦虚的态度和尊重别人意见的做法,不仅保持了编写组内的团结,也保证了教材的质量,使之更符合教学的实际需要,更受到广大师生的欢迎。

在教材署名上,有一个细节很感人。黄伯荣先生告诉我:当初在确定两位主编次序时,廖先生对排名居后无任何不悦之色。黄先生说到这件事时,还十分动情,并对廖先生表现出由衷的敬佩。黄先生说,论职称,当时廖先生是教授,他只是一名讲师;论年龄,廖先生比他年长近十岁。当时大家对这些都不以为意,一心只想编好教材,从未计较个人的名利。两位主编将教材编写和修订作为自己的终生事业,始终勤勤恳恳地工作。黄廖本《现代汉语》教材能拥有众多的读者并且长盛不衰,两位主编的全力以赴、相互尊重、真诚合作也是一个不可或缺的重要原因。

最后,我们不应忘记甘肃人民出版社和高等教育出版社(以下简称高教社)的帮助和支持。特别是黄廖本教材转由高教社出版后,教材编写组和出版社已融为一体,在教材出版发行方面创立了一些新的合作范式。特别要说明的是,黄廖本教材是当年的编辑、现今高教社社长苏雨恒同志接受下来的。他本来要出席今天的大会,但因临时有要事离不开,以致未能到会看望大家。即便如此,他还是在百忙中写来了书面发言。

今天我们纪念黄伯荣、廖序东两位先生主编的这部《现代汉语》教材出版40周年具有重要的现实和历史意义。这次活动不仅仅是纪念先贤、展现参编者几十年辛勤劳动的成果,更重要的是总结教材编写和使用的经验,从深厚的学术积淀中汲取养分。

高校"现代汉语"这门基础课,除了对学生讲授专业知识,进行语言文字的基本训练外,还担负着语言文字规范化、标准化,落实新时期国家语言文字工作方针政策的重任。编好教材,教好课程,把新的学科内容和社会新的需求及时反映到教材中来,将是我们义不容辞的任务。就此而言,各个版次的黄廖本《现代汉语》是现代汉语学科建设的一份珍贵遗产。

非常令人痛心的是,两位主编在教材修订五版出版后先后去世。历史在延续,继承和发展黄廖本教材的任务责无旁贷地落在现有的编者身上。在高教社和广大编者一致支持下,我们成立了新的领导小组,充实了编写力量,经过几年努力,终于按照教育部五年修订一次教材的要求,出版了修订六版。与此同时,我们还编辑出版了黄廖本《现代汉语》的精简本,终于了却了黄廖两位老师的遗愿,聊可告慰二老的在天之灵。我们正是在两位主编艰苦奋斗、排除万难的精神鼓舞下,才完成了上述工作。

青岛的四月是一个"东风送暖,百花争艳"的美好季节,春意盎然。这次青岛纪念会之后,相信我们的现代汉语教学事业和教材建设也将迎来更加美好的春天。

2019 年 4 月 13 日

历史回眸

图1　1978年3月10日，河南郑州　全国《现代汉语》协作教材会议参会代表合影

图2　1979年2月25日，甘肃兰州　《现代汉语》协作教材（第一方案）编审会全体代表合影

图3　1980年7月,山东青岛　《现代汉语》教材审稿会专家、代表合影

图4　2006年9月26日,北京礼士宾馆　黄廖本《现代汉语》
　　　修订会部分老编者合影

图5　2017年8月12日,江苏苏州大学　黄廖本《现代汉语》教学研讨会
　　　暨现代汉语课程建设与教学改革研讨会会议代表合影

图6　2019年4月13日,山东青岛　纪念黄廖本《现代汉语》出版四十周年
　　　学术研讨会参会代表合影

图7 黄廖本《现代汉语》是中国教育出版传媒集团有限公司70部中教经典图书之一,并成为专题报道的10部经典之一

宾主致辞

历久弥新　薪火相传

高等教育出版社党委书记、社长　苏雨恒

尊敬的各位专家学者、媒体朋友们：

大家上午好！

首先，我谨代表高等教育出版社，向此次盛会的召开表示衷心的祝贺！向到会的各位领导，向诸位编者，向来自现代汉语教学一线的各位学者、老师以及嘉宾，致以诚挚的问候！向此次会议的承办方青岛大学表示衷心的感谢！也向已故的黄伯荣先生、廖序东先生表示崇高的敬意！对因故不能到会，我本人表示深深的遗憾和歉意。

接到参会邀请，我原本计划出席的，早就安排好了行程。我之所以如此看重本次会议，一则是因为黄廖本《现代汉语》是我社出版的语言类教材中最具影响力的大品种，更为重要的原因在于我与黄廖本《现代汉语》有着特殊的渊源和深厚的情感。三十多年前，我作为一名编辑，很荣幸代表高教社接待了黄伯荣先生，与之洽谈教材在高教社的具体出版事宜。此情此景至今记忆犹新，历历在目。可以说，我见证了黄廖本《现代汉语》在高教社播种的历史时刻。虽然我后来较少过问本教材的编辑修订工作，却始终关注着它的每一次变化和每一个进步。

不经意之间，黄廖本《现代汉语》出版至今已经有整整40周年了。经过一次次的修订，黄廖本《现代汉语》成为同类语言学教材中的翘楚。40年间，黄廖本《现代汉语》在高教社的总发行量已达850万册。我们欣喜地看到，黄廖本《现代汉语》已经无可争议地成为业界公认的权威经典教材，一直被全国众多高校采用，一代又一代、一批又一批的学子获教受益，在全国范围内影响巨大而深远。

一本好的教材一定是与一线教学紧密联系在一起的，黄廖本《现代汉语》正是植根于此。一本好的教材也一定是与良好的编写团队密不可分的,正是因为黄廖本《现代汉语》每一位编写团队成员兢兢业业、甘于平淡地全心付出,才使黄廖本《现代汉语》教材成为经典。在这里,我谨代表高教社对每一位编者坚持不懈的辛勤付出表示诚挚的感谢!感谢大家不计个人得失,为黄廖本教材成为精品、跻身经典所做的无私奉献!

很遗憾,此次我不能亲自赴会。但请各位放心,高教社一定会一如既往地支持黄廖本《现代汉语》的建设!同时,我也真诚地希望与会的各位专家、学者和老师能够继续关心黄廖本《现代汉语》!

让我们共同成就下一个十年,协力将黄廖本《现代汉语》打造成为五十年的经典!

谢谢大家!

2019 年 4 月 13 日

精英聚岛城　教材谱新篇

青岛大学党委常委、副校长　于永明

尊敬的各位专家,各位领导,各位朋友:

大家上午好! 青山连碧海,岛城聚远朋。今天,来自全国的专家学者齐聚我们青岛大学,共襄黄廖本《现代汉语》出版40周年学术研讨盛会。我代表青岛大学,向会议的召开表示热烈的祝贺! 向莅临大会的各位专家、各位领导、各位朋友,表示热烈的欢迎和衷心的感谢!

青岛大学是山东省属重点综合大学,山东省与青岛市共建高校。学校办学历史悠久,文化底蕴深厚。最早的历史源头可追溯至创办于1909年的青岛特别高等专门学堂。历史上的青岛大学,名流荟萃,精英云集,曾经是20世纪30年代青岛市的骄傲与荣光。闻一多、梁实秋、沈从文、赵太侔等硕学鸿儒曾在此任教,开国元勋罗荣桓、著名诗人臧克家等杰出人才曾在此求学。

百年青大,风雨沧桑,多源汇流。1993年,原青岛大学、青岛医学院、山东纺织工学院和青岛师范专科学校四校合并组建成新的青岛大学。目前,学校概况如下:设有36个学院和学部,100个本科专业,涵盖11个学科门类;拥有13个一级学科博士点,2个博士专业学位授权点,37个一级学科硕士点,23个硕士专业学位授权点,9个博士后流动站;在校生46 000多人,其中研究生9 800余人,本科生35 000余人,留学生1 600余人;专任教师2 600余人,其中院士、千人计划、长江学者、万人计划、国家杰青等国家级高层次人才67人,山东省泰山学者特聘教授70余人。

学校的临床医学、工程学、化学、材料科学、神经科学与行为学5个学科进入 ESI 全球排名前1%。2018年,学校获批国家自然科学基金

163项,列全国高校第56位。近三年,学校获批国家社科基金项目49项,其中重大招标项目4项。发表CSSCI、SSCI期刊论文450余篇;获省部级以上科研奖励20余项,2项成果入选国家哲学社会科学成果文库。

1987年,青岛大学中文系建系一周年之际,著名语言学家黄伯荣先生欣然来到青岛大学,担任中文系语言教研室主任。黄先生虽已年过花甲,但很快就设计出大型研究课题,带领中文系及兄弟院校的汉语教师们编写《汉语方言语法类编》,历经七载,完成了这部180万字、涉及29个省、自治区、直辖市250多个方言点语法现象的辞典式语法巨著,引起巨大反响,为当今学界广为引用。2001年,《汉语方言语法类编》的姊妹篇《汉语方言语法调查手册》也得以问世,填补了汉语方言语法调查研究的空白。可以说,黄先生为岛城培养了一批中青年语言学骨干力量,他们至今仍活跃于汉语研究、对外汉语研究领域。今天的青岛,语言学风气浓烈、纯厚,与黄先生有着密不可分的联系。黄先生堪称我们岛城语言学人的精神领袖,语言学研究的开拓者,青岛大学语言学科发展的奠基人。黄先生晚年把他一生所珍藏的书刊全部无偿捐献给了青岛大学中文系资料室,这对于青大师生的成长、对语言学课程的支撑都弥足珍贵。黄先生为学校语言学科的人才培养和学科发展做出了不可磨灭的贡献,可谓"莫道桑榆晚,为霞尚满天"。

黄伯荣先生与廖序东先生主编的《现代汉语》教材在全国乃至世界范围内都有着广泛的影响力。黄廖本教材自1979年问世以来,紧跟语言学的发展,与时俱进,不断修订完善,40年来,共出版11个版本,在同类教材中发行量最大、使用面最广,创造了教材编写史上的奇迹。1986年,该教材被教育部《高教战线》誉为"一部受欢迎的现代汉语教材";1988年,该教材获全国高等学校优秀教材二等奖;1999年,该教材成为教育部公布的首批重点推荐使用的中国语言文学专业七门主要课程30种教材之一;2011年,该教材被评为教育部普通高等教育精品教材、山东省高校优秀教材一等奖。

黄廖本《现代汉语》与青岛以及青岛大学之缘源远流长。1980年,在黄先生还没有调入青岛大学之时,黄廖本《现代汉语》审稿会在青岛召开。与会专家有我国著名语言学家吕叔湘、周祖谟、张志公、胡裕树、张斌等。专家们对教材给予了充分肯定,认为该书是一部理论性、科学性强并能密切联系实际的好教材。1987年,黄先生调入青岛大学之后,一直重视该本教材的完善修订工作。1989年,黄先生组织参与编写的专家学者在总结了教材11年的使用经验的基础上,参考了本学科领域的最新科研专著,对全部内容做了大幅度的修订,增补了词义的分解、语义场、语境与词义等内容,对语法术语和析句法也做了较大的变动,编成增订版,并改由高等教育出版社出版。2001年8月,黄伯荣教授从教50周年学术思想研讨会暨黄廖本《现代汉语》教材修订会在青岛大学成功召开。与会专家学者对本教材的修订提出了很多宝贵的意见,形成了该教材的增订三版。今天,我们为纪念黄廖本《现代汉语》出版40周年再次相聚在青岛,既是对历史的重温,也是对未来的开创。

志合者,不以山海为远。本次会议汇聚了关心支持黄廖本《现代汉语》教材的国内一流专家学者以及来自各高校的众多的现代汉语课程的一线教师。各位专家学者和老师在各自擅长的领域勤勉不辍、孜孜以求,为推进我国语言学及其教学做出了重要贡献。各位专家的到来,使本次研讨会熠熠生辉,必将对语言学科的建设发展产生积极而深远的影响。让我们充分利用此次会议搭建的良好平台,畅所欲言,积极切磋,彼此借鉴,相互启发,为推动我国语言文学事业发展谱写更加辉煌的篇章!

最后,预祝本次会议圆满成功!衷心祝愿各位领导、各位专家、各位朋友身体健康、万事如意!

谢谢大家!

2019年4月13日

祝贺·感怀·邀请

江苏师范大学党委常委、副校长　钱　进

尊敬的李先生、王社长、各位嘉宾,青岛大学各位领导和老师、同学:

感谢会议主持给我机会,代表教材主编之一廖序东先生的所在单位——江苏师范大学致辞。

我想说三句话:一是祝贺,二是感怀,三是邀请。

首先,是祝贺。要祝贺黄廖本《现代汉语》出版发行40周年。

其次,是感怀。我想表达的是,黄廖本《现代汉语》已经是一本经典教材,已经成为课程传奇,成为教学文化,成为出版典范。

经典教材之所以是课程传奇,是因为它的穿越时空的魅力。黄廖本《现代汉语》影响了几代人,有很多人是因为"现代汉语"课程而了解这本教材,还有很多读者是因为喜爱这部教材而喜爱"现代汉语"课程,喜爱这部教材而走向现代汉语研究之路。作为汉语言专业的大学生或者研究生,你可以不甚了解黄廖二先生的具体情况,但你不能不知道黄廖本《现代汉语》教材。这本教材已经成为汉语言专业学子共同的温馨的回忆,形成一个事实的教材精神家园。我们可以自豪地说,我们是读着黄廖本《现代汉语》成长的。

黄廖本《现代汉语》的使用之广是罕见的。具体表现如下:

一是跨学科使用。不仅是文学院在用,包括语言科学学院、教育科学学院、外国语学院,凡是需要上"现代汉语"课程的专业,大多用的是黄廖本教材。

二是跨类别使用。黄廖本教材是完成学业的依托,是完成成人考试的依靠,是考研的帮手,也是编辑查找汉语知识的工具书,也是公务员写作公文的依托,也是中小学教师教授语言知识的重要参考。

三是跨区域使用。很多语言学专业和汉语国际教育专业的学生,凭借这本教材,走出国门,畅行天下。

四是跨时空使用。从徐州师范学院到徐州师范大学,再到江苏师范大学,从甘肃人民出版社的试用本到今天的高等教育出版社的增订六版及其精简版,历时四十载,一直在使用。

黄廖本《现代汉语》教材哺育了一代又一代徐师人,培养了一批又一批汉语言文字学研究和教学人才,形成了良好的人才培养传统,收获了实实在在的人才培养成果。徐师培养的学子遍布在著名高校或科研院所:复旦大学、华东师范大学、南京师范大学、上海师范大学、北京师范大学、北京语言大学、中国社会科学院等,其中博士生导师有7人,教授和研究员有20余人。教育部的中文教学指导委员会先后有四位出身于江苏师范大学文学院:杨亦鸣(上届委员)、刘利(本届委员)、程国赋(本届委员)、郭杰(本届委员)。

这本教材哺育过的江苏师范大学语言学人同样布满天下,其中的佼佼者有张爱民(江苏师范大学教授)、蔡镜浩(苏州大学教授、博士生导师、原苏州市政协副主席)、韩陈其(中国人民大学教授、博士生导师)、王珏(华东师范大学教授、博士生导师)、吴继光(江苏师范大学教授)、杨亦鸣(江苏师范大学教授、长江学者、博士生导师)、刘利(北京语言大学校长、教授、博士生导师,教育部中文教学指导委员会副主任)、李葆嘉(南京师范大学教授、博士生导师)、王建军(苏州大学教授、博士生导师)、段益民(广东技术师范学院教授)、李申(江苏师范大学教授、原徐州市政协副主席)。

受此教材影响,廖门中还诞生了一大批在全国声名鹊起的再传弟子,如张爱民老师培养的张谊生(上海师范大学教授、博士生导师)、王冬梅(中国社会科学院语言所研究员)、刘雪芹(南京林业大学教授)、刘焱(上海财经大学副教授)、韩蕾(华东师范大学副教授)、王健(常熟理工学院教授)、张秀松(江苏师范大学教授)、张定(中国社会科学院语言所副研究员)、张德岁(安徽宿州学院教授)等。

作为一部经典教材,黄廖本《现代汉语》已经成为江苏师范大学生生不息的教学文化,其中必然蕴含着令人着迷的精神。一部经典教材要靠高水平的主编带领一批高水平的编者齐心协力,才能成功;要根植于学术研究、教学相长,做到编写与学术、教学实践密切结合才会获得长久的影响。

我虽不能亲承师教,但我是这本教材的忠实读者,也是廖先生教书育人故事的倾听者。廖先生的崇德厚学之风与汉文化的大气雄风、朴实厚重、坚志勇为十分契合。高山仰止,景行行止。教材的编写要以坚实的学术研究为基础,廖先生一直这么说,也是这么做的。他自己八十多岁还在最前沿的学术刊物《中国语文》发表文章,给我们这些后辈树立了非常好的表率。廖先生为教材付出了大量心血。2006年9月,他以92岁高龄赶赴北京与黄伯荣先生共同主持修订会,回徐后又连续十天审稿。由于劳累过度,两个多月后即告离世,真可谓鞠躬尽瘁、死而后已!

廖先生守正出新,关注前沿。廖先生耄耋之年仍关注语言研究的新领域、新方法和新成果。2004年,廖先生90岁的时候,乔秋颖博士登门拜访,说起电脑软件可以分析语音后,他非常感兴趣,立刻到书房找出了他20世纪40年代在黎锦熙先生指导下撰写的《汉口音系》手稿,希望乔博士记录下他的发音,然后用语音软件做分析。他说,这样的技术分析一定比他原来的人工分析更精确。王冬梅研究员回忆说,廖先生的学术眼光是非常超前的。她清楚地记得,1998年在中国社会科学院语言所攻读博士期间,廖先生一再在通信中提醒她研究现代汉语语法一定要关注古汉语和方言研究的状况。最近十多年汉语研究的热点——语法化研究和类型学研究恰和廖先生提到的这两个关注点直接相关:语法化研究就是把现代汉语语法和古代汉语语法联系起来,类型学研究则是从方言语法着手进行跨语言研究。关于廖先生的学术眼光,王冬梅的感受最为深切。

三尺讲台,育人情怀。作为两代教师和学者的培育者,廖先生在八十多岁的高龄,仍然笔耕不辍,经常亲自去图书馆借书、还书,有时还跑到邮局寄信。当时张爱民老师曾专门安排在读的研究生帮助廖先生去做这些小事,但老先生坚持亲力亲为,尽量不麻烦学生。直到2002年,廖先生已经87岁的高龄,仍然坚持每年为在读的研究生开课讲授《语言学书目举要》《马氏文通》。教学态度极为认真,堪称最严厉的师尊。每次课前,他都会逐一检查学生们的阅读情况,并对大家的读书笔记加以点评,及时解答学生们学习中的各种问题。在课后,廖先生又极为和蔼可亲,经常和在读的研究生聊各自的生活和学习情况。每次学生们到廖先生家里,廖先生都会提前准备好各种上好的零食、水果和茶水,供学生们享用。学生们每次和廖先生交谈,都有如沐春风的感觉。

以廖先生为代表的前辈学者以这本传奇教材所实践的教书育人理念,奠定了今日江苏师范大学(以下简称"江苏师大")崇德厚学、励志敏行的校训精神,凝聚成学校守正出新、坚志勇为的教学文化。他的学风学品孕育了江苏师大一代又一代语言学人,聚焦语言研究,倾力汉语人才培养,进而助推江苏师大成为国内语言学研究的重镇。现在的江苏师大语言学科规模庞大,实力雄厚,靠的是廖先生打下了坚实的基础。江苏师大语言学科可以分为两支:一支是文学院汉语言学科,一支是语言科学与艺术学院。特别值得一提的是,文学院汉语言学科近年承担国家社会科学基金项目9项,出版专著10余部。现在的江苏师大文学院,还专门设立了廖序东班,旨在以这部传奇教材为依托,引导更多优秀同学对汉语言文字学产生兴趣。这是响应教育部卓越拔尖人才培养的落实举措,更是廖先生"立足当代,面向未来,放眼世界"育人理念的新实践。

这部经典教材之所以能成为出版典范,当然还要有卓越的出版社作为保证。正是凭借甘肃人民出版社和高等教育出版社的竭力推动,黄廖本《现代汉语》才成就了经典教材的传奇。经典教材是高校"四个回归"的保证,是金课得以实现的保证。要有金课,必先有金著作、金教材。黄廖本《现代汉语》是当之无愧的金教材。黄廖本教材与高等教育出版社之间是有感情的,双方愉快合作了近三十年。高等教育出版社提前介入编写环节,精准分类指导,精心组织立体服务,精准培育前瞻性项目,深度融合人才培养科学研究的全过程。在此,我要特别感谢高等教育出版社和青岛大学为本次会议提供了这样一个美丽的浪漫场所。

最后,是邀请。我要诚挚地邀请大家到徐州去。徐州也是一个好地方,一城青山半城湖,有山有水,北雄南秀。2017年,习总书记视察徐州,给了徐州很大的鼓励。2001年,黄廖本《现代汉语》曾在我校召开教材修订会,教务处和文学院都全力配合,使编写组圆满完成了第二版的修订任务。今后,我们一定继续全力支持教材各项工作,继续做好新版黄廖本《现代汉语》的服务保障工作。最后真诚欢迎大家再次光临徐州!

谢谢大家!

2019年4月13日

非凡的"黄廖本" 辉煌的四十年

青岛大学文学院教授、青岛市语言学会会长　李行杰

女士们、先生们：

今天，我们欢聚在青岛，庆祝黄伯荣和廖序东两位先生主编的《现代汉语》教材出版发行40周年。我谨代表青岛市语言学会，对大会的胜利召开表示热烈的祝贺，对各位专家学者莅临青岛表示真诚的欢迎。

黄廖本《现代汉语》出版发行40年来所取得的成就，可以用"辉煌"二字来形容。这套教材之所以会取得如此辉煌的成就，我个人认为最重要的有下面几点。

第一，有一支豪华的编写团队。本教材先后参与编写的大学有三十多所，其中包括像山东大学、南开大学、吉林大学这样的全国重点大学。据我所知，没有任何一本教材，能够吸引这么多高校参与其事。先后有四十多位专家参加教材的撰写和修订。他们当中，有的当时就是国内公认的老一辈权威学者，如山东大学的殷焕先生；多数编者，当时是各大学独当一面的骨干教师，后来则成为名满天下的语言学家，如今天在座的李行健先生。其他像山东大学的钱曾怡、葛本仪，暨南大学的詹伯慧，新疆大学的林端、徐思益，吉林大学的许绍早，南开大学的宋玉柱、向光忠，哈尔滨师范大学的詹人凤，山东师范大学的高更生，湘潭大学的王勤，河北大学的武占坤等，都是本教材的编写主力。这样多的高校，这样多的著名专家，为了一本教材，汇聚在一起，这几乎是举全国之力了。这样豪华的编撰团队，必然会创造出空前优秀的成果。

第二，有最权威的审稿专家阵容。本教材的初稿先后请王力、岑麒祥、王均、商承祚、周有光、邢公畹、张弓诸位前辈语言学家仔细审阅过。1980年暑期，经教育部批准，编委会又在青岛举办了高级别的审稿会。

吕叔湘先生亲莅会议,对教材的编写作了非常具有指导意义的讲话。著名语言学家周祖谟、胡裕树、严学宭、张志公、徐世荣、张斌、朱星、张寿康、吕冀平等几十位先生出席了审稿会,都分别发表了十分中肯的意见。一种教材历经这么多权威专家的审定,对于自身水平的提高当然是毋庸置疑的。

第三,教材体系有广泛的群众基础。在大学中文院系,"现代汉语"课程有很多不同的教学体系。这些体系各具特色,初学者往往不得其门而入。1956年,中学的语文课试行汉语和文学分科教学。汉语教学使用的是《汉语》课本,其依据的语法体系叫"暂拟汉语教学语法系统"。该系统曾长期占据中学语文教学界,在群众中有非常广泛的基础。而黄廖本的教学体系最接近这个系统,书中所采用的术语和分析方法都尽量与之保持衔接。应该说,这也是本教材广受欢迎的原因之一。

第四,博采众长,与时俱进。学术的大敌是固守成说、不思改进。高校的教学改革在不断深入,现代汉语的科学研究也在向纵深发展。本教材的一大特点在于博采众长,始终紧跟教学和科研的前进步伐。例如,鉴于"暂拟汉语语法教学系统"的局限性,黄廖本在一开始就适当吸收了层次分析法的长处。40年来,黄廖本一共出版过11个版本,每出版一次,都有程度不同的修改。编者在增订五版前言中强调指出:"为了与时俱进,本教材平均三年多修订一次,适时修订成了本教材的特点之一。"一本紧跟时代脚步的教材,永远都会受到读者的欢迎。

今天,虽然黄先生和廖先生两位主编已离开我们,但是他们开创的事业依然在继续。在新的召集人李行健先生的领导下,新生代的编撰队伍已经顺利接过黄廖本《现代汉语》的修订大任。我们相信,黄廖本《现代汉语》必将代代相传,继续其辉煌的历程。

2019年4月13日

精益求精　与时俱进

黄廖本《现代汉语》教材领导小组成员　王　勤

黄廖本《现代汉语》教材是在祖国改革开放、欣欣向荣大好形势下编写出来的。现已经历了40周年的教学实践考验成为一部深受众多院校广大师生欢迎的教材。1978年春,全国23所高等院校教授"现代汉语"的教师齐聚河南省郑州市出席"现代汉语"统编教材研讨会。时值祖国走出十年"文化大革命"浩劫之后,思想大解放,朝气蓬勃,科学研究进入崭新的大好时代。与会的教师都希望在此时能集中智慧和丰富的教学经验编写出一部思想性、科学性强,并有创新的好教好学、实用性强的理想教材。然而编写出如此为广大师生认可的好教材是一项大的工程。从某种意义上说,比写一部学术专著还要难,撰写学术专著可以不顾及其他,只要把自己的新观点、新理论完整系统科学地表达出来就可以达到写作的目的了。而编写一部好教材,除保证思想性、科学性正确之外,更要考虑教材的特殊性,即教者好教、好用,学者好学宜接受。这就要解决吕叔湘先生提出的编写教材的三难问题。一是讲多少,教材的分量恰到好处;二是讲什么,该讲的讲,不该讲的不能讲,恰好满足学者的需要;三是怎么讲,所讲的语言要准确清新、顺畅、明白。所以"一部好教材,本身就是一部科学著作,代表一定科学水平。""教材的针对性、科学性、系统性都要强,同时文字本身要能引导读者喜欢读,具有吸引力,条理清楚,层次分明,论点明确。文句要生动活泼,例句要富有趣味,这都要用心考虑的。"可见编写出一部经得起历史考验的好教材不是轻而易举的事。专家们的建言赐教,编者受益甚大,坚定了要编写一部优秀教材的信心,为祖国高等教育文科教材建设作出贡献。四十年来,从教材的初版修订到六版的修订共修改过七次。小到科学术语的界定,大到对某部分章节体系观点方法的改变,都充分体现了对教育事业,对教与学的高度负责的精神。尤其是对教材内容从观点到所用的具体材料绝不墨守成规,而是紧跟学科的发展不断更新吸取新的成熟的研究成果到教材中来,使教材常用常新,具有鲜明的时代气息。限于篇幅,这里简述词汇章的修订与变动情况。

20世纪50年代,现代汉语作为高等院校文科中的语言基础课列入教学计划中[①],作为语言构成的三个组成部分之一的词汇成为该课程的重要内容。当时词汇章完全是按照传统词汇学的理论观点撰写的。1978年出版的黄廖本现代汉语词汇章也是如此。然而随着现代词汇语义学的兴起发展,传统词汇学对词义分析的缺陷暴露得越来越明显。第一,把词汇学的核心词义看成单一性整体,没能对词义内部作进一步分解研究,没能观察到词义的多元化,分解出更多的基本元素;第二,没有把词义看成一个科学完整的系统,而是采取孤立、分散、原子式的方法研究;第三,对待词义是单向的研究,静态地研究词义纵向聚合,没能在动态中观察其横向组合等变化规律。传统词汇学,尤其是对词义的研究有如此缺陷,自然成为词汇研究向深度、广度发展的桎梏,也必然降低了词汇学的科学实用价值。在教材使用了11年之后,到了1989年认识到词汇章内容陈旧落后的弱点,随即采纳了现代词汇语义学的新观点、新方法,对词汇章作了较大幅度的修订、改动,把义素、义素分析、义项、语义场、语境与词义等新的内容吸收进来。词汇章由传统词汇学观点转为现代词汇学观点,呈现出新的面貌。

教材的更新发展,吸收新的成熟的科研成果不是盲目轻率的,而是经过认真研究、反复论证才确定下来。21世纪初,有人发表学术论文,认为词汇学中确立基本词汇的观点是站不住脚的,应该取消。主编黄伯荣先生来信问我,教材如何对待这个问题。我当时表示,此乃一家之言,其观点不可取。无论从揭示阐明词汇的体系上看,还是从学习语言的规律方面考察,词汇学中确立基本词汇的观点是科学并有实际意义和作用

---

① 见《〈现代汉语〉统编教材审稿会大会发言汇编》(内部资料)中周祖谟先生的发言,胡安良编,青海民族学院文学院2007年版。

的。词汇学中讲述基本词汇部分应该保留。此外,教材的编写在分量上要保持一定的标准,不能因吸收新的科研成果而无限度地扩大篇幅,那将对教学不利。20世纪末21世纪初,国内语言学界出现了研讨语言与文化的热潮,相继出版了若干部有关的著作。词汇是文化的载体,与文化的关系最为密切。当时曾考虑在词汇章中增加"词与文化"一小节。对此,我很感兴趣,并写成了文章打印出来。当时教材修订会正在广州召开,大多数与会者同意把该文写进词汇章里,后来考虑教材的分量不能无限度增大,文章没被采纳。从以上两种情况来看,教材要不断吸收新的成熟的科研成果,保持其时代先进性是必要的,同时还要照顾教材本身教与学的特殊性,如此才能准确发挥教材在传授科学知识、培养人才方面的积极作用。

2019年4月13日

承前启后担大任　守正创新续传奇

江苏省语言学会副会长、苏州大学文学院教授　王建军

各位领导、各位来宾、各位同仁：

上午好！很高兴也很荣幸有机会代表黄廖本《现代汉语》教材的新一代编者讲几句话。

岁月倥偬过，弹指一挥间。不知不觉，40年就在我们身边悄悄地流淌过去了。此时此刻，我不由得时空穿越，思绪万千。

40年前的今天，黄廖本教材在西北重镇兰州悄然问世。包括两位主编在内，当时也许没有人能够预测到这套教材的未来命运，更没有人能够想到这套教材会畅行数十年、造就几代人。黄廖本之所以能在众多汉语教材中脱颖而出并缔造传奇，除了时代赋予的历史机遇外，我想应该首先归功于黄廖二位主编及其编写团队的工匠精神。与其他团队相比，黄廖团队在以下三个方面尤其值得称道：

第一，用心用情。自教材问世以来，黄廖二师几乎把余生的全部心思和情感都倾注到教材之中，可谓孜孜以求、矢志不渝，甚至为之付出了生命的代价。我至今清楚地记得2006年暑期我去徐州探望廖先生的情景：当时老人精神矍铄，神采奕奕，还兴致勃勃地跟我谈起即将赴京参加教材修订会的事。不料，从北京回来后未及半年，先生即溘然长逝。据说，正是当时在北京礼士宾馆召开的十多天修订会议及后来繁重的审稿改稿工作，损害了先生的健康，以致一病不起。黄伯荣先生也是如此，尽管年逾九旬，依然身先士卒奋战在一线，为教材的修订和改版呕心沥血，直至生命的终结。

第二，坚持坚守。教材编写是一项艰巨的长线工程，拼的是毅力，靠的是耐心。为了这套教材，黄廖二师以及很多编者几乎放弃了自己个人的研究兴趣和研究专长,数十年如一日,兢兢业业,不为所动,从编制大纲到审读内容,从遴选人员到优化团队,亲力亲为,无怨无悔,为教材的传播和传承奠定了厚实的基础、积蓄了充足的力量。

第三,常编常新。黄廖本刚一问世,即获得了学术界尤其是现代汉语教学界的高度首肯,但黄廖二师并未沾沾自喜,故步自封,而是不断吐故纳新,在守正的同时力求创新,从而保证了教材的生命力和竞争力。从1979年至今,黄廖本每三年左右修订一次,共推出了11个版本,其中10个为全本,1个为精简本。

同样是在40年前,作为一名乡镇中学的学生,我当时正处于人生的十字路口,对未来充满迷茫也深感彷徨。三年之后,我有幸考入南京师范大学中文系求学。我入学上的第一门课就是"现代汉语"课,我拿到的第一本高校文科教材就是黄廖本《现代汉语》(1981年版)。今天在座的莫彭龄教授可以作证,他是我当年"现代汉语"课的任课教师。正是在黄廖本的引领下,我对精彩纷呈的汉语世界发生了浓厚的兴趣,并于四年后如愿投到廖序东先生的门下,成为汉语言文字学阵营中的一员。

尽管黄廖本对我影响深远,尽管我对黄廖本情有独钟,但我却从未想到把自己的命运跟黄廖本捆绑在一起。直到2016年春天接到一个来自北京的电话,我才意识到历史的重任已经义不容辞地降临到了我和其他同道的身上。作为黄廖后学和黄廖本的滋养者,我们新一代编者所应该做的和所能做的,可以用以下三句话来代表:

其一,承前启后,继往开来。黄廖本开创的事业恢宏豪迈,来之不易,我们有责任承接过来,有义务传承下去。

其二,不忘初心,锐意进取。黄廖二师发心良善,振兴语学,造福学子,我们应该将心比心,矢志不渝地将毕生奉献于高等教育事业。

其三,精诚团结,守正创新。黄廖团队的合作精神、治学风格是一笔宝贵的财富,我们应该倍加珍视并发扬光大,努力开辟新的未来。

以上既是我们的庄严承诺,更是我们的努力方向。

各位来宾,各位同仁,在某种程度上,黄廖本已不是一套纯文本的教材,而是一种精神的象征;黄廖本已经不属于黄廖二师,而是属于我们这个时代,属于高等教育事业。无论是黄廖二师的传人还是黄廖本的忠粉,我们都有责任、有义务把黄廖二师的未竟事业接续下去,把黄廖本一版又一版地传承下去。

最后,让我们真诚祝愿并共同期待与黄廖本的 50 年之约、60 年之约、70 年之约、80 年之约,乃至百年之约。

谢谢各位!

2019 年 4 月 13 日

(本文作者系黄廖本《现代汉语》教材领导小组成员)

教材修订

浅谈黄廖本《现代汉语》(增订六版)上册的修订

李 申

(江苏师范大学文学院,江苏徐州 221116)

黄廖本《现代汉语》增订五版 2011 年出版,对这一版的修订工作于 2015 年 6 月启动,经过新老编者两年多的努力,按照新的教学需要和与时俱进的精神,对教材进行了一次全面的修订。增订六版已于 2017 年开始使用。

此次修订的指导思想,正如增订六版前言指出的,是尽力保持和发扬教材原有的优点和特色,根据教学情况的变化,适当调整部分内容,与此同时,既注意吸收新的科研成果,又精简一些内容,以适应学时压缩的情况。因此,修订时既注意保持教材的稳定性,原体系和框架没有作大的变动,同时又注意广泛吸收社会各方面,特别是教材使用者的意见,对其作了不少改动,力求新版内容和观点更加科学,文字表述更加严谨、规范。

下面从"内容的增删调整""例词例句的更换""错讹的订正""体例的统一"和"文字表述的修改加工"五个方面,对上册修订的主要情况择要作具体说明,以期为教学一线的教师尽快熟悉增订六版提供一些帮助。

一、内容的增删调整

(一) 新增

文字章主要有两处:

1. "(一)笔画"增加《现行汉字笔形表》(148页),用以取代增订五版《字符集折笔笔形表》(149页)。基本笔形不单是折笔,还有其他四种,新表显然更为全面。另有二维码链接《汉字折笔全称表》,突出了折笔这个难点。

2. "二、汉字的整理"增添了"(七)研制《通用规范汉字表》"(162页),介绍了2013年6月国务院公布的这个表的有关内容:全表收入通用规范汉字8 105个;对《现代汉语通用字表》调整的情况;新增加226个《简化字总表》和《现代汉语通用字表》未收的简化字;对异体字调整的情况,等等,反映了汉字整理的最新成果,在讲笔画和笔顺时,都强调这是规范汉字笔画数和笔顺应当依据的最新文件。

词汇章也主要有两处:

1. "词典和字典"(266—269页),增订五版反映的是2010年前的信息。近几年《现代汉语词典》先后出了第6版和第7版,《现代汉语规范词典》出了第3版,《辞源》出了第3版,《汉语大词典》第2版修订全面启动,等等。增订六版均作了更新。

2. "常见的以西文字母开头的词语"(262页),增订六版增加了DNA、IP电话、GPS、MPA、PK(对决)、PM2.5、POS机、QS(质量安全)、SCI(科学引文索引)等常见常用的一批词语。

此外,绪论"五、汉语的地位",对全球出现汉语热、开设汉语课程、开办孔子学院和孔子课堂等数据更新至2015年年底。其余各章引用的一些资料、数据也有相应的变动。这些都反映了增订六版在注意吸收新知识,反映新情况,介绍汉语、汉字各个方面的最新研究成果所做的努力。

(二)压缩

1. 增订五版绪论章"汉语在世界语言中的位置"(9页),表下"注"中列举"其他语系"多达18种语言,如"高尔达方诸语言""加努利诸语言",等等。不符合教材的简明性,徒增师生的负担,增订六版将其大部分作了删除。

2. 增订五版文字章"二、现行汉字的形体"(142页)分两部分:(一)楷书和行书;(二)印刷体和手写体。增订六版删去"楷书和行书"及下面的两大段话。改为:(一)手写体;(二)印刷体。附录二"汉字形体的演变"有楷书、行书内容,避免重复。

3. 增订五版文字章有"整理异形词"(164页)和"掌握异形词的规范"(176页)。异形词虽然涉及用字问题,但本质上是词汇问题,而且词汇章也有相应内容,所以增订六版删除了文字章的这两部分。

4. 增订五版词汇章有"生造词问题"(216页)一节。谈构词法,突然加入"生造词",显得很突兀,另与下文"生造词的规范"内容相重复。增订六版删除了"生造词问题",有关叙述并入"规范"一节中(261页)。

(三) 调整

1. 增订五版"绪论"为第一章,共6章。增订六版改为"绪论"不设章,从语音到修辞共5章。

2. 增订五版语音章第四节声调"二、调类和调值"(65页),"调类"是调值的归类,先后不当倒置。增订六版改为"二、调值和调类",并将小标题下面两大段话互易。

3. 增订五版汉字的整理列有三项内容:(一)简化笔画;(二)精简字数;(三)其他整理(161页)。增订六版改为八项(160页),将原来涵盖不当的小标题提升,作为整理的内容重新归类,组合更加合理。

4. 增订五版文字章附录一"第一批异形词整理表"(181—185页),增订六版将其整个搬家至词汇章后,作为词汇的附录(262页)。

二、例词例句的更换

(一) 例词

首先是删去不恰当的例子。如"喜鹊",增订五版作为轻声词(89页),而《现代汉语词典》的注音为非轻声。"普通话常用含轻声的词"中举了"侧歪、侧棱"(93页),《现代汉语词典》中二词皆标为方言,而且极少用到。增订六版都作了删除。词汇练习二第七题要求指出"狐媚子"的色彩义,而《现代汉语词典》和《现代汉语规范词典》均未收录此词。增订六版将其换为"狐狸精"(217页)。非双声叠韵联绵词原举"蝴蝶、蝙蝠、鸳鸯、蛤蚧"(211页)等,都是有争议的,增订六版也换成了"鹦鹉、玛瑙、牡丹、囫囵"(206页)等普遍认可的。

其次是更换陈旧的、不常用的例子。如"密植""BP机""盘尼西林"

之类,改为"热销""3D""青霉素"等。

再次是避免类型重复的例子。如主谓型"心酸、心慌"都带"心";叠音词"猩猩、狒狒"同为动物等。增订六版将两组后一个分别换成"神往"和"潺潺"。感情色彩不同的三组例词,"宏大、巨大、庞大"是形容词,"爱护、保护、庇护"是动词,"果断、决断、武断"是动、形两种词性,增订六版将后三个换为名词"成果、结果、后果"(230 页),就更加全面。

(二) 例句

1. 增订五版(225 页)"多义词"举"宽"有四个义项(横的距离大;放宽,使松缓;不严厉,不苛求;宽裕、宽绰)。增订六版增加"宽度"义项,并配"马路有 5 米宽"例句(219 页)。"宽度"是常用的,少了就不完整。

2. 增订五版(257 页)"谚语"例句:"送行的饺子,迎风的面。"普通话中只有"接风",哪有"迎风"?(《现代汉语词典》"迎风"仅有两个义项:①对着风;②随风。没有"接风"义)。另外送行吃面,喻长(常)来长(常)往,"接风"时一般并不吃面。增订六版将其改为通行说法"接风的饺子,送行的面(252 页)"。

三、错讹的订正

毋庸讳言,增订五版还存在一些错讹。下举数例:

(一) 分类有误

词汇"(四)缩略语"(209 页),因"缩略语"不是一级语言单位,故与"(一)语素、(二)词、(三)固定短语"并列实不妥当。缩略语大部分是词(处长、家电),有的不是词(陆海空军、进出口、离退休)。增订六版取消"(四)",改为"还有一种经过压缩省略的词语叫缩略语",附在这一节之后。

(二) 举例有误

①《词的结构类型表》"合成词重叠式"一栏举"姐姐、婆婆、妈妈"为例(216 页),"婆婆"实为叠音词,属单纯词,两个音节不能分开使用,增订六版将其换成"刚刚"。②词汇练习一第六题所举单纯词例子中有"铿锵",《现代汉语词典》分别收"铿"(铿铿作响)"锵"(锣声锵锵)二字并释义,显然为合成词,增订六版将其改为"仿佛"(211 页)。③(四)

同义词的作用"4.可以使语气委婉",举下例:如把"经济落后的国家"委婉地说成"发展中国家"。引号内是两个短语,这是一种同义表达形式,而非"同义词",其中的"落后"与"发展"也非同义词。这个例子显然举错了。增订六版将其改为:如把"傻""低能"说成"智障""弱智"(232页)。

四、体例的统一

(一)统一标题

①增订五版绪论第一节"现代汉语概述",改为"现代汉语概说",因为下面各章第一节均为"某某概说"。又,词汇章第一节"词汇和词的结构"也改为"词汇概说",与其余各章第一节统一。②词汇章第四节"语义场"之下小标题亦为"一、语义场""(一)语义场",为避免标题都是同一个词,增订六版将其改为"(一)什么是语义场"(223页),与前文"什么是义项""什么是义素"也保持了一致。

(二)统一术语

增订五版"补充"与"中补"并用,"联合结构"与"并列结构"并用,"前加型"与"前加式"并用,增订六版均采用每组的前一术语。

(三)统一格式

增订五版例句出处与引文的距离、黑体字的使用、各级标题的字体字号多有不统一现象,增订六版一一改正,例不烦举。

五、文字表述的修改加工

(一)定义或断语的修改补充

1. "(三)固定短语":"专名绝大多数是企事业单位的名称",而举例有"中国人民政治协商会议""联合国世界卫生组织"(209页),定义难以涵盖所举之例。增订六版将其改为"绝大多数是社会组织机构或企事业单位的名称"(204页)。

2. 词义"借用一个词的基本义来比喻另一种事物,这时所产生的新的意义是比喻义。"(224页)"这时"表示时间短暂,与下文"逐渐形成"相左。增订六版于"产生"后增加"并被固定下来"数字(218页),即可排除临时比喻义。

3. 第五节"词义和语境的关系",将语境分为"上下文语境"和"情景语境"(243页)。增订六版将"上下文语境"改为"语言语境",定义为"语言语境指口语中的前言后语和书面语中的上下文"(238页),两种语体都包含了。

(二) 表述语句的修改

1. 增订五版绪论章《现代汉语七大方言语音主要特点表》指出北方方言的特点"只有西北方言有鼻化韵母"(5页),增订六版删"只有"二字。

2. 增订五版词汇章(一)语素:"吗"的语音形式是"ma",语法意义是表示疑问语气,没有词汇意义(206页)。增订六版"吗"前增加"语气词"三字(201页)。

3. 增订五版"字典和词典"中一会儿用"本书""本字典""本词典",一会儿用"该书""该字典""该词典",增订六版统一用"该"。

4. 增订五版词汇"词汇在发展的过程变化中"(263页),语句欠通。增订六版将其改为"词汇在发展变化的过程中"(258页)。

5. 增订五版讲"形象色彩"的一段话非常啰唆(221页),增订六版删去数十个字(215页)。

以上简述了增订五版上册的修订情况。应当说增订六版在各个方面都较增订五版有了很大进步,质量有了新的提升。黄廖本《现代汉语》之所以能风行四十年,受到广大教师的信任和欢迎,因为教材有一个优良传统,那就是与时俱进、精益求精,通过一次次修订,使教材更加完善好用。相信在新老编者的共同努力和广大使用者的关心支持下,这部教材今后一定能为现代汉语教学发挥更好的作用。

(本文作者系黄廖本《现代汉语》教材领导小组成员)

黄廖本《现代汉语》(增订六版) 下册修订要点说明

戚晓杰

(青岛大学文学院中文系,山东青岛 266071)

黄伯荣、廖序东先生主编的《现代汉语》,被学界亲切地称为黄廖本,是一部深受欢迎的好教材,自 20 世纪 70 年代末出版发行以来,产生了广泛影响,风行至今 40 载,总发行量超过千万册,哺育了几代学子,创造了汉语教材编写史的神话。[1] 本次修订是在两位主编先后离世的情况下进行的,因而就变得格外审慎。每一处修订都是在确定无误的情况下进行。大的变动之处,也都经过老编者亲自把关,以理服人,取得一致认可,达成共识,方可着手。在本次修订的过程中,我们对黄廖本教材也有了更深入、透彻的理解。它内涵丰富,框架缜密,体系完备,与时俱进,构建了一个很好的现代汉语的基础理论、基本知识体系,让教师可以在此框架内有充分发挥自我的空间,这也是黄廖本教材在海内外广受欢迎的原因所在。

本次黄廖本下册修订要点[2] 主要包括以下几方面内容。

一、文字表述更加严谨

本次修订在保持黄廖本教材原有特色和结构稳定的基础上,本着

---

[1] 黎锦熙先生《新著国语文法》是我国第一部系统阐述现代汉语语法的专著,自 1924 年出版发行,风行 30 年,产生深远影响。
[2] 本文图表,均由泰安学院秦存钢先生帮忙制作,谨表谢忱。

精益求精的原则,对部分内容及例证等有所调整,使黄廖本教材在文字表述上更加严谨。如跟句子的表述有关,句子是带有"句调"还是带有"语调",目前学界存有分歧。陆俭明先生《现代汉语语法研究教程》(2003:21)认为是"句调":"句子是语言中前后有较大停顿、伴有一定句调、表示相对完整意思的音义结合体,是最大的语法单位。""汉语中绝大部分的句子都是由词组直接加上一定的句调形成的。"胡裕树先生主编《现代汉语》(2016:314)认为是"语调":"一个句子不仅具有一定的结构成分和结构方式,为了适应具体语境中的交际需要,它还必须有特定的语调。"黄廖本增订五版(2012:4)在对"句子"进行定义时使用的是"句调":"句子是具有一个句调、能够表达一个相对完整的意思的语言单位,句子的前后有隔离性停顿。"在论述语法的抽象性时,也谈到"这些句子,它们意思各异,但是结构相同,都是名词在前,形容词在后,直接组合,表示被陈述和陈述的关系,加上句调就构成主谓句。"(2012:3)。在对词进行解释时,也说明"一部分词加上句调可以单独成句。"(2012:4)但在对短语进行解释时,又使用"语调":"短语是由词组成的、没有语调的语言单位,是造句的备用单位。大多数短语可以加上句调成为句子。"(2012:4)且在这一段话里,前面使用"语调",后面使用"句调"。然而在第四节"短语"里又这样解释什么是短语:"短语是语法上能够搭配的词组合起来的没有句调的语言单位,又叫词组。它是大于词而又不成句的语法单位。简单短语可以充当复杂短语的句法成分,短语加上语调可以成为句子。"(2012:44)且与"语法概说"里对短语的解释不一致,前面使用"句调",后面使用"语调"。为求得上下文统一、前后一致,增订六版把这里的"语调"都改为"句调"。

"句调"与"语调"所指不同。"语调"比"句调"范围更广,包括停顿、轻重音等。句子是带有"句调"还是"语调",短语构成句子到底是加"句调"还是"语调",可能没有对与错的问题,强调重点不同,但哪种表述更精准,需要进一步的探究,因一部分词只能加上"句调"单独成句,而不是"语调"。在修订的过程中,我们也发现了不少值得研究的课题,这可以说是我们参与修订获得的宝贵学术财富。

"文字表述更加严谨"方面,再如在谈到"多层定语"可以由联合短

语充当时,增订五版(2012:68)举有这样的例子:

红的黄的白的菊花(由"红、黄、白"组成的一个联合短语作定语)

在这里,括号中的解释不够准确,联合短语是由"红的黄的白的"构成,而非"红、黄、白"组成,所以括号中的解释我们改为"由'红的、黄的、白的'组成的一个联合短语作定语"。

二、标点符号的运用更加规范

在我国,标点符号,严格说来是西式标点符号,可谓舶来品,是西学东渐的产物。袁晖、管锡华、岳方遂《汉语标点符号流变史》(2002:287)一书中指出:"1840年的鸦片战争打开了中国的大门,也打开了中国人的眼界。'开眼看世界'的先进的中国人提出'师夷之长技以制夷'的主张,即学习外国的技术,以对付外国的侵略。要学习,先得了解。随着海禁的放开,中国知识分子开始走出国门,以蠡测海了。西洋标点便在这个时候传入中国。"一些卓有学识的中国知识分子,把它合理运用于汉语,由此,汉语有了真正科学意义上的标点符号。西式标点符号的引入汉语,是中国语言文化的一个标志性的事件,是汉语现代化发展的必然,由此构成了现代汉语的整体面貌。可以说,标点符号是现代汉语构成的一部分,没有标点符号就没有现代汉语书面语,由此体现出汉语标点符号的实质。

黄廖本教材非常重视标点符号的教学和运用,并把标点符号视为语法的一部分,在语法章末单列一节加以阐释。目前,不少现代汉语教材,把标点符号从语法章甚至现代汉语中加以删除,整个现代汉语(包括附录)不见标点符号的内容。这样处理的现代汉语教材数量在现今比较多,代表近年来现代汉语教材编写的主流。不过从现代汉语的构成体系看,它们是不完备的。标点符号是现代汉语构成的一部分,现代汉语教材编写不应漠视标点符号的存在。

我们在对增订五版进行修订时,也非常重视标点符号及其运用。有的标点符号使用不当的,我们也作了修改。如"句群与复句"的区别,增订五版147页是如此描写的:

句群和复句有根本区别,首先是构成单位不同;句群的构成单位是句子,复句的构成单位是分句。其次,二者关联词语的使用情况不同:在复句中经常成对运用的关联词语,在句群中大都不能成对运用,例如……

在这里,因"首先"与"其次"这两点区别后均使用句号,所以其总说部分"句群和复句有根本区别"后只能使用句号,而非逗号,它是概括后面两条区别的,并非只与第一条区别有关联。如果"其次"前改用分号,"句群和复句有根本区别"后则可以使用逗号。

再如在谈到句首状语的作用时,增订五版第70页是这样表述的:

那些可以有两种位置的状语,放在句首时常常有一些特别的作用,或者是强调状语,或者是照顾上下文的连接,或者状语较长、较多,放在句首可以使主语和谓语中心靠近,使句子结构紧凑,便于理解句意。或者放在句首修饰几个分句(如例⑥),这样既照顾了结构,避免用语重复,也照顾了表意。

"那些可以有两种位置的状语,放在句首时常常有一些特别的作用",因是总说部分,其分说的部分内容较长(内部也使用了句号),所以其后应使用句号。几个"或者"相连接的分句,其间均应使用分号,因"或者"所连接的成分内部有的已使用逗号。最后一个"或者"前,也使用分号,显示与前面的"或者"属于同一结构层次。还有一种修改方法就是,"那些可以有两种位置的状语,放在句首时常常有一些特别的作用"后加用句号,中间的标点符号不作改变,只在最后一个"或者"前,使用分号,显示与前面的"或者"属于非同一结构层次,前面是对单句来说的,后面是对复句而言。

再如,增订五版下册的举例说明,在列举两个或两个以上的短语时,标点符号的使用不够一致,有的分别使用引号,有的共用一个引号。如"俩人"、"三头六臂"与"十位老师、走一趟"。在修订时,我们也尽量保持上下文统一,使分别使用引号和共用一个引号保持大致的一致,且根据新的《标点符号用法》,删除两个引号中间的顿号。

三、析句法更加周密

析句法是黄廖本教材语法体系的重要组成部分。黄廖本教材(包括增订五版、增订四版、增订三版、增订二版、增订版等)语法章第一节"语法概说"中都有论述"句法(句子)成分"的内容,解释主语、谓语、动语、宾语、定语、状语、补语、中心语等名称,还谈到句法(句子)成分符号及句法(句子)分析方法的问题。在解读增订五版的过程中,我们懂得,之所以如此设置,这是黄廖本教材着意安排、精心设计的,是黄廖本的特色,因为第二节中讲"词类"就用到主语、谓语、动语、宾语、定语、状语、补语、中心语等名称,句法成分符号已开始使用,且运用起来非常简便。"短语""句法成分""单句"这三节也广泛使用句法成分符号。可以说,语法章从头至尾贯穿有析句法的思想,讲词类、短语、句法成分、单句都在框架结构中进行,其功能与格式让人一目了然。通过成分符号的反复运用,讲到单句分析,已是水到渠成,析句法运用起来非常自如。

黄廖本教材历来重视析句法问题,为了找寻一套能很好地说明汉语句法结构、能解决汉语实际问题的理想的析句法,黄廖本教材进行了长期锲而不舍的努力与探索。这从黄廖本《现代汉语》对其析句法的不断修改中可以看出。(戚晓杰,2002)

(一) 1979 年试用本

黄廖试用本《现代汉语》,更多体现的是中心词分析法的特点,即"结合了层次分析法(又称直接成分分析法或二分法)因素的中心词分析法(又称句子成分分析法或多分法)"。为了简化分析手续和成分符号,黄廖试用本还采用并改造了已有的简易符号标记法来标记句子成分。

由于这种分析方法具有很强的合理性,能与中学语法教学接轨,所以接受起来比较容易,运用起来也得心应手。这也许正是黄廖试用本问世之后风行全国、发行量一跃而成为同类教材之冠的重要原因之一。

(二) 1983 年修订本

1981 年至 1982 年,我国语言学界为配合教学语法"暂拟系统"的修订,展开了一场析句法的论争。人们对多分法和二分法这两种析句方法进行了比较深入的讨论。大多数学者认为这两种析句方法各有长短,层次分析法更能反映语言的层次性,二者应该结合。至于两者应该如何结合,意见还不太一致。但在语言结构具有层次性、所有词组都可以和词一样充当句子成分等问题上达成了共识。在此情况下,黄廖 1983 年修订本也作了修改,基本采用层次分析法,即"结合少量中心词分析法因素的层次分析法",明确认定一般句子成分有八个:主语、谓语、述语、宾语、中心语、定语、状语、补语。这八种句子成分不在一个平面上,它们是配对共存共现的:主语与谓语相对,述语与宾语相对,定语与它的中心语、状语与它的中心语、补语与它的中心语分别相对。

(三)1990年增订版(包括1996年增订二版、2001年增订三版、2006年增订四版)[1]

1990年黄廖增订版所采用的析句法仍属于结合中心词分析法的层次分析法,在定名法和析句手续上有所变动。(1)为了与中学教学语法术语接轨,将"词组"改为"短语",采用传统和"中学提要"的"动宾短语"一名,把修订本中的述语改称为动语,限定只与宾语配对,不与补语配对。(2)在切分手续上,对于可以作两种切分法的状动宾结构,由以前的一般先宾后状,即先切分出宾语,再切分出状语,改为一般先状后宾,即先切分出状语,再切分出宾语,以求更切合汉语结构层次的实际。对"暂拟系统"定名为"称代复指"的格式(如"青春,这是多么美好的时刻")[2],黄廖本为少立名目,将句首的被复指成分看作陈述对象,定名为一般成分主语,后头是主谓谓语。对"暂拟系统"定名为"总分复指"的格式(如"他的两个妹妹,一个是医生,一个是工人")[3],黄廖增订版称总说部分为主语,后头分说部分是谓语,谓语是一个复句形式。

但这种分析方法并非完美无缺,仍存有一定的问题。黄廖增订版《现代汉语》析句法基本上是层次分析法,层次分析法是不找核心的。由于它着重层次分析,不找核心,因而它无法说明核心成分和向核成分之间的语法关系;且分析程序上层层二分,分析出来的结果,不易显示主干,不便于显示句型,如果复杂一点儿的句子,分析七八层,最后切成几十个成分,有如一棵树砍成了几十个碎片,像一堆柴火,使人看不清是什

---

[1] 黄廖本《现代汉语》1996年增订二版、2001年增订三版、2006年增订四版的析句法与1990年增订版大致相同,没有什么大的变化,故不单列。
[2] 胡裕树《现代汉语》(1984年)将"暂拟系统"的句首被复指的成分定名为提示成分,有的书改名为外位语。
[3] 胡裕树《现代汉语》(1984年)把句首的总说部分称为提示成分。

么树形。

(四) 2011年增订五版

采用"成分符号减半法"(又称"框架核心分析法")。其最大特点是重视句子核心的地位,句子分析到找出核心为止。所谓核心,是指句中关系到句型、决定全句性质、意义上和结构上联系最广泛的词语,句中的其他成分都与它发生直接或间接关系。抽出核心,句子成分就会失去联系而散架了。

"成分符号减半法"的最大优点是简单、方便、管用,能在不违背句法构造层次性的条件下,快速抓住主干,显示句型,像吕叔湘先生《现代汉语八百词》中所列句型,都可以清晰地体现出来。各种句子抓住核心及与之相关联的向核成分,框架类型一目了然。

增订五版与析句法有关的内容有这样几处,这些在增订六版中都仍被保留:

1. 第五节的"句法成分小结"部分,以"太阳系图"来打比方,说明核心动词在汉语基本句式中的作用。"恒星太阳是核心,行星主语、宾语环绕太阳转,各有各的位置。它们各自能回答一定的问题。""主语和宾语在动词前后能回答'谁'做、做'什么'的问题,状语在动词前(或主语前)能回答'何时、何地、怎样做'等问题,补语在动词后能回答'做得怎么样、做多少次、做多久'等问题。"(2012:79—80;2017:80—81)

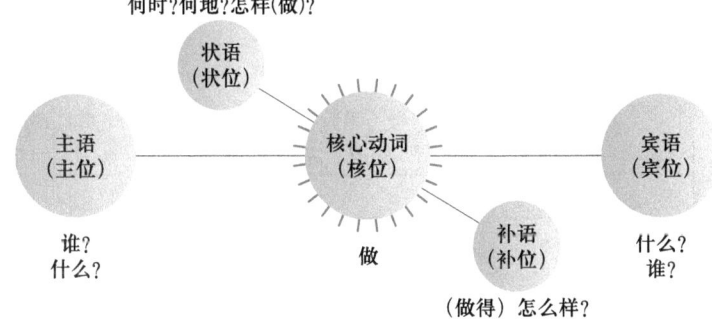

2. 第六节"单句"的"主谓句"部分。首次对"成分符号减半法"加以全面实施运用,用以分析动词谓语句、形容词谓语句、名词谓语句。用加注方式表明"汉字底下的着重号(即实心圆点——引者注)表示核心,谓语中心。(2012:86—87;2017:87—88)

3. 黄廖本《现代汉语》教学资源库,对各种不同句型,采用"成分符号减半法"加以分析,力求全面、详尽。

但由于是首次在教材中全面实施运用,内中难免有不够细致、周到之处,新旧析句法衔接还有不够严密的地方。

增订五版"语法概说"一节(2012:5—6)列有"句法成分表":

前头句法成分	后头句法成分	成对发生的关系	举例
主语	谓语	陈述关系(主谓关系)	他做了
动语	宾语	支配或关涉关系(动宾关系)	做作业
定语（ ）	中心语 。。。	修饰、限制关系(定中关系)	
状语［ ］	中心语 。。。	修饰、限制关系(状中关系)	［都］做了。
中心语 。。。	补语〈 〉	补充说明关系(中补关系)	做〈完〉了。

并通过一个主谓结构的框式图解,说明八种一般句法成分之间的关系:

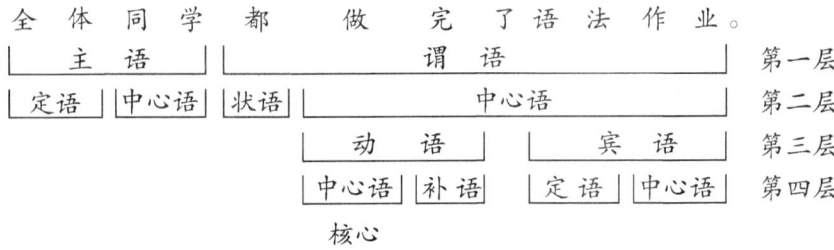

并用成分符号标明这一例句里四种句法成分和核心动词的关系与位置:

| 主语位置 | 状语位置 | 核心位置 | 补语位置 | 宾语位置 |
| (全体)同学 ‖ | ［都］ | 做 | 〈完〉了 | (语法)作业 |

由此可以看出,核心"做"可以分别同主语、状语和补语、宾语相关联,构成"全体同学做""都做"和"做完""做语法作业"等简单框架。在这个句子里,如果抽掉了"做"这个核心,整个句子就会失去交际功能;而抽出核心之外的任何一个成分之后都仍成结构。找到核心,句子的整个框架结构就清楚了。

但这里存在的问题是,讲解句法成分所用符号,主语、谓语之间所用的符号‖、动语与宾语之间所用的符号∣都没有论述到,但在后面部分(如短语的主谓短语、动宾短语)都有所使用,有失周密。在修订时,我们把这两个符号也加以说明,以求前后内容更加衔接:

  上面例句的汉字底下和旁边只加上向着核心的成分符号。画了主语符号(＝＝),就表示主语右边全是谓语,谓语符号(——)不画自明,主语、谓语之间可用符号"‖"表示。画了状语符号(［ ］)就减去中心语符号(。。。)。画了宾语符号(～～)就省去它前面的动语符号(——),动语、宾语之间可用符号"∣"表示。画了补语符号(〈 〉),这时找到核心动词,句型已显露,句子分析到此为止。用这种"成分符号减半法"(又称"框架核心分析法")为的是避免符号重重叠叠,可以把几层的句法成分和它的符号线性排列出来,显示核心动词和它前后成分的位置。即"动前有主状,动后有补宾",通过这个口诀,牢记"基础句"中各成分的相对位置,可为分析句子打下基础。

四、病句修改更加严密

理论联系实际,从正反两个方面说明问题,是黄廖本《现代汉语》的特色,所以教材的各部分都设有误用与修改方面的内容。词类部分,有词类误用;单句、复句、句群都有相应的"常见错误与修改"内容;标点符号也有使用不当的举例;修辞也有"修辞常见的失误与评改"内容。[1] 这

---

[1] 语音部分有声母、韵母、声调方面的辨正,文字部分"纠正错别字"的内容,词汇谈到"生造词"问题。

对于学以致用,体现现代汉语学习的实用性,具有重要意义。

在病句修改方面,有人曾撰文指出黄廖本教材存有不足之处。对此,我们也作了修改。如第七节第113页"检查、修改语病的方法和原则"作为一节的标题,显然不妥,因正文并不只谈"检查、修改语病的方法和原则",大篇幅谈的是常见句法失误的类型,所以增订六版修改为"单句语病的检查和修改"。

增订五版有的病句修改得不够彻底,且语言表述也存有疏漏之处,我们也作了修订。如第114—115页有这样一例病句修改:

> 晚会上演出了音乐、舞蹈、曲艺、体操、武术等文艺节目。

增订五版认为其语病在于:"宾语是个同位短语,但同位短语前的前部分体操、武术并不是文艺节目。改法有三:一是去掉'文艺',二是将'文艺'改为'文体',三是在'文艺'后加上'体育'。"但第三种改法是不彻底的,如果加上"体育",其前面必须加上顿号,才符合规范。同时,其表述语言也需要加工,"同位短语前的前部分体操、武术"中的头一个"前"多余,"体操、武术"应加用单引号,表示引用。

有的病句修改,其修改后的句子,虽没有什么语病,但修辞上不够讲究,我们也作了适当调整。如:

> (1) 当上级宣布我们摄制组成立并交给我们任务的时候,我们大家有既光荣又愉快的感觉是颇难形容的。(第120页)

增订五版是这样修改的:"例(1)'既光荣又愉快的感觉'是前一分句'有'的宾语,又是后一分句的主语,牵连在一起,形成语病。修改时可以在'感觉'后加一个逗号,再加上'这种感觉'四个字。"如此修改,虽无语法错误,但不够通畅,应在"有"后加上数量定语"一种",节律上会更和谐。且"大家"前的"我们"去掉,会更精练,因其前面,"我们"已连续出现两次了。

五、吸收新的成熟的科研成果

不断吸收新的成熟的科研成果,与时俱进,永葆教材的学术活力,也是黄廖本教材的一个特点,可以说,这也是其生命力之所在。在教材的修订中,我们感触尤深。近年来学界许多新的成熟的观点与理论,如三个平面的理论、语义指向、语义特征、变换分析等,都在黄廖本教材中得以体现。本次修订,多义短语的类型我们增加了"结构层次不同的多义短语"一类,内容论述更加全面;代词增加了代替谓语的内容。对"被结婚""被代表""被爱情""被自愿""被死亡"这些新出现的新型"被"字句现象,也有所论及,并从"被"字句的发展演变角度加以阐述。

在标点符号方面,本次修订根据国家最新颁布的《标点符号用法》(GB/T 15834—2011),对标点符号一节也进行了修改。主要有两点。一是修正连接号的内容。根据国家最新颁布的《标点符号用法》,连接号有三种表现形式,包括短横线"-"、一字线"—"和浪纹线"~"三种。增订五版的连接号共有四种,还包括长横"——"(占两个字的位置),对此加以删除。二是增加了分隔号的论述。分隔号"/"是标号的一种,"标示诗行、节拍及某些相关文字的分隔"。

【参考书目】

[1]胡裕树:《现代汉语》,上海教育出版社2011年版。

[2]黄伯荣、廖序东:《现代汉语》(1990年之前由甘肃人民出版社出版,1991年之后改由高等教育出版社出版1979年试用本,1980年第一版,1983年修订本,1991年增订版,1997年增订二版,2001年增订三版,2006年增订四版,2011年增订五版,2017年增订六版)。

[3]黄伯荣:《谈句法分析》,《中国语文》1981年第5期。

[4]黄伯荣:《十二年来汉语析句法的发展变化》,《语文建设》1990年第6期。

[5]黄伯荣:《框架核心分析法》,《汉语学习》1999年第6期。

[6]黄伯荣:《框架核心分析法答客问》,戚晓杰、高明乐主编:《汉语教学与研究文集——纪念黄伯荣教授从教50周年》,高等教育出版社2005年版。

[7]黄伯荣:《我们是怎样编写〈现代汉语〉教材的》,《东方论坛》2009年第3期。

[8]黄伯荣:《三论框架核心分析法》,《盐城师范学院学报》2010

年第6期。

［9］黄伯荣:《谈谈〈中学教学语法系统提要〉的析句法》(提纲),2012年第十三届全国高等师范院校现代汉语教学研究会暨会员代表大会提交论文。

［10］教育部语言文字信息管理司组编:《标点符号用法》(GB/T 15834—2011),收入《语言文字规范标准》,商务印书馆2017年版。

［11］李临定:《如何分析汉语句子》,《语言教学与研究》1989年第2期。

［12］陆俭明:《现代汉语语法研究教程》,北京大学出版社2004年版。

［13］陆丙甫:《主干成分分析法》,《语文研究》1981年第1期。

［14］陆丙甫:《对成分分析法和层次分析法相结合的一些看法》,《中国语文》1981年第4期。

［15］吕叔湘:《句型和动词学术讨论会开幕词(代序)》,中国社会科学院语言研究所现代汉语研究室编:《句型和动词》,语文出版社1987年版。

［16］吕叔湘主编:《现代汉语八百词》,商务印书馆1999年版。

［17］戚晓杰:《从黄廖本教材析句法的演变看汉语析句法的发展趋势》,《东方论坛》2002年第1期。

［18］戚晓杰:《"框架核心分析法"解读》,《东方论坛》2017年第3期。

［19］钱乃荣:《论向心多分析句法》,戚晓杰、高明乐主编:《汉语教学与研究文集——纪念黄伯荣教授从教50周年》,高等教育出版社2005年版。

［20］邵霭吉:《框架核心分析法与句框架问题》,《青岛大学师范学院学报》2006年第1期。

［21］邵霭吉:《论"向心切分析句法"——〈现代汉语概论〉的析句法》,《盐城师范学院学报》2010年第2期。

［22］史有为:《语言的多重性与层—核分析法》,《中国语文》杂志社编:《汉语析句方法讨论集》,上海教育出版社1984年版。

顺应教学改革　拓宽发展空间

——黄廖本《现代汉语》精简本编写回顾

王建军

(苏州大学文学院,江苏苏州 215123)

　　由黄伯荣、廖序东先生主编的《现代汉语》(以下简称"黄廖本")是普通高等教育"十一五"国家级规划教材、"十二五"普通高等教育本科国家级规划教材,也是当下使用最为广泛的大学文科教材之一。该教材自 1978 年纳入教育部文科教材编选计划、1979 年正式出版以来,畅行四十年,先后历经九次修订(含在甘肃人民出版社期间的三次修订),发行总数超过千万册。在教材如林、新人辈出的当今时代,黄廖本经久不衰、独步天下,谱写了现代汉语教材编写史上的一个奇迹、一段佳话。

　　不过,进入 21 世纪以来,黄廖本在稳健推进的同时,也不断遭遇日益严峻的挑战,诸如编者队伍老化、同类教材蜂起,特别是教材内容与教学课时、教学手段之间的矛盾日渐深重,导致教材的美誉度和发行量有所滑坡。

　　显然,随着新时期高校教学改革的持续深入,"现代汉语"课程的教学因素和教学理念都已发生了或微妙或显著的变化,现代汉语教材的生存环境自然也与过去不可同日而语,黄廖本如不及时跟进调整,将有可能降低教学适用性。因此,如何适应新时代与新需求并让黄廖本继续占据高校文科现代汉语教学的制高点、不断赢得高校师生的好口碑,就成为继任编者和高等教育出版社必须正视的一个问题。经过深入调查、慎重考虑、反复讨论和严密论证,编写组和出版社最终形成了如下共识:

一是适时修订母本,着力打造教材的升级版——增订六版;二是尽早推出新本,用心编写与增订六版相配套的精简本。令人欣慰的是,经过数年来的不懈努力,上述共识均已化为现实。值此四十周年大庆之机,我们不妨与各位同道行家分享一下有关精简本的编写点滴。

一、精简本的编写缘起

编写精简本绝非心血来潮之举,而是编写团队酝酿已久的夙愿。正如精简本的后记所言:"编写精简本是主编黄伯荣先生提出、廖序东先生支持的愿望。"早在21世纪初,黄廖二老就敏锐地觉察到了高校教学改革的风云,提出了编写精简本的构想,只是限于人力等条件因素,二老生前未能如愿。近年来,在广大现代汉语任课教师的一再呼吁下,在高等教育出版社的积极推动下,李行健、王勤、刘小南诸位先生审时度势,慨然定夺,终于启动了精简本的编写工作。

编写黄廖本精简本涉及教材的各个方面,首先要给精简本一个恰当的定位。而恰当的定位则源自正确的指导思想。应该说,精简本指导思想的形成经历了一个渐次明晰化的过程。在反复的商议与权衡之下,编写组和高教社最终确立了如下指导思想:

第一,要顺应课程改革的新形势。进入21世纪以来,伴随着高等教育人才培养目标的转型,高等教育部门发起了一波又一波的课程改革,对课程体系进行了前所未有的大调整。课程结构与课程数量均已发生了剧变,传统的基础课不仅数量大为压缩,课时也遭到大幅度的削减,现代汉语课程也不能幸免。就中文本科专业而言,绝大部分高校"现代汉语"课的课时已从当初的每学年144课时(每学年实际教学周数按36周计)缩减到108课时或72课时,有的甚至已跌破72课时的底线。显然,少之又少的课时量已经容纳不下黄廖本原有的教学内容。事实上,许多任课教师为了确保教学任务的基本完成,已在备课和讲授过程中对教材作了不同程度的压缩或过滤,不少内容往往被略而不讲。

第二,要跟进教学手段的新变化。随着高新科技尤其是信息技术的迅猛发展,多媒体的教学手段不仅日趋普及,而且日新月异。随着微课和慕课等在线开放课程的大行其道,平面静态的纸质媒介越来越受到新生代的冷落,"口授＋板书"的传统授课方式也不再受到学生的追捧。课型的技术化必然要求教材的技术化。传统现代汉语教材亟待转型升级,亟待增加信息技术含量,否则就有可能失去作为课程教学核心资料的地位。

第三,要契合教学对象的新常态。当今世界,信息爆炸且转瞬即逝。在应接不暇的信息潮面前,普罗大众尤其是新生代逐渐养成了碎片化的阅读习惯。就学习方式而言,"全程式"正在被"压缩式"所取代,"营养化"正在被"快餐化"所吞噬。长篇大段式的论述已很难激起新一代学子的新鲜感与求知欲。这就意味着教材的呈现方式需要进行适度的改革或创新,要走短小精粹、简明扼要之路,以适应新生代的阅读趣味。

第四,要在保持黄廖本既有优势的前提下创立新特色。黄廖本之所以能畅行不衰,靠的就是四十年形成的自我优势和自有特色,诸如体系简明、内容清楚、新老兼顾、难易适中、方便自学等。在精简本的论证会上,黄廖本现行编辑团队的主导者李行健等先生再三强调:"精简本要保留原特色,即精简本也姓黄廖,必须在此前提下实现与时俱进。"因此,精简本既要保持黄廖本原有的优势和特色,又要积蓄新的优势和特色,既要保证"青出于蓝",又要力求"青胜于蓝"。

二、精简本的编写方略

教材编写是一项系统工程,涉及教学活动的众多元素,诸如教学对象、教学时数、教学内容、教学手段等。所有这些都是教材的策划者和编写者应该加以考量的因素,都应该在教材的编写规划中得以体现。经过充分的酝酿和讨论,精简本编写团队形成了如下编写方略。

（一）瞄准非专业化的教学对象

在语文教育和文化传播备受重视的当下,汉语作为中华文化的主要载体和社会交际的常规工具,与其他学科的关联度日趋加深。现代汉语不仅是传统中文专业的基础课,也是泛文科专业(如新闻学、法学、秘书学、图书情报学、档案管理学等)的基础课。非中文类专业的现代汉语课并不着意于培养学生的语言学素养,而是旨在提高学生的语言文字应用能力。为此,精简本将教材适用的主体对象确定为高校非中文专业的本科生,以及课时较少的中文专业本科生或专科(高职)生,以此与增订六版教材形成明显的教材梯度。

(二) 满足新体系的教学时数

一套教材要能很好地满足一线的教学需求,必须跟教学时数紧密相配。在新的课程体系中,传统的基础课一再受到压缩,不少高校文科专业的现代汉语的总课时数动辄被限定在72学时甚至以下。精简本正是为此类"现代汉语"课程量身定制。为此,编写组设定了一个大致的课时分配方案,供本教材的使用者参照:

内容	课时	内容	课时
绪论	4	语法	24
语音	14	修辞	8
文字	8	合计	68
词汇	10		

以上68课时为实际授课时数,剩余的4课时留作机动,供教师安排相关的教学活动(如考核、训练等)。

有必要指出的是,上述课时分配方案只是一个指导性的预案。在开展具体的施教过程中,该方案并不排除弹性,可以适用于72课时以下的课程。任课教师大可按照既定课时、依据教学实况自行调整。

(三) 凸显实用性的教学内容

精简本是在黄廖本增订六版的基础上进行的精简改编,原书的框架需要基本保持不变。基于教学对象的非专业性和教学时数的偏低性特点,编写组决定将黄廖本增订六版的总容量精简一半左右,即将总字数控制在35万字以内,并且不再分上下册。依据原版各章的内容之比,编写组将精简本的各章字数约定如下:

绪论部分:1万字左右　　语音部分:7万字左右
文字部分:4.5万字左右　　词汇部分:5万字左右
语法部分:9.5万字左右　　修辞部分:5万字左右

具体说来,正文首先要大刀阔斧地进行压缩删改,并在凸显内容的基础性、时代性、可读性方面取得实效。此外,思考与练习部分也应加以筛选,要在提高技术含量的基础上,适当归并题型、减少题量。

（四）采取切实可行的编写方法

编写精简本不是重起炉灶,必须保持黄廖本基本框架和既有特色。为此,编写组采用了以下四种编写方法：

一是缩写。一方面浓缩原本的理论阐述部分,保留其中精辟的论述、精当的用例,另一方面适当删减加☆号的次要内容和附录部分。例如,第一章语音和第四章语法属于黄廖本比较出彩的部分,但内容求全偏多,应该尽可能去粗存精。

二是改写。首先对原书在内容、体例、表述等方面存在的一些问题加以匡正或弥补,努力消除与教学对象不相匹配的地方。其次,对某些不便缩写的内容,可重新进行编排组织,比如修辞部分就需要作较大的更改。

三是加写。具体说来,就是不对原本一味地做减法,可以在现有框架中,适当增添一些新内容。特别是对新时期词汇语法方面出现的一些新现象,精简本要注意跟进吸收学界的已有成果,反映汉语的新变化。

四是技改。信息技术的巨大进步引发了学习方式的根本性革命。新生代的学子已经不满足于传统的手书口授笔练的学习方式,电脑和手机的普及应用以及各种学习软件的层出不穷,在某种程度上宣告了传统纸质教材不可能再独霸天下。精简本无论在内容的编排还是练习的设置都应尽可能多地植入技术因素,以利课程的创新与转型。

三、精简本的编写成效

打造量质俱优的精简本是编写团队与高教社为实现黄廖本教材转型升级而作出的重要决策。2016年3月,由李行健先生挂帅的精简本编写领导小组正式成立,一个由多名老编者加更多高校一线骨干专业教师组成的编写班子同步诞生。在明确分工的基础上,编写班子制订了严格的工作流程,规定了具体的工作进度。粗略梳理一下,整个精简本编写工作进程大致可分为以下几个阶段。

第一阶段：编写方案论证确立期(2016年3—6月)

首先按章成立精简本编写小组。每个小组少则两人,多则三四人。各小组先拿出各章的详细目录和编写方案供大家讨论,最后由领导小组酌定。

第二阶段:样稿送审与修改期(2016年7—12月)

在确定编写方案后,各执笔人开始撰写样稿并将样稿呈送各小组负责人审阅。在吸收各小组负责人的意见并作修改后,样稿提交给领导小组成员进行把关。同时,各执笔人开列与本部分内容相关的数字化资源细目。

第三阶段:初稿撰写与审核期(2017年1—6月)

各位执笔者完成全部的初稿和数字化资源内容并依次提交各小组负责人,由小组负责人统稿后提交领导小组;领导小组审核初稿并提出具体修改意见,各执笔人据此完成对初稿和数字化资源内容的修改。

第四阶段:集中审稿与反馈期(2017年7—12月)

召集各编写小组碰头,交叉审阅修改后的初稿并提出意见和建议。针对改稿中暴露的共性问题以及编写过程中产生的困惑和争议,领导小组与出版社的责任编辑进行会商,将终审意见反馈各小组。各小组再组织执笔者进行二度修改。

第五阶段:统稿审定与提交期(2018年1—6月)

领导小组对二次修改稿进行汇总并逐一加以审定,并就书稿中的相关问题与各小组负责人进行会商处理;领导小组将教材定稿(第三稿)及数字化资源内容提交高教社审核。

第六阶段:书稿付印与出版期(2018年7—12月)

高教社按照正常的出版流程,将书稿编排付印。各小组先对各自板块的清样进行审校,然后再交叉审校。在正式付印之前,领导小组再指定专人全面把关,严审清样,力争将问题控制在最低程度。

经过两年多的群策群力,精简本于2018年12月终告问世。立足于增订六版,精简本较好地实现了"三个统一":

其一是专业性与简明性的统一。具体说来,就是适当降低专业性、强化简明性,聚焦基础理论、基本知识与基本技能。例如,语音章不再设

"音位"一节,语法章不再提"三个平面"理论。另外,整个语言表述也得到了有效改进,更趋精练准确。如此一来,全书的总字数被成功压缩到34万字,基本实现了内容减半的目标。

其二是优质性与实用性的统一。精简本充分利用业已成熟的二维码技术,专门建立了学习资源库,把一些优质实用的资源(如重要的语言政策法规和知识图表)和新型的思考练习题放入其中。另外,部分具有代表性的基础研究成果也被收入其中。相比之下,精简本更有助于语言知识点的提炼和语文实战技能的提高。

其三是长效性与鲜活性的统一。在保持教材长效性的前提下,精简本致力于提高自身的鲜活性。作为教材内容的重要组成板块,书中所引的各种语言实例不仅经典,而且鲜活,比较贴近当今青年学子的生活实际和欣赏口味,提升了生动性和趣味性。与增订六版相比,精简本更具时代性和可读性。

不可否认的是,作为黄廖本教材家族中的新成员,精简本本身还存在一些不尽如人意之处,有些问题也许要等正式使用后才会显现。为此,精简本编写团队和高教社将会在适当的时候、以适当的方式广泛征求各方的意见,汇集众智、提升质量。

无论是增订六版还是精简本,我们都真诚希望能得到广大师生的普遍欢迎和认可。为了让黄廖本跟进时代、保持活力、再创佳绩,黄廖本教材建设领导小组还将与高教社通力合作,联手开发手机应用软件和微信公众号,定期或不定期向师生推送相关的知识点或思考题。我们深信,赢得了历史辉煌的黄廖本一定会无愧于新时代。

【参考书目】

[1]黄莉等:《黄廖本〈现代汉语〉(增订版)读后》,《湖北大学学报(哲学社会科学版)》1998年第5期。

[2]胡宇慧:《黄廖本〈现代汉语〉不同版本语法体系的比较》,内蒙古师范大学2004届硕士学位论文。

[3]邵霭吉:《一本常出常新的〈现代汉语〉教材——读黄廖本〈现

代汉语〉"增订四版"》,《盐城师范学院学报(人文社会科学版)》2008年第3期。

［4］黄廖本《现代汉语》教材编写组,邵霭吉执笔:《黄廖本〈现代汉语〉出版发行40周年大事记(未刊稿)》。

［5］张怡春:《一部长盛不衰的现代汉语教材——读黄廖本〈现代汉语〉增订六版》,《盐城师范学院学报(人文社会科学版)》2019年第1期。

黄廖本《现代汉语》文字章几个术语之演进

邵霭吉

(盐城师范学院文学院,江苏盐城 224002)

黄廖本《现代汉语》从初版到现在已经畅行40年了。40年来经过10次修订,黄廖本与时俱进,教材内容随时代的发展而不断发展,字数也从40年前的37万字扩展到现在的60多万字。40年中,每当国家发布了新的语言文字规范标准,黄廖本教材便及时跟进,对教材作必要的修改,迅速全面贯彻新的语言文字规范。本文以黄廖本教材文字章几个术语的演进为例,探讨黄廖本教材与时俱进、长盛不衰的原因。

一、笔形

1.1 早期黄廖本没有使用"笔形"术语,2002年"增订三版"有了"笔形""主笔形""附笔形"3个术语,2011年"增订五版"中,再增加"基本笔形""折笔形"等术语。

1.2 黄廖本《现代汉语》在甘肃人民出版社出版的4个版本("试用本""正式本""修订本""修订二版"),和在高等教育出版社出版的1991年"增订版"、1997年"增订二版"中都没有用"笔形"这一术语。后来的版本用"笔形"的地方,在前6个版本中用的术语是"笔画"。例如:

汉字的基本笔画有八种,即点、横、竖、撇、捺、提、折、钩。(甘肃人民出版社1983年"修订本",第169页)

《现代汉语通用字表》规定了五种基本笔画,即一(横)、丨(竖)、

丿(撇)、丶(点)、フ(折)。(高等教育出版社1997年"增订二版",第178页)

这里两句中的两个"笔画",都是后来版本中"笔形"的意思。这就是说,在前6个版本的教材中,"笔画"既有后来版本中"笔画"("笔画是构成汉字字形的最小单位")的意思,也有后来版本中"笔形"("笔画的具体形状")的意思。

1.3 黄廖本在前6个版本中不用"笔形"术语,并不是编者无意的疏失,也不是有意的拒绝,而是因为"笔形"这个术语在当时学术界并没有成为大家的共识,国家发布的语言文字规范文件中也没有正式使用"笔形"这一术语。例如,1964年发布的《印刷通用汉字字形表》、1988年发布的《现代汉语通用字表》中都用到了"横、竖、撇、点、折"术语,但没有把它们称为"笔形"。

1.4 2002年出版的黄廖本《现代汉语》"增订三版",有了"笔形""主笔形""附笔形"3个术语:

笔画的具体形状称**笔形**。(高等教育出版社2002年"增订三版",第177页)

笔画有<u>主笔形</u>、<u>附笔形</u>的区别。<u>主笔形</u>是一般的写法,<u>附笔形</u>是笔画在不同位置或部件中出现的各种不同变形(高等教育出版社2002年"增订三版",第177页)

1.5 不过,2002年"增订三版"对笔形术语的使用并不彻底,体现在三个方面:一是上面所引第二句中那两个"笔画"(笔画有主笔形、附笔形的区别。……笔画在不同位置或部件中……),也应改用"笔形"。

二是其他段落中的几处"某某笔画"也需要改成"某某笔形",比如:

《现代汉语通用字表》规定了5种**基本笔画**,即一(横)、丨(竖)、丿(撇)、丶(点)、フ(折)。又称"札"字法。其中前4种是<u>单一笔画</u>,后1种是折笔画,又称**复合笔画**。(高等教育出版社2002年"增订三版",第177页)

三是教材所列出的《现代汉字笔画表》中所用的"笔画""基本笔画""变化笔画"3个术语中的"笔画"也应改用"笔形"。

1.6 黄廖本《现代汉语》教材2002年"增订三版"使用"笔形""主笔形""附笔形"术语,原因在于,教育部、国家语言文字工作委员会(以下简称国家语委)1999年10月发布的《GB13000.1字符集汉字字序(笔画序)规范》,2001年12月发布的《GB13000.1字符集汉字折笔规范》,都明确定义了"笔形""主笔形""附笔形"等术语。黄廖本《现代汉语》是为及时贯彻和践行教育部、国家语委语言文字规范而做的修改。

1.7 2011年出版的黄廖本《现代汉语》"增订五版"中,又增加了"基本笔形""折笔形""单一笔形""复合笔形"等术语:

笔画的具体形状称笔形。传统的汉字基本笔形有8种,即:丶(点)、一(横)、丨(竖)、丿(撇)、㇏(捺)、㇀(提)、㇕(折)、亅(钩),又称"永"字八法。《现代汉语通用字表》规定了五种基本笔形,即一(横)、丨(竖)、丿(撇)、丶(点)、㇕(折),又称"札"字法。其中前四种是单一笔形,后一种是折笔形,又称复合笔形。

"札"字法的笔形有主笔形、附笔形的区别。主笔形是一般的写法,附笔形是主笔形在不同位置或部件中出现的各种不同变形。

折笔形是两种或两种以上单一笔形的连接。(2011年"增订五版"第148页)

至此,该修订的术语都修订了,黄廖本《现代汉语》"笔形"术语也终于齐全了。

二、部件

2.1 黄廖本《现代汉语》前6个版本用术语"偏旁"指称"部件",2002年"增订三版"把此前版本中的"偏旁"改称"部件",同时指出"部件又称偏旁"。2011年"增订五版"删去"又称偏旁"4字,2017年"增订六版"把"单一部件"和"复合部件"分别改称"基础部件"和"合成部件"。

2.2 黄廖本《现代汉语》前6个版本没有使用"部件"术语。黄廖本《现代汉语》后来版本用"部件"的地方,在前6个版本中用的术语是"偏旁":

汉字往往可以分出两个以上的基本单位,这种构字的基本单位,叫做偏旁。……汉字的偏旁在古代一般是独立的字,现在大多数仍然可以单独成字。(甘肃人民出版社1983年"修订本"第170页)

　　汉字绝大部分是合体字,有的由两个偏旁组成,如"英"、"明";有的由三个偏旁组成,如"谢"、"坐"。"爨"(cuàn,烧火煮饭)这个合体字,古人把它分析为包括六个偏旁的会意字。(甘肃人民出版社1983年"修订本",第171页)

　　偏旁是构成合体字的基本单位。一个合体字一般是由两个或两个以上的偏旁构成。(高等教育出版社1997年"增订二版",第180页)

　　现行汉字中的偏旁,按照不同标准可以分出不同的类型。1. 按照现在能否独立成字划分,可以分为成字偏旁和不成字偏旁两类。2. 按照能否再切分成小的偏旁划分,可以分成单一偏旁和复合偏旁两类。3. 按照偏旁切分出的先后划分,可以分成一级偏旁、二级偏旁、三级偏旁等。(高等教育出版社1997年"增订二版",第180页)上述各句中的"偏旁",现在都用"部件"。

2.3　从2002年"增订三版"开始使用"部件"术语,把此前版本中的"偏旁"几乎都换成了"部件":

　　部件又称偏旁,是由笔画组成的具有组配汉字功能的构字单位。一个合体字一般是由两个或两个以上的部件构成。(高等教育出版社2002年"增订三版",第179页)

　　现行汉字中的部件,按照不同标准可以分出不同的类型。1. 按照现在能否独立成字划分,可以分为成字部件和非成字部件两类。2. 按照能否再切分成小的部件划分,可以分成单一部件和复合部件两类。3. 按照部件切分出的先后划分,可以分成一级部件、二级部件、三级部件等。(高等教育出版社2002年"增订三版",第179—180页)

2.4　不过,"增订三版"的"部件"定义中"部件又称偏旁"的说法,曾引起高校同行教师的批评。班吉庆、张亚军《汉字部件的定义》对黄廖本"部件又称偏旁,是由笔画组成的具有组配汉字功能的构字单位"这一定义批评说:

这一部件定义,比《汉字部件规范》的定义虽然只是多了6个字(邵按:指"部件又称偏旁",其实只多"又称偏旁"4个字),却是一处败笔。我们认为,部件和偏旁绝非同义词。虽然在分析时二者有时似乎结果一致,例如"信""休""江""村"等字的两个部分既是偏旁,也是部件,但其实质不同。汉字的结构分析有外部结构分析和内部结构分析两类。汉字的外部结构指纯粹的字形外观结构,一般不涉及构字的字理;而汉字的内部结构是指与字音、字义有联系的汉字构成成分的组合。部件与偏旁最主要的区别,正是在于部件着眼于汉字的外部结构分析,仅仅是从汉字的形体出发的,当分析某个字的构字部件时,并不涉及部件与该字字音、字义的关系;而偏旁着眼于汉字的内部结构分析,是继承传统文字学按照"六书"理论分析出来的,是合体字中表义或表音的构件。所以,二者根本不对应。

我们进一步比较可以发现,部件的含义比偏旁要广,它可大可小,是有级别的,按照部件切分的先后,可以分成一级部件、二级部件、三级部件等;而偏旁只相当于一级部件,二级、三级部件等不是偏旁。例如"想"字,一级部件是"心、相","相"再分为二级部件"木、目",作为部件的"心、相、木、目"在此只是构字单位,既非意符也非音符;再从偏旁看,"想"字偏旁只有"心、相"两个,"心"为意符,"相"为音符。另外,由于分析的目的不同,划分的结果也不一致,一些独体字,如"马"字,内部结构无需分析,也就无所谓偏旁,但部件分析却要求把它分为两个基础部件,"马"字下部的一横分析为一个部件,剩下的部分是一个部件。又如"云"字,从部件分析也要把它分为两个:"二"和"厶"。

可见,"部件"和"偏旁"是性质不同的两个概念。

2.5 用现在的眼光来说,班吉庆、张亚军《汉字部件的定义》一文中的批评是有道理的。但我要说明的是:黄廖本在前6个版本中用"偏旁"称说现在所说的"部件",以及在"增订四版"中说"部件又称偏旁",都是有根有据的,并没有错。它的根据就在1964年文改会、文化部、教育部《关于简化字的联合通知》中,这个《关于简化字的联合通知》后来又被收入了1988年国家语委重新发表的《简化字总表》中。该"通知"说：

　　本表所说的偏旁，不限于左旁和右旁，也包括字的上部、下部、内部、外部。总之指一个字的可以分出来的组成部分而言。(《简化字总表·关于简化字的联合通知》)

　　从《关于简化字的联合通知》把"偏旁"解释为"一个字的可以分出来的组成部分"来看，在那个时候，"部件"就叫"偏旁"。《简化字总表》第二表132个"可作简化偏旁用的简化字"和14个"简化偏旁"，实际上就是132个"可作简化部件用的简化字"和14个"简化部件"。《简化字总表》第三表"应用第二表所列简化字和简化偏旁得出来的简化字"1 753个，实际上就是"应用第二表所列简化字和简化部件得出来的简化字"。例如，第三表中"噜、癣、蓟"类推简化为"噜、癣、蓟"，"测、帧、喷、癫"类推简化为"测、帧、喷、癫"，"蔼、罚、浒"类推简化为"蔼、罚、浒"，"涧"类推简化为"涧"，"滟"类推简化为"滟"，"简、润、痫"类推简化为"简、润、痫"，其字中被类推简化的"鱼、贝、言、韦、丰、门"，我们今天都叫作"构件"，而《简化字总表》则称之为"偏旁"。可见，黄廖本在20世纪出版的几个版本中用"偏旁"称说现在所说的"部件"，以及在21世纪初的"增订三版""增订四版"中说"部件又称偏旁"，都不是错误的。

　　2.6　2002年"增订三版"把"偏旁"改称"部件"，以及2011年"增订五版"在"部件又称偏旁"一句中删去"又称偏旁"4字，这符合国家1997年发布的《GF3001—1997 信息处理用GB13000.1字符集汉字部件规范》，以及2009年发布的《现代常用字部件及部件名称规范》，是与时俱进的体现。

　　2.7　不过，"增订三版""增订四版""增订五版"的下面一句还有些问题：

　　按照能否再切分成小的部件划分，可以分成单一部件和复合部件两类。单一部件又称单纯部件、基础部件……。复合部件又称合成部件，可以再切分成小的部件。(2002年"增订三版"第179页，2007年"增订四版"第147页，2011年"增订五版"第151页)

这当中的"单一部件"和"复合部件"两个术语,还不怎么妥当。因为国家发布的几个语言文字规范是这样规定的:

最小的不再拆分的部件称<u>基础部件</u>,也称单纯部件。……由两个以上的基础部件组成的部件称<u>合成部件</u>。(《GF3001—1997 信息处理用 GB13000.1 字符集汉字部件规范》)

<u>基础部件</u>:最小的、按照规则不再拆分的部件。……<u>合成部件</u>:由多个部件组成的部件。(《GF 0014—2009 现代常用字部件及部件名称规范》)

可见,以"基础部件"和"合成部件"作为正式名称,以"单一部件"和"复合部件"作为"又称",才最妥当,才符合国家发布的语言文字规范。

为此,2017 年出版的"增订六版"作了修订:

按照能否再切分成小的部件划分,可以分成<u>基础部件和合成部件两类</u>。基础部件又称单纯部件、单一部件……。合成部件又称复合部件,可以再被切分成小的部件。(2017年"增订六版"第149页)

至此,黄廖本关于"部件"的术语已经全面贯彻了国家发布的语言文字规范文件。

三、整字

3.1 整字是最高一级的汉字结构单位,包括合体字和独体字等内容。黄廖本《现代汉语》从 1979 年"试用本"开始,一直使用"合体字"术语,很长时间没有"整字""独体字"术语。2007 年"增订四版"正式使用了"独体字"术语,不过例字仅仅一个。2017 年"增订六版"补充了"独体字"的例字和解说,并开始使用"整字"术语。

3.2 黄廖本《现代汉语》1979 年"试用本"指出:

汉字绝大部分是<u>合体字</u>,有的由两个偏旁组成,如"英"、"明";有的由三个偏旁组成,如"谢"、"坐"。……"爨"(cuàn,烧火煮饭)这个<u>合体字</u>,古人把它分析为包括七个偏旁的会意字。(甘肃人民出版社1979年,"试用本",第165页)

<u>合体字</u>有个偏旁部位问题。……合体字的偏旁各有一定的位

置。……合体字的偏旁部位有左右结构、上下结构、内外结构等基本形式,其中又有各种变化。(甘肃人民出版社1979年"试用本",第166页)

这是1979年"试用本"使用"合体字"的情况。

黄廖本《现代汉语》1979年"试用本"没有使用到"独体字"术语,但也指出:"汉字的偏旁在古代一般是独立的字,现在大部分仍然可以单独成字。"(第165页)这"独立的字""单独成字"实际上已经涉及"独体字"的内容了。从反复强调"汉字绝大部分是合体字"来看,它并没有排斥"小部分"非合体字即独体字的存在。

3.3 国家早期发布的语言文字规范也没有关于"独体字"的专门文件,或专门论述。1994年发表的《中华人民共和国国家标准GB/T12200.2汉语信息处理词汇02部分"汉语和汉字"》中,并没有把"独体字"作为专门术语词汇的条目加以解说。但该"标准"收入了"汉字结构"条目,解释说:"最基本的汉字结构是独体结构和合体结构",其"独体结构"说的就是"独体字"。在"偏旁"条目的解释中,还说到"偏旁本为独体字"。可见,到1994年,"独体字"这个术语已经在国家语言文字规范中有了使用,只是还没有把它作为专门术语列为条目加以解说而已。

3.4 2007年出版的"增订四版"正式使用了"独体字"术语:

根据汉字部件的多少,汉字可分独体字和合体字。独体字只有一个部件,如"女"字。(高等教育出版社2007年"增订四版",第147页)

这个论述是正确的、适时的。但整个论述中欠缺一个完整的关于独体字的定义,而且这段论述中只有一个例字"女",是个孤证,不算完美。

3.5 2009年,教育部、国家语委发布了《GF0013—2009现代常用独体字规范》,这是我国第一个关于"独体字"的国家级语言文字规范。该"规范"给出了独体字的定义,给出了确定独体字的原则和规则,并根据这些原则和规则,"在现代汉字的范围内确定了256个现代常用独体字"。为此,2017年"增订六版"对以往论述作了如下修订:

根据汉字部件的多少,汉字可分独体字和合体字。由一个基础构件构成的字是独体字,例如"人、也、巾、弓、专、农、韦、日、秉、禹、

事、女"字。(高等教育出版社2017年"增订六版",第150页)

"增订六版"还为"独体字"加了一个注释,指出:

> 教育部、国家语委于2009年3月24日发布,2009年7月1日试行的《GF0013—2009现代常用独体字规范》,给出了256个常用独体字。

这样,关于独体字的教学内容就比较完整了。

3.6 黄廖本以前版本中一直未使用"整字"术语。2017年"增订六版"增加了"整字"术语,指出:

> 现行汉字的结构单位有三级:一是笔画,二是部件,三是整字。

(高等教育出版社2017年"增订六版",第147页)

这是吸收了现代汉字研究专著的新成果,并参考了同类教材的做法所做的修订。比如:

> 现代汉字的字形可以分为三个级别:笔画,部件,整字。[1]
>
> 在外部结构分析中,汉字的构字成分分为三个层次,就是<u>笔画</u>、<u>部件</u>和<u>整字</u>,其中部件是核心。[2]
>
> 方块汉字是由三级形体结构密集组合而成的。这三级形体结构是<u>笔画</u>、<u>部件</u>和<u>整字</u>。[3]
>
> 现代汉字的构字单位分为<u>笔画</u>、<u>部件</u>、<u>整字</u>三级。[4]
>
> 汉字的字形有<u>笔画</u>、<u>部件</u>和<u>整字</u>三级结构单位。[5]

以上出自研究专著。下面是同类教材的有关表述:

> 现代汉字的字形构成是分层次的,可以逐层进行分析。从<u>整字</u>分解出<u>部件</u>,从部件分解出笔画;也可反过来说,由笔画组成<u>部件</u>,由<u>部件</u>组成<u>整字</u>。[6]
>
> 现代汉字的字形结构是有层次的,可以逐层进行分析。对字形

---

[1] 张静贤:《现代汉字教程》,现代出版社1992年版。
[2] 苏培成:《现代汉字学纲要》,北京大学出版社1994年版。
[3] 沈孟璎:《现代汉语理论与应用》,南京大学出版社1999年版。
[4] 杨润陆:《现代汉字学通论》,长城出版社2000年版。
[5] 吕必松:《华语教学新探》,北京语言大学出版社2012年版。
[6] 邵敬敏主编:《现代汉语通论(第二版)》,上海教育出版社2007年版。

进行分解，可以从整字分解出部件，从部件分解出笔画。也就是说，现代汉字是由笔画构成的，由笔画组成部件，再由部件组成整字。①

汉字由小到大有三个层次，就是：笔画、部件和整字。②

从外部结构研究来说，汉字从小到大有三个层次，就是笔画、部件和整字。③

把汉字结构单位区分为"笔画、部件、整字"3级，就像把句子结构单位区分为"词、词组、句子"3级一样，是顺理成章的。

3.7 在黄廖本前几个版本中，没有使用"整字"术语，但不是说教材中就没有关于"整字"结构分析的教学内容。前面已经说过，黄廖本从1979年"试用本"开始，一直都重视"合体字"的分析，这是"整字"分析的主要内容。2007年"增订四版"，增加"独体字"的内容，完善了"整字"教学的内容。2017年"增订六版"使用了"整字"术语，也是顺理成章、水到渠成的。

【参考书目】

［1］班吉庆、张亚军:《汉字部件的定义》,《扬州大学学报(人文社会科学版)》2004年第4期。

［2］张静贤:《现代汉字教程》,现代出版社1992年版。

［3］苏培成编著:《现代汉字学纲要》,北京大学出版社1994年版。

［4］沈孟璎:《现代汉语理论与应用》,南京师范大学出版社1999年版。

［5］杨润陆:《现代汉字学通论》,长城出版社2000年版。

［6］吕必松:《华语教学新探》,北京语言大学出版社2012年版。

---

① 齐沪扬主编:《现代汉语》,商务印书馆2007年版。
② 北京大学中文系现代汉语教研室编:《现代汉语》,商务印书馆2012年版。
③ 陆俭明主编:《现代汉语》,北京师范大学出版社2012年版。

对《现代汉语》(增订六版)词汇章第六节的修订建议

王 洁

(安徽农业大学人文社会科学学院,安徽合肥 230036)

自 1979 年出版试用本以来,黄廖本《现代汉语》教材历经十次修订,通行大江南北,惠泽无数学子。教材编写团队始终以高度的责任心和使命感,反复研磨,精益求精,不断提升教材的科学性、实用性和时代性,使之成为"一部常出常新的教材"。作为教材的使用者,也应当为教材建设添砖加瓦,推动教材质量"百尺竿头,更进一步",为此,我们不揣浅陋,基于文本细读,结合理论思考与教学实践,就《现代汉语》(增订六版)"词汇章"第六节的内容,提出一些不尽成熟的看法,供专家修订教材时参考。

一、基本词汇和一般词汇的界定问题

"基本词汇"和"一般词汇"是关于词汇系统组成的重要概念,这两个概念是斯大林在 20 世纪 50 年代发表的《马克思主义与语言学问题》中首先提出并加以阐释的,并以其蕴含的理论价值逐渐成为我国现代汉语词汇教学和研究中的关键词,黄廖本《现代汉语》也在"词汇章"的第六节对现代汉语的基本词汇和一般词汇进行了专门论述。在涉及"基本词汇"和"一般词汇"相较呈现出的特点时,对学术论争的不同看法采取了合理的取舍:将"全民常用性"作为基本词汇的本质特点,将"稳固性"和"能产性"作为非本质特点,并就这两个特点的适用条件作出了说明,观点公允,论述得当。教材还辩证地谈到了基本词汇和一般词汇的相互依存和渗透关系。但是,从宏观上阐明基本词汇和一般词汇的特点,还不等于科学界定二者的范围。正如唐厚广、顾龙飞(2017)所言:"基本词汇的范围有多大、哪些词构成基本词汇等等,这些关系到基本词汇内涵与外延的问题都没落实。"与之关联,一般词汇的具体界定也依然存在不少问题,这些也体现在教材之中。

例如,教材是把古语词、方言词、外来词等作为"一般词汇"的组成部分加以阐述的,然而,其中所举的不少词例在今天看来是"全民常用"的,应当具备了"基本词汇"的资格,如"垃圾""卡车""啤酒""直接"等,已不再是"一般词汇"了。当然,教材中已经指出:"一般词汇中有的词,在语言发展过程中,又能逐渐地取得基本词的性质,转为基本词"。但是,从逻辑上说,教材中的"古语词、方言词、外来词"等实际上是包括一般词汇和一部分基本词汇的,而在教学实践中,我们常常面对一些学生关于二者范围的"探究式"提问:一般词汇向基本词汇转化的具体界限在哪里?"全民常用"的"使用范围广""使用频率高"是否有可操作性强的标准?

我们认为,现代汉语基本词汇和一般词汇中都包含古语词、方言词和外来词成员等,反过来说,古语词、方言词和外来词等也都分别有基本词汇和一般词汇成员,因此,在层次安排上,教材似乎不宜将古语词、方言词和外来词等作为"一般词汇"的组成范畴来展开论述。而关于基本词汇和一般词汇的具体界定,《有关现代汉语基本词汇的几个问题》一文已做了充分的学理论述,笔者建议教材或教学参考资料适当参考该文所采用的词频统计方法和汇集的《现代汉语基本词汇表》,形成一个能够展示语言学实证方法、培养科学实证精神的"现代汉语"教学点。

二、基本词的新旧替换问题

教材辩证地阐述了基本词的"稳固性",举出了古代基本词被替换的两种情况:一是复音化,如"耳—耳朵";二是被后起的合成词所代替,如"目—眼睛"。这里忽略了一种很重要的情况:被后起的单纯词所代替,如"口—嘴""食—吃"等。另外,严格来说,第一种情况也是被合成词代替,第二种情况也是复音化,建议用"被包含原基本词的合成词替代"和"被不含原基本词的合成词替代"区分前两种情况。

三、"被后起的合成词取代的古代基本词"的构词能力问题

教材在阐述"能产性"时,谈到"那些被后起的合成词取代的古代基本词,在现代汉语里依然有很强的构词能力,成为构成新词的词根",并举出了四组语例。这从学理到材料上,都还值得商榷。首先,这个论断是全称式的,读者易理解为:所有的这类古代基本词在现代汉语里都有很强的构词能力。实际上存在着不少例外,如教材上文中所举的"颔""秋"的构词能力都很一般。其次,某些被后起的单纯词取代的古代基本词在现代汉语的构词能力也很强,如"口—口才　口罩　路口　港口"。建议将相关内容的主语重新表述为"某些被后起的单纯词或合成词取代的古代基本词"。最后,四组语例中都存在一个共同的问题:这些合成词是否都是现代汉语里构成的新词? 如第一组的"目前"、第二组的"冠冕"均为先秦传承至今的词:《列子·杨朱》中有"目前之事,或存或废"的用例,《左传·昭公九年》载有"我在伯父,犹衣服之有冠冕,木水之有本原,民人之有谋主也。"建议再次修订时换用更为妥帖的词例。

四、古语词的范围问题

教材将现代汉语吸收的"古语词"分为两大类:文言词和历史词。"文言词"所对应的概念多是超越时代性的,如"以""暨";"历史词"所对应的概念在现实生活中往往已没有或鲜有对应的外延,如"丞相""耜"。但是,正如刘叔新(1990)指出的,现代汉语中的古语词还包括一些源自古代白话著作的词语,如"怎生""端的"等。若把这些词排除在现代汉语词汇系统之外,显然不符合语言事实;若称它们为"文言词",又忽视了"文言"与"白话"之别。周荐(2016)认为:"文言词语只是古语词的一部分……文言词语还有另一部分,那就是古白话词语。"为使教材中"古语词"的概念更为周延,建议将其分为三类:文言词、古白话词和历史词。

五、"古语词"部分的用例问题

教材在讨论古语词的表达作用时,举出了"叶老须眉皓白,满头霜雪,而精神矍铄"的例子,认为句子成功使用了"须、眉、矍铄"等文言词,如果脱离语境来看,这样的分析是没有问题的。但是,文言中"须""眉"很早就已凝合为并列式合成词"须眉",《汉语大词典》收入"须眉","须眉 ❶"指"胡子和眉毛",如"四人者从太子,年皆八十有余,须眉皓白,衣冠甚伟。"(《汉书·张良传》)"须眉 ❶"后又引申出指"男子"的"须眉 ❷"。因此,更确切的说法是句子成功使用了"须眉、矍铄"等文言词。另外,后文中所举"忙得不亦乐乎"里的"不亦乐乎"是文言性的成语,似乎也不宜作为"古语词"的例子。

六、"方言词"概念的界定问题

教材在讨论"方言词"时,一方面把"方言词"界定为"普通话从各方言中吸收来的词",一方面又指出"人们的口语里往往混杂着各种各样尚未被吸收进普通话的方言词"。这使得"方言词"这一基本概念在同一语境中具有歧义:前者指已进入普通话的方言词,后者则指方言词汇系统中的成员,包括已进入普通话和未进入普通话的方言词。于思湘(2009)就指出教材所使用的"方言词"有时指"词源方言词",有时指"地域方言词",这种概念的歧义"会给学习者对教材中所谈方言词的理解带来混乱",并建议教材应把"词源方言词"和"地域方言词"两个概念的区别和联系交代清楚。我们认为,这样做在学理上是正确的,但使用了较为复杂的衍生术语,不利于学习者掌握。实际上,用"方言词"来指方言词汇系统中的词语是最为自然的,无需使用"地域方言词";而"词源方言词"完全可以沿用刘叔新先生使用的术语"方源词"与之对应(刘叔新,1990)。前者的外延和普通话词语的外延是交叉的,而后者恰恰是其交叉部分。建议将"(二)方言词"可改为"(二)方源词",并对论述部分也进行相应改动。

七、关于"音意兼译"

教材把现代汉语中的外来词分为四大类:音译、半音译半意译或音意兼译、音译加汉语语素和借形。从教材的论述看,是把"半音译半意译"等同于"音意兼译"的,二者只是对同一现象的不同表述,这似乎与词汇学界对"音意兼译"的一般理解不符。罗常培(1950)就举出"可口可乐""裂耙"等例子来说明"音兼义"这一外来词类型,此后这一类型的内涵基本确定。因此"音意兼译"最好与"半音译半意译"明确区分:前者专指在吸收外来词时,整体的词形既照顾到对音,又有一定的意义提示功能,后者则专指一部分词形为纯音译,另一部分词形为纯意译。

教材在论述"音译"这一类型时,谈到有的音译词是"选用与外语词声音和意义相同或相似的汉字来翻译的",此类情况其实就是音意兼译。为尽量保持现有的分类框架,可以在"音译"下分为两个小类:纯音译和音意兼译。它们都是与源语词整体对音的,而半音译半意译则是部分对音的。

八、"面的""大巴"等是外来词吗?

教材将"面的""大巴"等看作"音译加汉语语素"类的外来词,并这样分析其产生过程:"去掉音译词中的一个音节,在其前面加注汉语语素"。关于这一点,芜崧、黄红霞(2017)曾就黄廖本增订五版中的同样表述提出了不同的观点:"我们所说的'外来词',必须与外族语言的原词具有概念上的同一关系,属于等义词,比如'的士'与 taxi、'啤酒'与 beer,而'打的''面的''货的'与 taxi、'大巴''中巴'与 bus 都不具有概念上的同一关系,也不是等义词,而是以外来词'的士'和'巴士'(属于外来词的第一种类型——'音译')的简称'的'和'巴'为语素构造的汉语词。"我们也认为"面的""大巴"等是汉语中的自造词而不是外来词。源于翻译的词不一定是外来词,但外来词一般都有作为翻译源头的源语词与之对应,"面的""大巴"等并非产生于翻译,而是汉语社团在外来词语素化的基础上自创的新词。

不过,芜崧、黄红霞(2017)对"面的""货的"等的分析也尚有值得商榷之处:"面的""货的"中"的"并不是单纯的"简称"。具体来说,"面的""货的"中的"的"的意义不同于"的士"的一般意义(出租载人轿车),也不一定仅指"出租载人小客车",而是可以指"出租用机动车"。也就是说,在语素化的过程中,"面的""货的"中的"的"的意义已不同于"的士"的固有意义,而是在"聚大类"中获得了语义层级的提升(宋作艳,2003)。在教材编写和教学过程中,应注意到"的"与它的来源"的士"之间的语义差异。

那么,"音译加汉语语素"这一类型中是否存在"前加汉语语素"这一小类呢?答案是肯定的。但是,"被前加"的成分一般不是多音节音译词中的某一个非语素汉字,而是与源语词整体对音的单音节音译成分,且词例很少。杨锡彭(2007)将"酒吧""蛋挞"分析为"汉语成分+音译成分",归为"音译附加表意成分"(相当于教材"音译加汉语语素")中的一类。史有为(2013)也把"酒吧""蛋挞"归为"音译加义标"类。结合这些论述,我们认为,教材可在"音译加表义类汉语语素"之后介绍"汉语语素+音译成分"这一较为特殊的类型,并在举例分析时用"酒吧"等替换"面的"等。

九、关于"借用日语中的汉字词"的特征

教材在介绍"借形"时,把重点放在了"字母式借形词"上,而对"借用日语中的汉字词"着墨较少,这似乎与二者在现代汉语词汇中的分量不相一致。教材是这样表述"汉字式借形词"的特征的:"是日本人直接借用汉字创造的,汉语借回来不读日语读音而读汉字音。"这个表述存在以下疏漏:

1. 少数"汉字式借形词"所使用的汉字是日本学者新造的,并非汉语中的固有汉字,如"吨""腺""瓩"等。

2. 说"汉字式借形词"的源语词是日本人创造的,这一论断有简单片面之嫌。例如,某些汉字式借形词的词形在古代汉语中已比较凝固,日本学者借用它们"去意译欧美词语或表达日本自创的概念",后汉语又将其借回,如"民主""经济""政治"等(史有为,2004)。这些词的词形并非日本人所创造,潘文国(2008)称该类词为"回归词"。

3. 不少"汉字式借形词"的源语词来自日本学者使用音读汉字对欧美语词的音译,如"瓦斯""淋巴""甲板"等。也就是说,日语中的"瓦斯"等是日语中的外来词,似乎也不好说是日本人自创的词。

综上,我们建议将"汉字式借形词"的特征重新表述为:"还有一种是汉字式借形词,主要是借自日语中的某些汉字词,在借入时沿用其词形,而将其日语读音改为汉字音。"并适当增加对"汉字式借形词"的阐述内容,例如,可借鉴潘文国(2008)的分类,依据源语词的读音和词形特点,把"汉字式借形词"分为"源语词使用训读汉字"(如"景气""取缔")、"源语词使用音读汉字"(如"茶道""俳句")、"汉语回归词"(如"革命""民主"等)三类,并分别加以简要介绍。

十、"外来词"部分的用例问题

教材的"外来词"小节中,有少数用例在定性、解释上不够准确,主要涉及"科学""桑拿浴""卡介苗""CT""PK""CD 机"等词语。

1. 关于"赛恩斯"。教材在阐述引进外族有、本族无的词语的方法时,谈到"赛恩斯""科学"都来自对于"Science"的翻译,前者是汉语中纯粹意译的外来词,后者是汉语中的意译词,一般不算外来词。该个案分析对于"赛恩斯"的定性是准确的,但对于"科学"的定性则值得商榷。刘正埮等(1985)在《汉语外来词词典》将"科学"认定为日源外来词,史有为(2004)也把"科学"作为日本汉字词中"用音读汉字构成新词意译欧美语词"的例子,俞喆(2012)更是以丰赡的材料详细梳理了"科学"一词在日本的诞生、演变及其在 19 世纪 90 年代传入中国的过程。因此,我们建议在讨论音译意译问题时换用其他用例,如"马达—电动机""伊妹儿—电邮"。

2. 关于"桑那浴"。教材对"桑那浴"的括注为"'桑拿'为英 sauna 的音译",其中"桑那"和"桑拿"写法有别,此处涉及异形词问题。《现代汉语词典》(第 7 版)以"桑拿"为推荐词形,"桑那"为非推荐词形,且只收"桑拿浴",未收"桑那浴"。虽然在语言生活中"桑那浴"也很常见,但从引导规范、规整词形的角度出发,建议将"桑那浴"改为"桑拿浴"。教材对"卡介苗"的括注为"'卡介'是法国人 Albert Calmelle 和

Camille Guerin 两人名字的缩略语"。其中,"法国人 Albert Calmelle"实为"法国人 Albert Calmette(阿尔伯特·卡尔梅特)"之误。

3. 关于"CT""PK""B 超"。对照《现代汉语词典》(第 7 版),教材对于"CT""PK""B 超"这两个字母式借形词的注释也存在一些瑕疵。"CT"的注释是"英 computerized 的缩略。计算机体层成像。",建议改为"英 computerized tomography 的缩略。计算机层析成像或计算机层析成像仪";"PK"的注释是"英 player killer 的首字母缩略,比赛双方彼此对打、对决、对阵。",建议改为"英 player killing 的首字母缩略。比赛双方对决。";"B 超"的注释是"B 型超声诊断的简称",建议改为"B 型超声诊断或 B 型超声诊断仪的简称"。教材中"CD""CD 机"的注释完全一样,亦有不当,建议把"CD 机"的注释改为"激光唱盘机"。

此外,"MP5"的括注为"数字音频压缩格式",词语和释语之间形成语义包含关系,建议改为"一种数字音频压缩格式"。

十一、行文规范问题

少数地方语言表述不够准确精当。例如:说历史词"在叙述历史事物或现象时,才使用它们",此处的动宾搭配不当,可改为"在指称历史事物、叙述历史事件时,才使用它们"。又如:"有的在音译词前加拉丁字母形状,再加注汉语语素,例如'T恤衫'",前加的不是"拉丁字母形状",而是"表示所指事物形状的拉丁字母"。少数地方标点使用还需斟酌。教材多处有"例如(如)"后出现多项词例的情形,有些地方用了双引号,如一般词汇、历史词小节中,有些地方又未用双引号,如方言词、外来词小节中,建议统一使用双引号。此外,教材中引用作品作为语料一般都注明了出处,但"这次文代会闭幕时……而精神矍铄"一段却未注出处,建议补充"何为《〈临窗集〉序》"。

限于水平,以上管见难免有错谬之处,敬请方家指正。

【参考书目】

[1] 黄伯荣、廖序东:《现代汉语》(增订六版)(上册),高等教育出

版社 2017 年版。

［2］罗常培:《语言与文化》,国立北京大学 1950 年版。

［3］刘叔新:《汉语描写词汇学》,商务印书馆 1990 年版。

［4］刘正埮等编:《汉语外来词词典》,商务印书馆、上海辞书出版社 1985 年版。

［5］郭锡良、鲁国尧主编:《中国语言学》(第一辑),山东教育出版社 2008 年版。

［6］史有为:《外来词——异文化的使者》,上海辞书出版社 2004 年版。

［7］史有为:《汉语外来词》,商务印书馆 2013 年版。

［8］宋作艳:《字化与汉语限定关系字组的编码机制》,《世界汉语教学》2003 年第 4 期。

［9］唐厚广、顾龙飞:《有关现代汉语基本词汇的几个问题》,《语言研究》2017 年第 2 期。

［10］芜崧、黄红霞:《再谈"黄廖本"〈现代汉语〉(增订五版)词汇章节中的几个问题》,《乐山师范学院学报》2017 年第 10 期。

［11］杨锡彭:《汉语外来词研究》,上海人民出版社 2007 年版。

［12］于思湘:《黄、廖本〈现代汉语〉(增订四版)绪论、词汇知识指瑕》,《山东理工大学学报(社会科学版)》2009 年第 6 期。

［13］俞喆:《"科学"溯源》,杨国荣主编、华东师范大学中国现代思想文化研究所编:《道德·知识·语言》,华东师范大学出版社 2012 年版。

［14］周荐编著:《现代汉语词汇学教程》,北京大学出版社 2016 年版。

［15］中国社会科学院语言研究所词典编辑室编:《现代汉语词典》(第 7 版),商务印书馆 2016 年版。

教材评议

一部受欢迎的《现代汉语》教材

——黄伯荣、廖序东主编《现代汉语》评介

竞 成

黄伯荣、廖序东主编的《现代汉语》(上册、下册,甘肃人民出版社出版),自1979年出版以来,已修订三次,印刷十一次,总印数为一百七十万册,被全国许多综合性大学、师范院校的中文系科所采用,并被全国高等教育自学考试指导委员会指定为自学考试的必读教材。这部教材包括绪论和语音、文字、词汇、语法、修辞五章,每章的各节都附有思考题和练习题。许多读者认为,这部教材观点明确,内容充实,简明实用,系统性强。这部教材有以下几点特色:

一、根据教学对象的实际需要来安排教学内容,满足了大多数学生的要求

现代汉语是高等院校中文系的一门基础课,也是广播电视大学、函授大学等成人高校中文专业的一门必修课。大学生学习现代汉语一般是为了掌握现代汉语的基本知识、基础理论,提高理解、分析和运用现代汉语的能力,还有些人将为以后从事语言文字工作、语文教学工作和现代汉语的科学研究工作打下基础。这部教材就是根据大多数学生的这些需要来安排教学内容的。如在语音一章中,以声母、韵母、声调三节为主要内容。讲声母时,使用普通话声母总表,并对表中每个辅音的构成作了理论上的阐述;讲韵母时,使用了舌面元音舌位图,逐个讲清图中单元音的发音原理;讲声调时,严格区别调值和调类,指导学生掌握普通话四声的调值,分清普通话四声的调类。教材的这种安排,不仅使学生对

普通话语音系统有完整的了解,能准确地发音,而且使学生掌握了拼音、注音、朗读的技能,能运用汉语拼音方案和国际音标来讲解普通话语音结构。

这部教材还紧密联系人们日常生活中运用语言的实际情况,有针对性地指导学生的语言实践。凡是学生容易出错的地方就多讲,不易出错的就少讲;对学生将来进行语文教学和研究有帮助的内容就多讲,帮助不大的就少讲或不讲。学生们反映,学习这部教材容易见效,学到的知识很快就能应用。

二、在中学语文教学的基础上传授新知,便于学生学习和掌握

为了同中学语文教学相衔接,这部教材基本上是按中学《汉语》课本的体例编写的。比如教材中使用的语法术语和分析方法,也都尽量与影响较大的中学语法系统相接近;教材中在有所发展之处,也注意到与中学语法系统相衔接。例如,教材中使用的单句析句方法就是综合了中学汉语课本采用的中心成分分析法和目前广为流行的直接组成成分分析法(又叫层次分析法)的优点而形成的一种新的析句方法。这种方法认为词和词组都可以充当句子成分,在分析句子时,开始采用层次分析法,把一个语言片段分成几个不能再作句法分析的小片段,然后给这些小片段配上相应的中心成分分析法的术语。这种析句方法,既能揭示出句子的直接组成成分的语法关系和层次,又能揭示出词和词之间的语法关系,使学生易于掌握句子的格式。另外,这部教材的内容基本上都是有定论的,对有争论的问题尽量采用大多数人同意的讲法,名词术语也多采用大家习惯了的通用术语。

三、注重教学内容的系统性。这部教材在内容安排上尽量做到由表及里,从简到繁,循序渐进

比如,把口头语言的物质外壳——语音放在第一章,从最小的语言单位音素讲起;文字放在语音词汇之间讲授,因为它是以形体为物质外壳,来表示音和义的书写符号系统;词汇是语言的建筑材料,所以放在第三章,等等。在教学内容的选定上,这部教材根据本学科的研究范围,只

对现代汉语作横断面的讲解,尽量不作纵向的历史讲述。此外,教材还注意避免与写作、语言学概论、古代汉语等学科内容的重复或脱节。

这部教材还突出教学内容的重点、难点和疑点,引导学生集中分析和研究语言结构的规律。

作为一部汉语教材,黄伯荣、廖序东主编的《现代汉语》并不是完美无缺的。例如语音部分的内容还可以精练一些,词汇部分还可以多讲些应用方面的内容。但是,从教材使用情况和学生反映来看,它仍是一部质量较高,受到广大师生欢迎的好教材。

(原文刊载于《高教战线》1986 年第 6 期)

黄廖本《现代汉语》:40年演绎语言学教材传奇故事

章红雨

(中国新闻出版广电报,北京100023)

国运兴衰,系于教育。中华人民共和国成立以来,人民教育出版社、高等教育出版社、语文出版社相继成立。2010年,高等教育出版社作为成员单位,与人民教育出版社、语文出版社、中国教学仪器设备总公司、中国教育图书进出口公司共同组建中国教育出版传媒集团。中国教育出版传媒集团有限公司(以下简称中教集团)为祖国教育事业已经并正在作出巨大贡献。

为了庆祝中华人民共和国成立70周年,中教集团集结70部经典图书向祖国生日献礼。今天,让我们一起走近"70部中教经典 致敬新中国70年"中的黄廖本《现代汉语》,回顾精品力作出版的壮丽故事,重温高教社铸就经典的光辉历程,触摸中教集团无愧时代、奋进争先的伟大品格。

1979年,黄伯荣、廖序东主编的《现代汉语》(以下简称黄廖本《现代汉语》)诞生于兰州。此后40年,从兰州到北京,黄廖本《现代汉语》先后出了11个版本,总发行量超过一千万册。

"这是一个不可复制的奇迹。"国家语委咨询委员会委员、黄廖本《现代汉语》编写组领导小组组长李行健感叹不已。李行健认为,一部高等院校的文科教材取得这样的成功,固然是因为它的编写质量、学术价值上乘,但从深层次和全方位来看,其中包含着很多值得研究、总结的内容。

一、在改革开放中诞生

李行健说:"这是一部在时代洪流推动下应运而生的教材。"李行健1978年就参与黄廖本《现代汉语》编写,回忆当时情景,他介绍说,黄廖本《现代汉语》编写启动于20世纪70年代末,当时被停开近10年之久的现代汉语课得以恢复,教材建设随之提上议事日程。那时有不少高校任课老师指出,仅靠一本1962年出版的《现代汉语》统编教材已不能满足教学的需要。在此情况下,很多学校自发组织编写新的现代汉语教材,黄廖本《现代汉语》即是其中之一,并被确定为3种统编教材之一。

在今天评价这部教材,我们不能脱离当时的时代背景。李行健认为:"这部教材可谓是带着改革开放的热度,带着广大现代汉语教师和学者锐意进取、勇于担当的勇气,带着从高校到地方各级领导的关注和支持诞生的,这也是教育战线沐浴改革春风收获的一项重要成果。"

二、高教社精心打造树品牌

增订版的黄廖本《现代汉语》上、下册先后于1990年11月、1991年1月由高等教育出版社出版。高教社与黄廖本《现代汉语》编写者密切合作,先后推出7个版本,并保持使用量上一直占据现代汉语教材榜首的地位。

"我与黄廖本《现代汉语》有着特殊的渊源和深厚的情感。"采访中,高等教育出版社党委书记、社长苏雨恒讲述了其与黄廖本《现代汉语》的渊源:"30多年前,我作为一名编辑,很荣幸代表高教社接待了黄伯荣先生,与他洽谈具体出版事宜,此情此景至今记忆犹新。可以说,我见证了黄廖本《现代汉语》在高教社播种的历史时刻。"

今天,黄廖本《现代汉语》成为语言学界公认的经典教材。黄廖本《现代汉语》自1990年在高教社出版以来,在课程支撑方面不断推进,提供配套《现代汉语教学与自学参考》辅导用书、立体化多媒体资源库,以及一书一码增值服务,为师生教学现代汉语打造了全面、丰富、有效的课程平台。"在教材多样化背景下,黄廖本《现代汉语》能累计发行千万册,与出版人、编写者与时俱进、重视一线教师建议密切相关。"苏雨恒如是说。

三、教材激励一批有志者

好教材的标志是什么？那就是让一代又一代学子从中受益,还能激励一批又一批学科研究的有志者。就此而言,黄廖本《现代汉语》做到了。

苏州大学文学院汉语国际教育系主任王建军说："40年前,我是一名乡镇中学的学生,当时正处于人生的十字路口,对未来充满迷茫、深感彷徨。3年后,我有幸考入南京师范大学中文系,入学后拿到的第一本教材就是黄廖本《现代汉语》。大学4年,我被精彩纷呈的汉语世界所吸引。大学毕业后,我如愿投到廖序东先生门下,成为汉语言文字学阵营中的一员。"

从1980年走进大学校园学黄廖本《现代汉语》,到研究生毕业后从事汉语言教学,中国海洋大学文学院副院长刘中富与黄廖本《现代汉语》已有近40年的渊源。

刘中富说："40年间,我的深刻体会是,黄廖本《现代汉语》编写者一直关注一线教师的建议和意见。记得1997年黄伯荣、廖序东两位先生在山东师范大学听取黄廖本《现代汉语》增订二版意见时,要求大家提意见,不要说好话,要指出遇到什么问题,建议怎么修改。他们真是记得你说的点点滴滴,这些都让我对现代汉语教学矢志不渝。"

"从徐州师范学院到徐州师范大学,再到江苏师范大学,黄廖本《现代汉语》哺育了一代又一代学子,培育了一批又一批汉语教学人才。"江苏师范大学副校长钱进感慨道。

40年前,黄廖本《现代汉语》在改革开放之初诞生。40年后,黄廖本《现代汉语》成为现代汉语学科建设的重要组成部分。这种传奇的背后,黄廖本《现代汉语》带给我们的启迪值得思考。

(原文刊载于《中国新闻出版广电报》2019年8月5日第6版)

浅谈黄廖本《现代汉语》教材的特点

刘小南

(哈尔滨师范大学中文系,黑龙江哈尔滨 150000)

我与黄廖二师是在编教材中相识的。今天我们来纪念黄廖本《现代汉语》(以下简称黄廖本)教材出版 40 周年,可以说喜悦中含有悲伤,辉煌中暗透惋惜。因为我们的两位主编在前几年先后去世了,但我们殷殷相连的情丝却依然不断。

谈起黄廖本辉煌的 40 年,可以说光环叠加、佳话通宵。它 1986 年 3 月荣获中共甘肃省委和甘肃省人民政府颁发的优秀图书奖,1987 年荣获甘肃省教育厅颁发的高校优秀教材奖,1988 年 2 月荣获国家教委颁发的高校优秀教材二等奖,1999 年 5 月教育部确定教材为首批重点推荐使用的中国语言文学专业七门主要课程 30 种教材之一,2005 年 7 月被江苏省教育厅评为"江苏省高等学校精品教材",2006 年被教育部评为"普通教育'十一五'国家级规划教材",2011 年 10 月荣获"山东省高等学校优秀教材"一等奖,2011 年 11 月被教育部评为"普通高等教育精品教材",2012 年 12 月被教育部评为"'十二五'普通高等教育本科国家级规划教材"。

这样一部频频得奖的好教材,自 1979 年出版发行以来,风行 40 载,总发行量已超过 1 000 万册,哺育了好几代学子,产生了广泛影响。这风行 40 年的黄廖本《现代汉语》教材,堪与 1924 年出版、风行 30 年的黎锦熙《新著国语文法》相媲美,这不能不说黄廖本《现代汉语》已经创造了我国当代《现代汉语》教材的奇迹。最新版本"增订六版"发行以来,"风势"仍涨不衰,这预示着黄廖本教材仍然有一个灿烂的未来。

为什么黄廖本不仅有辉煌的过去,还会有灿烂的未来呢?我认为主因在教材本身,教材有四大特点。

一、与时俱进,吸收稳定的新鲜的科研成果

与时俱进,吸收稳定、新鲜的科研成果,是40年来黄廖本修改教材的一贯做法。这样做,使教材内容常讲、常新,有鲜活感、时代感。1991年3月,发行的增订四版开始吸收语法三个层面(句法、语义、语用)的新理论,并认定这个理论能把语法研究从静态研究推向动态研究,从结构研究推向语义、表达研究,拓宽了语法研究的视野,增强了语法研究的解释力。所以教材已经把它上升为四大特点之一。

关于教材是否吸收三个层面的新理论,编者们曾经展开过激烈的辩论。由于汉语语法的系统研究始于一百多年前的《马氏文通》,所以此后的学者较多重视对句法的分析,而对语义分析、语用分析不太重视。受此影响的编者则不同意吸收三个层面的理论。但也有一部分编者从20世纪80年代开始,由于受到国外语法新理论的启发,如生成语法、格语法、功能语法、认知语法,特别是受符号学的启发,他们结合汉语语法研究的实际,明确提出并认可语法研究三个层面的新理论,所以他们要求吸收三个层面的理论。由于双方争论不休,旗鼓相当,主编不得已,只有发扬学术民主,投票解决,以投票多者获胜。

另外,增订六版的分隔号"/",是吸收了国家2011年新颁布的《标点符号用法》而增加上去的。"汉字的整理""词典和字典""常见的以西文字母开头的词"等,也都更新了内容,反映了最新成果。黄廖本《现代汉语》从1979年到2018年期间,共计10个版本,但无论哪个版本进行修订,"与时俱进,吸收稳定、新鲜的科研成果"是必不可少的原则。

二、句子分析法适用且先进,既有历史的传承感,又有现实的创新感

从教学语法的角度看,从《马氏文通》以来,传承下来的句子分析法不少,但常见的有中心词分析法、层次分析法、层次中心分析法三种。黄廖二师的成分符号减半法当属层次中心分析法。为了历史地展示它们

之间的联系与区别,说明成分符号减半法适用、先进的原因,我们有必要介绍一下这三种分析法。

(一) 中心词分析法

中心词分析法也叫句子成分分析法。它是汉语语法研究中最早使用的分析方法。我国最早使用这种方法的是黎锦熙先生的《新著国语文法》(1924)。受其影响使用这种方法并略加过改良的是《暂拟汉语教学语法系统》(1956,简称"暂拟系统")等。

中心词分析法要求首先找出全句的两个中心词,即主语和谓语,让其他成分分别依附于主语、谓语;如果谓语是及物动词而且带有宾语的话,就接着找出谓语后面的连带成分宾语;最后再找出附加在主语、宾语之前的附加成分定语,附加在谓语之前的附加成分状语,和附加在谓语之后的补语。下面的句子结合这三步应该这样分析:

```
     我们的   学生   已经   做   好了   充分的   准备。
     定语    主语   状语  谓语  补语   定语    宾语
```

中心词分析法在汉语语法研究、汉语语法教学中起过积极作用,对建立汉语语法学、普及汉语语法知识做出了巨大历史贡献,但这种分析法有很大的局限性。1981年《中国语文》第3期发表了陆俭明先生的文章,文章深刻而全面地指出了中心词分析法的四大局限:(1)这种分析法只适用于句法,不适用于词法。(2)这种分析法虽适用于句法,但也只适用于单句的分析,不适用于复句的分析。(3)即使适用于单句的分析,也有很大的局限性。(4)这种分析法严重忽视句法构造的层次性,无法分析歧义句式。

(二) 层次分析法

层次分析法也叫直接成分分析法。这种方法对于语法结构逐层二分(遇到需要多分的结构时才多分),顺次找出结构的直接组成成分,通常分析到不能再切分为止。如"全国人民学习宪法",先分为"全国人民"和"学习宪法"两个成分,然后前一部分"全国人民"再分两个成分"全国"和"人民",后一部分"学习宪法"再分两个成分"学习"和"宪法"。

全国人民学习宪法。

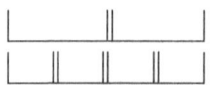

  这种分析法最早是由美国描写语言学家布龙菲尔德提出来的,初心是为了揭示语言构造的固有属性层次性,排斥像中心词分析法那样把句子分析成一个简单的词的线性排列。中国最早运用这种方法的是中国科学院语言研究所语法小组丁声树等著的《现代汉语语法讲话》(1961)。20世纪70年代后期汉语语法学者在运用层次分析法的过程中充分注意到了汉语的特点,改变了美国描写语言学派只讲结构层次、不讲结构关系的做法,从而充实了层次分析法的内容。层次分析法符合语言的语法构造特点,运用面广。它既可用来分析单句结构,也可用来分析复句、合成词结构,还能分化歧义句式。当然层次分析法也有局限性,它只能揭示句子内部的构造层次和显性的语法关系,而不能揭示句法结构内部的隐性语法关系。与中心词分析法相比,层次分析法是不找中心词的,它不便于将句子分为句子成分归纳句型,而中心词分析法提纲挈领,便于看清句子成分归纳句型。

(三) 层次中心分析法

  我把《中学教学语法系统提要》(1984,简称《提要》)和黄廖本使用的析句法归于"层次中心分析法"。正如戚晓杰教授评论黄廖本析句法所说,这种析句法"基本采用层次分析法",又"结合少量中心词分析法因素"(《现代汉语教学与自学参考》"增订五版",黄伯荣、廖序东主编,高等教育出版社,2011,第382页)。是一种既吸收层次分析法长处又不舍弃中心词分析法优点的析句法。

  1.《提要》分析句子的方法

  《提要》分析句子的方法有三种,这就是符号法、框式图解法、提取主干法。由于框式图解法实际上是以短语为分析对象的,所以这里主要讲符号法和提取主干法。

  (1) 符号法

  《提要》分析主谓句的符号是:用"‖"表示主谓句,"‖"之前是主语,之后是谓语。主谓短语作其他短语的成分时,主语下边画 ═,谓语下边画—。用～～～表示宾语,( )表示定语,[ ]表示状语,〈 〉表示补语,( )[ ]〈 〉三个符号同时起压缩句子、显示主干的作用。

《提要》分析非主谓句的符号是:用"｜"表示非主谓句,非主谓句的结构关系是多种的,有偏正、动宾、动补等,这些关系的名称,可在"｜"上注明。

廖序东先生《论句子的图解》评论《提要》的图解法说,"以'‖'别主谓,这就分清了第一个大层次。"(《汉语学习》1986年第1期)可见《提要》是先用层次分析法切分出主谓句的"第一个大层次"之后再在主语、谓语中分别找主语中心、谓语中心的。同样,对非主谓句则以"｜"分出"第一个大层次"然后再作进一步的分析。

下面就用这种符号法分析主谓句和非主谓句。

①(他)的父亲‖来了。
②(北面)的天边‖出现了(墨似的)乌云。
③(乌鸦)的翅膀‖[绝对]遮〈不住〉(太阳)的光辉。
④(哥哥)的老师‖[不]去。
⑤分析能力强‖是(这个青年同志)的优点。
⑥多么壮丽的｜山河啊!(偏正式非主谓句)
⑦当心｜油漆!(动宾式非主谓句)

(2) 提取主干法

《提要》说:"所有的单句,不论多么复杂,如果把它逐层压缩,就越来越简单,最后剩下的是这个句子的主干。一般地说主干就是把所有的定语、状语、补语都压缩下来之后余下的部分。"另外,还着重指出:"宾语是动词短语的组成部分。在短语里,动词是主体,是中心。不过有些宾语在意思上和动词的关系很紧密,可以不把宾语或者作宾语的名词短语的中心词压缩下来,留在主干部分。""否定句,在摘出主干的时候把否定词一起摘出来。"

这种提取主干的方法在语文教学中是有实用意义的,遇到很复杂的句子,先把它的主干找出来,对于理解全句的意思是有帮助的。如:

① 乌鸦的翅膀绝对遮不住太阳的光辉。(主干句为:"翅膀遮不住光辉。")

② 北面的天边出现了墨似的乌云。(主干句为:"天边出现了乌云。")

　　③ 鲁迅先生小心地翻阅着方志敏同志利用敌人要他写"自白书"的笔墨写成的文稿:一篇《清贫》,一篇《可爱的中国》。(主干句为:"鲁迅先生翻阅着文稿。")

《暂拟系统》的符号法,见于1957—1958年出版使用的初中《汉语》课本,和根据这套《汉语》课本编写的《汉语知识》(张志公主编,1959)一书中。但符号不多,因而得用同一个符号标示两种或三种句子成分。黄廖本《现代汉语》"增订五版"下册第82页注解说:"《暂拟系统》规定的符号是:<u>主语</u>、<u>谓语</u>、<u>宾语</u>、<u>定语</u>、<u>状语</u>、<u>补语</u>。"说的正是这种符号法。下面用这种符号法对上面第一例句进行分析:

　　乌鸦的翅膀 ‖ 绝对遮不住太阳的光辉。(《暂拟系统》)

　　为了显示《暂拟体系》时期的分析结果跟《提要》的分析结果的异同,我们下面采用黄廖本《现代汉语》"增订五版"下册第82页、第83页的做法,用《提要》的句子成分符号,标示《暂拟系统》和《提要》对上面第一例句的分析结果:

　　①(乌鸦)的<u>翅膀</u>[绝对]<u>遮</u>〈不住〉(太阳)的<u>光辉</u>。(《暂拟系统》)

　　②(乌鸦)的翅膀‖[绝对]遮〈不住〉(太阳)的光辉。(《提要》)

　　从比较中可以看出,《暂拟体系》时期的分析结果跟《提要》的分析结果,是有较大差别的。主要差别在于:《暂拟体系》认为"翅膀"是主语,《提要》认为"乌鸦的翅膀"是主语;《暂拟体系》认为"遮"是谓语,《提要》则认为"绝对遮不住太阳的光辉"是谓语;《暂拟体系》认为"光辉"是宾语,《提要》认为"太阳的光辉"是宾语。

　　为什么《提要》的分析结果和《暂拟系统》的分析结果不同?从本质上看,主要是两种分析方法不同造成的。《暂拟系统》分析句子采用的是中心词分析法,它不承认短语可以充当句法成分,而只承认句法成分是由词充当的,所以才在短语里找中心词,确认这个中心词是句法成分。这样,"乌鸦的翅膀绝对遮不住太阳的光辉"这个句子,主语自然就是名词短语的中心词"翅膀",谓语就是动词短语的中心词"遮",宾语则是名词短语的中心词"光辉"了。

《提要》采用的符号法则不同,它这套线性排列的符号,本质上是层次分析法的反映。首先,把句子分为主语和谓语,主语是名词短语,谓语是动词短语,这是第一层。主语是名词短语的,再分为定语和中心语;谓语是动词短语的,再分为状语和中心语,这是第二层。中心语是动宾短语的,再分为动语和宾语,这是第三层。动语是动补短语的,再分为动词和补语;宾语是个名词性定中短语的,再分为定语和中心语,这是第四层。

以上是《暂拟系统》和《提要》在符号法方面的不同。下面是《暂拟系统》的中心词分析法找中心和《提要》的提取主干法找主干的对比:

① 他的父亲来了。
 a. 父亲来　　　　　　　(《暂拟系统》)
 b. 父亲来　　　　　　　(《提要》)
② 哥哥的老师不去。
 a. 老师去　　　　　　　(《暂拟系统》)
 b. 老师不去　　　　　　(《提要》)
③ 日夜商店大大方便了群众。
 a. 商店方便　　　　　　(《暂拟系统》)
 b. 商店方便群众　　　　(《提要》)
④ 乌鸦的翅膀绝对遮不住太阳的光辉。
 a. 翅膀遮　　　　　　　(《暂拟系统》)
 b. 翅膀遮不住光辉　　　(《提要》)

从对比中可以看出,《暂拟系统》找中心和《提要》找主干,只有小部分相同,大部分是不同的。它们在不带宾语的动词谓语句里是相同的(如例①),这说明它们之间是有传承关系的,但在否定句、带宾句的分析上是不同的(如例②、③、④)。这说明《提要》的分析是符合原意的、合理的。所以我们才说《提要》的提取主干分析法,是在《暂拟系统》中心词分析法找中心的基础上,为表意完整而有所修正、补充的更加完善的方法。

综上所述,用《提要》的符号法分析句子具有层次性,用《提要》提取主干法分析句子具有传承性,所以《提要》分析句子是吸收了层次分析法的长处,又不舍弃中心词分析法的优点,是两种方法相结合的层次中心分析法。

毋庸讳言,《提要》分析句子的方法也有局限性。先看符号法的局限:(1)规定主谓短语的符号有叠床架屋之嫌;(2)规定的符号不全,没有规定连动句、兼语句、单个的词构成的非主谓句以及带有附属成分的句子用什么符号;(3)符号法的样例有些问题值得商榷。再看提取主干法的局限:(1)有些句子提取主干,反而不通;(2)有些句子原是病句,提取主干后却变成正确的句子;(3)有些句子保留了否定词,还是与原意相左;(4)提取主干,忽略语气,句类发生变化;(5)有些句子,比如主谓短语做句法成分的句子、兼语句、双宾句等,不宜提取主干。

2. 黄廖本的成分符号减半法

黄廖本的成分符号减半法,我认为也是既讲层次也讲中心的层次中心分析法。增订五版通过对"全体同学都做完了语法作业"这个样例的层次分析和成分符号减半分析法的符号标示,精要地说明了什么是成分符号减半法。成分符号减半法是这样分析这个句子的:

主语位置　　状语位置　　核心位置　补语位置　　宾语位置
(全体)同学‖　[都]　　　　做　　〈完〉了　(语法)作业。

上面句子画了主语符号,就表示主语右边全是谓语,谓语符号不画自明,主语、谓语之间用符号"‖"表示,这是第一层。主语画了定语符号( ),谓语画了状语符号[ ],就减去中心语符号。。。。。。,这是第二层。画了宾语符号,就省去了它前面的动语符号,这是第三层。宾语中画了定语符号,省去了中心语符号,动语中画了补语符号〈 〉,凸显了动词中心语的核心位置,这是第四层。这时找到核心动词,句型已显露,句子分析到此为止。可见成分符号减半法是用成分符号减半的方法找出句子核心,以显现句型的分析法。这种分析法为的是避免符号重叠,把几层句法成分和它的符号用线性排列出来,显示核心动词和它前后成分的位置。

成分符号减半法的特征是:

(1) 讲层次:吸收了层次分析法的长处。

(2) 讲中心:成分符号减半法讲的中心是全句的中心,即句子的中心,即核心。《暂拟系统》中心词分析法找的中心是中心词,即词中心,用它充当句子成分;《提要》提取主干分析法找的主干是短语的中心,不是句子的中心。中心词分析法、提取主干分析法找中心,是着眼于句子的局部,成分符号减半法找中心,是着眼于句子的整体。它们虽然都讲找"中心",但"中心"的概念、层次、地位、目的是不同的。从句子分析法的发展脉络看,这三种"中心"是既有联系的传承关系,又有不同层面等的相异关系。

(3)正因为成分符号减半法是既讲层次又讲中心的分析法,所以我们也将它归入层次中心分析法之列。

既然成分符号减半法是层次中心分析法,《提要》也是层次中心分析法,请问这两种分析法哪个更好一些呢?

我认为,无论从适用的角度看,还是从先进的角度看,成分符号减半法更好些。

(1)从适用的角度看,成分符号减半法的适用面更宽。

《提要》的符号法、提取主干法,解决不了连动句、兼语句问题,成分符号减半法可以解决。如:

① 他 ‖ 上街买菜。
② 我们 ‖ 选他当代表。

这些句子之所以能够分析,是因为成分符号减半法不但考虑了向心结构句子的单核分析,而且还考虑了向心结构句子的多核分析。多核分析也可以认为句子是由有关结构的各成分和词语作为一个相关实体共同决定句型。

(2)从先进的角度看,成分符号减半法的发展方向是框架核心分析法,它是便于和计算机语法接轨的析句法。

增订五版下册第6页有文字暗示出这样的发展方向。增订五版在分析基础句"全体同学都做完了语法作业"这个句子时,分别在主语、状语、动词核心、补语、宾语的上面用汉字标明了它们的位次,即"主语位置、状语位置、核心位置、补语位置、宾语位置"。各成分的相对位置就是语言成分的格式,也就是框架。根据框架核心分析法既讲核心又讲层次、既讲框架又讲位次的理念,成分符号减半法主要讲了层次和核心,但核心讲解比较简单,并未展开;至于框架、位次问题,仅是"行文暗示",正式论述不够。所以成分符号减半法只能说是框架核心分析法的前身,但并不是框架核心分析法的本身,只有待到时机成熟时它才会应运而生。成分符号减半法虽不能代替框架核心分析法,但框架核心分析法的"四讲"理念,它都触摸到了,这是以往析句法很少有的,具有创新的亮点。所以从某种意义上说,成分符号减半法也是一种承先启后的析句法。它传承了先于它的中心词分析法讲中心、层次分析法讲层次的优点,又开启了后起的框架核心分析法的"四讲"理念基础。开启的框架核心分析法既然是一种想和计算机挂钩的析句法,当然它的前身——成分符号减半法也应当是一种先进的析句法。

成分符号减半法的符号在运用中还有一定的模糊性需要解决。如用成分符号减半法分析"他走"这个句子的谓语答案不一,模棱两可,就值得研究。

三、理论联系实际,开启正反结合、内外结合的新模式

理论联系实际的"理论",指的是教材从正面传授的基础知识,"实际",指的是理解、消化、解决知识难点和重点的实践活动。理论联系实际是黄廖本《现代汉语》教材自始至终贯彻的指导思想。践行这种指导思想的途径和方法就是正反结合、内外结合。

(一) 正反结合

正反结合有三种表现形式:

1. 教材内容上的正反结合。黄廖本教材内容分布上的最大特点就是正面传授知识和反面传授纠正错误知识的结合。这可以从现代汉语教材的五大主体部分看出。(1)语音章有语音与正音。正音部分是声母辨正、韵母辨正、语音规范、整理现行汉字的读音等。(2)文字章有文字与正字。正字部分是笔顺易错的字、整理异体字、规范印刷体字形、更改生僻地名用字、统一计量单位名称用字、纠正错别字等。(3)词汇章有词汇与用词。用词部分是词义的误解与误用、异形词、异序词、外来词、方言词、古语词的规范,避免生造词,维护现有词语使用的规范等。(4)语法章有析句与造句。造句部分容易犯的错误是词类的误用及单句、复句在运用中出现的失误等。(5)修辞章有修辞与表达。修辞部分设有修辞

常见的失误与评改等。可见黄廖本教材内容上的正反结合,反面传授纠正错误的知识是均衡的、系统的,五大主体部分都有的。现行的通用教材却不是这样,它们的特点是重正轻反,重语法轻其他,不但极不平衡、不成系统,甚至还有缺位现象。所以从反面传授纠正错误知识的角度看,黄廖本教材不能不说是做到了同类教材之冠。

2. 习题上的正反结合。习题上正反的"正"是指对正面、正确知识的传授,"反"是指对反面、错误知识的纠正。为达到此目的,教材特别重视对习题的训练,不仅每节后都有常规习题的训练,而且还有补充习题的训练。这些习题有相当数量都是对反面、错误知识的纠正。据统计,黄廖本教材练习题、补充练习题共530道,反面、改错练习题142道,反面练习题占习题总数的27%。一般的通行教材习题总数最多不过237道题,反面练习题30道,反面练习题占习题总数的13%。其习题总量、反面习题总数、反面习题占习题总数的百分比,都不足黄廖本教材的一半。尤其是反面练习题,黄廖本的数量竟是其他通行教材反面练习题的4.7倍。可见,从习题正反结合的角度看,尤其是从反面习题的数量上看,黄廖本教材也当之无愧地是同类教材之翘楚。

黄廖本为什么用这么多的改错习题训练学生呢?原因就是使学生熟能生巧,敏感地捕捉到错误根源,快速地总结出产生错误的规律,纠正错误,从反面加深对正确知识的理解,达到学以致用的目的。没有对反作用力的超强冲击作用的认识,是不会这样做的。为什么通用教材设计的反面习题这么少呢?这主要是设计者的反面设计意识不强,对反面习题的地位以及重要性认识不足,对其积极的巨大反作用力没有察觉造成的。

3. 附录上的正反结合。附录是附在正文后面的、与正文有关的文章或参考资料。黄廖本的附录有两种,一种是节附录,另一种是章附录。据统计,增订六版全书的节附录20个,章附录3个,共计23个。附录的内容也是正反结合的,多数是从正面提供的参考资料,少数是从反面提供的纠错资料,以警示别犯类似的错误,如附录常见的别字、容易读错的字等。这种后附录的做法省去了学生不少重新查找参考资料的时间,受到了普遍欢迎。其他通行的教材多数不设附录,少数设附录的也很少超过3个,而从反面设纠错附录的几乎为零。所以从设附录之多,从正反结合覆盖面之广来说,黄廖本的附录也居同类教材之最。

(二) 内外结合

前面谈的正反结合多是在课堂内进行的。但是有些院校受课堂内正反结合的启发,已经把纠正错误知识的行为发展到课外甚至社会上了。比如由课堂内讲的拼音、写字错误发展到调查某些商店、日杂店、服装店、企事业单位名称等的拼音、写字错误。由课堂内讲的词汇在用词方面的错误发展到实习时批改作文的用词不当及病句修改。由课堂内讲的修辞与表达发展到纠正口语、书面语表达不清、效果不佳的毛病等。这种由课内向课外、由学校向社会纠错的延伸,已经引起了有关部门的关注和支持。这样不仅推进了课堂内正反结合的广度和深度,而且还促进了社会对现代汉语规范化的重视和推广。

四、文风朴实,文字浅显易懂,口味雅俗共赏,应用范围广泛

文风朴实是指教材使用语言文字的作风朴素无华,不浓艳,不浮夸,叙述语言事实不夸大,不缩小,真实可信,平实、谨严。如对语义场的分析,不同性质的义场之间界限分明,文字叙述平实、质朴。其他章节也多是这种风格的外溢。之所以有这样的文风,是和主编领导下的编辑团队的思想修养和文化素质比较高有关系的,是"文如其人"的体现。另外,这本教材已经历经了风风雨雨四十年的考验,所以文风上的不统一,早已经过反复修改、多次打磨,锻造成统一的风格了。

文字浅显易懂,是指把深奥的道理浅显化,让人接受得舒心。如中心词分析法和层次分析法的区别不能说不高深,但黄廖本用下面一句话就将其说得明明白白、清清楚楚:"凡是名词性偏正短语不能作主语、宾语的,或动词性短语不能作谓语的,都是成分分析法的一种,绝不是层次分析法,因为层次分析法的特点是任何短语和实词都可作一定的句法成分的。"(见增订六版下册第82页)同样,词和短语的区分,用比拟的方法把"扩展法"也介绍得明白如水,饶有风趣(见增订六版下册第58页)。

有人认为:浅显易懂容易做到,是低级的,深奥难解不容易做到,是高级的。这种看法是欠妥当的。事实上,面对语言这种复杂的事物既要

讲出它的学术性,又要讲得浅显易懂是很难的。没有比较高的语言学理论修养和善于表达的语言艺术,是不可能有这种驾驭语言的能力,做到浅显易懂的。我们这样说,并不是抬高教材"浅显易懂"的身价,而是说要通过这样的方式达到实现教材要有可读性的目的。

  教材雅俗共赏,使用面宽,是指教材各层次的人都愿意看,各类学校都愿意用。教材确实适合各方口味和需要。水平高的人愿意读,水平低的人也愿意读,中等水平的人也愿意读。大家都说"众口难调",可黄廖本教材做到了"众口皆宜"。为什么会这样呢?这和参与黄廖本教材编写的高校多、教师多有关。据统计,有31所不同类型、不同层次的高校参加,有44位不同类型、不同层次的高校教师参与。不管单位怎么多,不管教师怎么多,大家都希望编一部适合各种类型学校使用的教材,愿望是共同的、一致的。这就要求这部教材必须将本科、专科等各种类型学校所要讲的主要内容都汇聚在一起,并以此为基础,根据不同教学对象实行弹性原则,灵活处理各种教学内容,解决各方不同的需求。正因为教材立足于各方各层次各类型需要的、必不可少的、既稳妥又完备的现代汉语基础知识,所以教材才呈现出本科用、专科也用,综合大学用、师范院校也用,全日制学生用、自考生函授生也用,留学生用,华文学生也用的繁荣似锦的景象。

(本文作者系黄廖本《现代汉语》教材领导小组成员)

"框架核心分析法"解读*

戚晓杰

（青岛大学文学院，山东青岛 266071）

"框架核心分析法"是黄伯荣先生晚年提出的一种分析句子的方法，曾多次撰文大力倡导，并在近几版的黄廖本《现代汉语》教材中加以实施运用。析句法是指把句子结构加以分解，并对其分解出来的单位加以定名，由此了解句子的格局、归纳句型、以利应用的方法。[①]析句法是语法体系的重要组成部分，比较语法体系的异同常常从析句法入手。析句法是建立在对语言性质认识的基础上而产生的。"对语言性质的感性认识的大量积累，可以升华为对语言性质的理性认识（即形成'假说'），并导致一种分析方法的产生。而一种比较正确、合理的语言分析方法又可以帮助我们深入、系统地揭示语言的某种性质。"（史有为，1984:263）"框架核心分析法"是经过深思熟虑、精心设计而成的，体现了黄伯荣先生新的语法观与析句法思想。"框架核心分析法"内涵丰富，语法思想深邃，不经过系统梳理，难以理解其真谛；甚至会产生误会，让人觉得"框架核心分析法"其实就是中心词分析法，没有什么新意。本文意在全面解读"框架核心分析法"，以使人们对此有全面了解、深入认知，以利推广运用，进而吸收其合理内核，发扬光大，由此推动汉语句法研究向前迈进。

---

* 本文的主体内容，曾经黄伯荣先生生前多次审阅、修改，特此说明。
① 析句法包括切分法和定名法两部分。与此无关的分析方法不能称为析句法。黄伯荣先生认为变换分析实际上只是一种语法结构的鉴别法，用于检验一些构成成分上有共同点的语法形式是否真正同构，不能算作析句法。

一、"框架核心分析法"的前期探索

黄伯荣先生在黄廖本《现代汉语》的编写与修订过程中,一直想寻找一套能很好地说明汉语句法结构、能解决汉语实际问题的理想的析句法,并进行了长期锲而不舍的努力与探索。这从黄廖本《现代汉语》对其析句法的不断修改中可以看出。

(一) 1979 年试用本

黄廖试用本《现代汉语》,更多体现的是中心词分析法的特点,即"结合了层次分析法(又称直接成分分析法或二分法)因素的中心词分析法(又称多分法)"。它在传统的多分法的基础上,吸取层次分析法的合理因素,按照结构层次,让尽可能多的词组充当句子成分,在对句子进行分析时,既注意结构关系,又照顾到结构层次。这比不重视结构层次,让不同平面上的句子成分杂乱地平列在一个层面上的多分法,无疑是前进了一大步,让人更便于了解句子的格局及其意义。黄廖试用本析句法"从大到小,基本二分",体现了句子的层次性;"寻枝求干"就是找出枝叶成分(定语、状语、补语)和主干成分(主语、谓语、宾语);"最后多分"就是用多分法术语给各中心成分命名,把分析结果平列在一个平面上。它用层次分析法的层次性简化了多分法的分析程序,分析句子到找出附加成分定语、状语、补语和主干成分主语、谓语、宾语为止,便于显示句子格局,又不会把句子分析得过于烦琐。特别是为了简化分析手续和成分符号,黄廖试用本还采用并改造了已有的简易符号标记法来标记句子成分。由于这种分析方法具有很强的合理性,能与中学语法教学接轨,所以接受起来比较容易,运用起来也得心应手。这也许正是黄廖试用本问世之后风行全国,发行量一跃而为同类教材之冠的重要原因之一。

(二) 1983 年修订本

1981 年至 1982 年,我国语言学界为配合教学语法"暂拟系统"的修订,展开了一场析句法的论争。人们对多分法和二分法这两种析句方法进行了比较深入的讨论。大多数学者认为这两种析句方法各有长短,层次分析法更能反映语言的层次性,二者应该结合。至于两者应该如何结合,意见还不太一致。但在语言结构具有层次性、所有词组都可以和词一样充当句子成分等问题上达成了共识。在此情况下,黄廖1983年修订本也作了修改,基本采用层次分析法,即"结合少量中心词分析法因素的层次分析法",具体表现为:(1)让所有词组一律平等,都可整体充当句子成分,不加人为限制来规定某些词组能或不能充当什么成分。(2)简化术语,将两套析句术语改为一套句子成分分析。把主语部分改为主语,谓语部分改为谓语,谓语动词部分改为述语[①],宾语部分改为宾语。设立三个中心(主语中心、谓语中心、宾语中心),作为主谓句的三个主干,这也是后来"中学提要"设立的三个主干。(3)明确认定一般句子成分有八个:主语、谓语、述语、宾语、中心语、定语、状语、补语,这八种句子成分不在一个平面上,它们是配对共存共现的:主语与谓语相对,述语与宾语相对,定语与它的中心语、状语与它的中心语、补语与它的中心语分别相对。

(三)1990年增订版(包括1996年增订二版、2001年增订三版)[②]

1990年黄廖本增订版所采用的析句法仍属于结合中心词分析法的层次分析法,在定名法和析句手续上有所变动。(1)为了与中学教学语法术语接轨,将"词组"改为"短语",采用和"中学提要"一致的"动宾短语"名称,但不采用"动词+宾语"的说法,为了"语"对"语",改为"动语+宾语"的说法,即把修订本中的述语改称为动语,限定只与宾语配对,不与补语配对。(2)在切分手续上,对于可以作两种切分法的状动宾结构,由以前的一般先宾后状,即先切分出宾语,再切分出状语,改为一般先状后宾,即先切分出状语,再切分出宾语,以求更切合汉语结构层次

---

① 黄廖本教材中的"述语"与黎锦熙《新著国语文法》中的"述语"、朱德熙《语法讲义》中的"述语"名同实异。黎锦熙《新著国语文法》中的"述语"与主语相对,相当于他后来著作中的"谓语"。朱德熙《语法讲义》中的"述语"是"述宾结构""述补结构"的前项,可以与宾语相对,也可以与补语相对。黄廖本的述语只与宾语相配对。

② 黄廖本《现代汉语》1996年增订二版、2001年增订三版的析句法与1990年增订版大致相同,没有什么大的变化,故不单列。

的实际。① 在一些句式的分析上也作了新的调整。对双宾格式,黄廖增订版采用了二分法,先切远宾语,后切近宾语②,对"拿出书来"格式的切分,黄廖修订本认为"出"和"来"是一个补语,中间插进一个宾语,"出来"在一个层次上;增订本改为"出"和"来"是在两个层次上,切分时首先切出补语"来",最后切出补语"出"。对"暂拟系统"定名为"称代复指"的格式(如"青春,这是多么美好的时刻")③,黄廖本为少立名目,将句首的被复指成分看作陈述对象,定名为一般成分主语,后头是主谓谓语。对"暂拟系统"定名为"总分复指"的格式(如"他的两个妹妹,一个是医生,一个是工人")④,黄廖本增订版称总说部分为主语,后头分说部分是谓语,谓语是一个复句形式。

纵观增订三版以前(包括 2001 年增订三版)黄廖本《现代汉语》析句法的变化,我们可以看出,黄廖本教材析句法与整个汉语学界句法研究紧密相连,汉语句法研究的新成果都可以在黄廖本教材中得以体现。黄廖本教材析句法并非是对已有的现成的析句法加以照搬,而是在吸收前人合理内核的基础上,综合各方面的因素,融会贯通,发展成为一种具有超前创新意识、可以为大多数人认可的析句法。黄廖本教材析句法的变化,体现了我国三十年来汉语学界句法的发展,同时也折射出汉语析句法的演变,这就是由典型的多分法,逐渐向二分法靠拢,按照句子结构的层次,让越来越多的词组充当句子成分;再到吸收多分法的合理成分,重视语法结构关系,实行层次的二分,把多分法与层次分析法的优点集于一身。

---

① 为便于理解掌握此分析程序,黄廖本教材用以下口诀加以概括:一、以动为心(先找出动词,作为短语的中心);二、先切动前(先切出动词前头的状语);三、后切动后(后切出动词后头的宾语);四、先远后近(如果动词前头有不止一个状语,先切远的,后切近的;如果动词后头的成分有几个,也是先远后近。也可以说是先外后内,先外层后内层)。见黄伯荣、廖序东:《〈现代汉语〉教学参考与自学辅导》,高等教育出版社 1998 年版,第 33—34 页。
② 胡裕树《现代汉语》(1984 年)认为双宾语句"送我一本书"做层次分析时可以分析为〔(送+我)+一本书〕,见该书第 358 页。
③ 胡裕树《现代汉语》(1984 年)将"暂拟系统"的句首被复指的成分定名为提示成分,有的书改名为外位语。
④ 胡裕树《现代汉语》(1984 年)把句首的总说部分称为提示成分。

但这种分析方法并非完美无缺,仍存有一定的问题。(1)黄廖本增订版《现代汉语》析句法基本上是层次分析法,层次分析法是不找核心的。由于它着重层次分析,不找核心,因而它无法说明核心成分和向核成分之间的语法关系;且分析程序上层层二分,分析出来的结果,不易显示主干,不便于显示句型,如果复杂一点儿的句子,分析七八层,最后切成几十个成分,有如一棵树砍成了几十个碎片,像一堆柴火,使人看不清是什么树形。(2)这种分析方法不便于实用,目前黄廖本教材语病分析,实际上都是借助中心词分析法的找中心来加以弥补的[①],句子分析与实际应用不相吻合,有偷梁换柱的感觉。如黄廖本教材讲"主语和谓语搭配不当",实际上讲的都是主语中心和谓语中心搭配不当;"动语与宾语搭配不当",也多是讲动词与宾语中心搭配不当的。为此,黄伯荣先生在此基础上,又试图探索一种新的解释力强、简明实用的析句方法。这可以说是黄伯荣先生提出"框架核心分析法"的初衷。

二、"框架核心分析法"的提出及其基本思想

1999年黄伯荣先生在《汉语学习》第6期发表《框架核心分析法》一文,明确提出"框架核心分析法"的析句理念,倡导他的框架核心句法思想。

"框架核心分析法"可以说是一种既讲核心又讲层次、既讲框架又讲位次的分析句子的方法。它尽最大可能把不同层次的几个句法成分放在同一线性平面上,便于细致地显示各种句型框架,便于显示句型框架核心以及核心与向核成分之间的语义关系,因而便于讲解句式变换和格语法。如:

我们厂¹[最近]²试制⁴<成功>了³几种新产品。

主位　状位　动词　补位　　　宾位　　　(框架位次)

---

① 黄廖本《现代汉语》设立"动语"这一术语,而不称为"谓语"或"述语",是有深意的,可以变相地体现动词的核心地位。

本例依次共切分四次。第一刀切在主谓之间,在主语底下画双横线。主语以外的词语都是谓语,谓语符号(——)省去不画。未画符号的部分再一分为二,切出状语和中心语,用方括号([ ])表示状语,中心语符号(。。。。)省去不画。未画部分再一分为二,第三刀切在动宾之间,在宾语底下画浪线,动语符号(——▶)省去不画。未画部分最后切分出中心语和补语,用尖括号(〈 〉)标明补语,中心语符号省去不画,只画核心符号(⊙⊙)。这时找到核心动词,句型已显露,句子分析到此为止。如果需作短语分析,到词为止。框架核心析句法的句子成分有"带核成分""向核成分"之分。谓语、中心语、动语,三者都可以把核心包含在它的内部,叫"带核成分";主语、状语、宾语、补语,四者都跟"带核成分"相配对,是向着核心的成分,叫"向核成分"。在分析句子的时候,只给"向核成分"画上相关符号,而"带核成分"则不画,这样就做到了"符号减半"。

"框架核心分析法"有以下几个特点值得我们注意。

1. 重视句子核心的地位,句子分析到找出核心为止。所谓核心是指句中关系到句型、决定全句性质、意义上和结构上联系最广泛的词语,句中的其他成分都与它发生直接或间接关系。抽出核心,句子成分就会失去联系而散了架[①]。如前面例句,核心为"试制",它可以分别同主语、状语和补语、宾语相关联,构成"我们厂试制""最近试制"和"试制成功""试制几种新产品"等简单框架。在这个句子里,如果抽掉了"试制"这个核心,整个句子就会失去交际功能;而抽出核心之外的任何一个成分之后结构都仍成立。

2. 重视句子的结构框架。所谓框架即语言单位(句子、短语等)的格式、模式。如上例的"主位·状位·动词·补位·宾位"就是汉语动句的基本框架,它由简单框架复合而成。句子的基本框架是句子生成变化的基础。它可简可繁,构成不同的变体形式。儿童学话就是在不断充实词

---

① 核心与中心不同。核心对全句来说,是全句各成分联系的中心;中心对结构来说,它相对于句子的修饰成分定语、状语、补语而言,有定语、状语、补语就必须有被修饰、限制、补充说明的成分中心语。句子的核心通常只有一个(多核句除外),而句子的中心语可以有几个,如主语中心、谓语中心、动语中心、宾语中心等。

语库的同时逐渐形成从简单到复杂的框架,学会往框架里填充合适的词语,就可生成从未说过的句子。①

3. 重视语法结构的层次性。"框架核心分析法"把不同平面的切分结果置于同一线性平面上加以显现,它的分析过程仍具有层次性。上例的1、2、3、4就是层次的切分顺序,分别表示四个不同的切分层次。如果需要,"框架核心分析法"也可以展开作层次描写。

4. 重视句中各成分的位次。"框架核心分析法"认为,各配对而共存的句子成分在句中有固定的位次。框架中的各个位次都有自己的构成成分。各个位次的词语是互相制约的,牵一发而动全身。一个位次用了不同性质的词语,另一位次就应作相应的改变。

5. 强调八个一般句子成分配对而共存共现。标出主语,其后必有谓语,谓语不画自明。有宾语其前必有动语,有状语补语就必有各自的中心语。总之,标出向核成分,不标的就是带核成分。② 遇到省略,必要时把省略的成分补出。

"框架核心分析法"的最大优点是简单、方便、管用,能在不违背句法构造层次性的条件下快速抓住主干,显示句型,像吕叔湘先生《现代汉语八百词》中所列句型,都可以清晰地体现出来。各种句子抓住核心及与之相关联的向核成分,框架类型一目了然。

"框架核心分析法"比流行析句法更易表现出格语法这种普遍语法理论所揭示的格关系,便于作句子的语义分析。"框架核心分析法"框架里的位次加上"施""受"等汉字和字母符号,可以表示不同的格。这

---

① 关于"结构框架",王希杰先生(1996:178)也从修辞学的角度对其重要性加以阐明:"现代心理学告诉我们,人们的心理并不是一块什么东西也没有的'白板'。人们在感知对象的时候,意识中事先就有了一个感知的模式,正是这个感知的模式决定了人们的感知活动的方向。在人们的感知活动中,有一条基本的规则是:整体大于部分。在我们听话或者阅读的时候,我们并不是一个音节一个音节地或一个汉字一个汉字地进行我们的解码活动,而是抓住一些主要的特征,及时形成自己的模式或框架,再用这样的模式或框架来同对方的话语相匹配。如果匹配了,就感觉到顺利通畅;如果不能匹配,就或者是怀疑自己的模式或框架有毛病,或者怀疑对方的话语有了问题,暂时地中断解码活动。"

② 如此处理,其理论依据有二,一是"句子成分是一个二分对立的共存共现系统","还有一个理论依据,那就是有标记原则"。(刘汉城,2005:42)

种格的分析对于辨别同形异构框架现象有重要作用。如"鸡不吃了"，在主语下加上"施"或"受"可以分化其多义。

三、"框架核心分析法"的发展完善

黄伯荣先生框架核心析句法思想并非一成不变，而是在不断发展完善的。2005年他又发表《框架核心分析法答客问》一文，对"框架核心分析法"做进一步的阐释；2010年他还发表了《三论框架核心分析法》一文，2012年撰写《谈谈〈中学教学语法系统提要〉的析句法》(提纲)，以求使"框架核心分析法"的理论和具体分析更加严谨、周密，可操作性更强。概括起来主要表现于以下方面。

1. 谈到定语的处理问题。认为不与核心直接发生语法关系的定语是"非直接组成成分"，是成分内的成分，它与动句类型无关，可以不作分析。简单的定语也可在原句画上符号，例如"(我们)厂"和"(几种)(新)产品"，复杂的定语则可根据需要抽出来另行分析，分析到实词为止。

2. 谈到虚词的处理方法。认为虚词(连词、助词、语气词等)不作句法成分，它和独立语一样，是句法成分以外的"零碎"，独立语是实词成分，用△表示，虚词不用符号表示。

3. 提出"框架核心分析法"的口诀与分析步骤，分析程序更加明确。指明运用"框架核心分析法"分析动句，可以记住下面口诀："动前有主、状，动后有补、宾"(及物动词句)；"动前有主、状，动后有补无宾"(不及物动词句)。"框架核心分析法"分析句子结构可分三个步骤，(1)找核心；(2)找出核心前后的向核成分定句型；(3)如果需要，分析向核成分内部的成分，到词为止。

4. 核心符号由空心圆内加实心圆点，改为下划横线加实心圆点；后来，随着"框架核心分析法"的全面实践与运用，黄先生又提出，下划横线也可以不必出现。如此处理，主要是为了打字方便(实心圆点可用着重号体现)，如此便于句子分析的实际操作，使计算机信息处理简便、快捷。如：

   我们厂 ‖ ［最近］ 试制 〈成功〉了 几种新产品
   主语 　　　状语　 核心　 补语　　　 宾语

5. 分析范围也在不断扩展,由动句,扩展到形句、名句、主谓谓语句,认为形句、名句、主谓谓语句也可用"符号减半法"表示。如:

(1) 西湖[的确]美 得〈很〉。(形句)
(2) 小李(黄)头发。(名句)
(3) (好大)的胆子!(名句)
(4) 他胆子大。
(5) 这件事他心中有数。

6. 核心不是句子成分名称,但充当核心的动词、形容词、名词总是以句子成分的身份出现。它可以充当句子的谓语、动语、中心语等。如:

(1) 谁来?——我来。
(2) 他去北京。
(3) 我[很]高兴。
(4) 我们吃〈完〉了饭。
(5) (一个)(春天)的早晨。

7. 表示"框架位次"的"主位""状位""动词""补位""宾位"改为"主语""状语""核心""补语""宾语",名称、术语合二为一,更加简化。

8. 说明句子有单核句和多核句,复句是多核句,单句多数是单核句,只有连谓句、兼语句和核心里有联合结构的句子才为多核句。

9. 提出"适用于电脑使用"的计算机析句法基础问题。"框架核心分析法"是为人脑分析句子而设计的析句法,是为教学语法服务的;与此同时,黄伯荣先生(2005)还谈到"适用于电脑使用"的计算机析句法基础的研究思路,并开始思考核心成分确定的可操作性问题。如此也显示了黄伯荣先生高瞻远瞩的学术眼光,可以说这也是黄伯荣先生构建"框架核心分析法"努力的方向。

鉴于"框架核心分析法"的科学实用、可操作性强,黄伯荣先生在黄廖本《现代汉语》2006年增订四版已开始渗透框架核心的析句法思想,他以"太阳系图"来打比方,说明核心动词在汉语基本句式中的作用。"恒星太阳是核心,行星主语、宾语环绕太阳转,可以易位。少数状语、补语也可易位。"(黄伯荣、廖序东,2006)

通过大量语言事实的实践与检验,黄伯荣先生"框架核心分析法"的理论体系和操作程序已基本成熟,已在黄廖本《现代汉语》2010年增订五版开始全面实施运用,主要体现于以下几部分。

10. 语法章第一节"句法成分"部分。它以一个主谓句的框式图解说明核心动词是"全句的核心",前有主语、状语,后有补语、宾语,并用"成分符号减半法"借以体现:

主语位置　状语位置　核心位置　补语位置　宾语位置
(全体)同学 ‖ ［都］　　做　　〈完〉了　(语法)作业

第五节的"句法成分小结及例解"部分。仍以"太阳系图"打比方,指明恒星太阳是核心动词,行星主语、宾语等环绕太阳转,各有各的位置,各自能回答一定的问题,包括谁做、做什么、怎么做、做得怎样等;进一步要求记住各句法成分的位次及由哪些类词语充当。

第六节"单句"的"主谓句"部分。首次对"框架核心分析法"加以全面实施运用,用以分析动词谓语句、形容词谓语句、名词谓语句。用加注方式表明"汉字底下的着重号(即实心圆点——引者注)表示核心,谓语中心。(黄伯荣、廖序东,2012:6;79—83;86—87)

黄廖本《现代汉语》教学资源库。对各种不同句型,采用框架核心分析法加以分析,力求全面、详尽。

但由于是首次在教材中实施运用,再加上2013年黄伯荣先生的骤然去世,内中难免有不够全面、细致之处。这些都有待于在今后的教材修订中,在充分理解黄先生"框架核心分析法"思想的基础上逐步加以完善。

四、"框架核心分析法"体现汉语析句法发展与句法研究总趋势

黄伯荣先生"框架核心分析法"的出现绝非偶然,它是在多年探索黄廖本教材析句法的基础上,吸收各种核心法以及框架语法思想的合理内核,融会贯通、推陈出新而形成的,体现了汉语析句法发展与句法研究的总趋势。

在我国,核心法的历史并不久长。吕叔湘先生主编《现代汉语八百词》、张志公先生主编《现代汉语》《中学教学语法系统提要》虽然都没有明确提出"核心"这一名称和有关理论,只用分析例子的办法来体现,然而它们的语法观对后出的核心法的产生有很大的启发和影响。我们不妨把它们视作核心法产生的主要源头。明确提出核心法观点的是陆丙甫先生《对成分分析法和层次分析法相结合的一些看法》、史有为先生《语言的多重性与层—核分析法》。钱乃荣先生主编的《现代汉语》的语法部分也贯穿有核心法的分析原则,钱先生称之为"向心多分析句法"[1]。邵霭吉、冯寿忠先生《现代汉语概论》使用的"向心切分析句法",也是核心分析法的一种(主谓双核心分析法)。特别是近些年对外汉语教材中,在对语法点的阐述上,有的也采用核心法观点(黄政澄,1997),产生了很好的教学效果。分析句子寻找核心,语法阐释重视句子核心的地位,代表了我国近些年来析句法发展演变与句法研究的一种倾向[2]。吕叔湘先生在"句型和动词学术讨论会"开幕词中曾经指出,"动词是句子的中心、核心、重心"。李临定先生(1989)曾就句子的总格局提出了区分"两个平面"的观点来进行分析。"一个是主语(话题)、谓语(说明、叙述)平面,另一个是以动词为中心的平面。作者认为应该把分析的重点放在以动词为中心的平面上,特别是对非汉族人研究、学习汉语来说更应该如此。因为这样便于观察、揭示句子构造的具体规律及特征。动词在句子里是处于中心地位。其他成分都和它发生关系。"

在印欧语中(如英语、法语),动词的句子核心地位更加突出。"实际上,印欧语有定性范畴的核心是谓语动词,每一个句子必须有一个定式动词,而且也只允许有一个定式动词,它的时、式、体等必须是有定的,而主语却可以是无定的,甚至可以出现如 it,there 这样的虚位主语。印欧语的语法理论之所以有生命力和解释力,基本的原因就是它的各种语法

---

[1] 钱乃荣先生(2005:20)曾表明:"而且,可喜的是,我们看到青岛大学黄伯荣先生最近经深思熟虑而提出的'框架核心析句法'和我们的'向心多分析句法'相比,尽管在对句子结构的理论分析上略有差异,但析句的结果是相同的。"

[2] 不过,总的来看以往的核心法,"从总名到成分切分法和成分定名法都有差异,对多成分动词短语的层次问题最为分歧"(黄伯荣,1999)。"框架核心分析法"与以往的各核心法均有所不同。可以说"框架核心分析法"是经过严密的逻辑思考而形成的一种与框架、核心理论相结合的析句体系。

理论,不管是传统的还是现代的,基本上都是以有定性的谓语动词为中心建立起来的,因而取得了成功,对世界上其他地区的语法研究产生了深远的影响。"(徐通锵,1999:179)从这一角度看,析句方法向着找寻框架核心的方向发展符合人类语言的普遍规律。不过,就汉语而言,汉语句子可以无动词核心,宾语可以易位,主语可以省略,由此形成汉语中的形句、名句[①]、主谓谓语句、零句等。就这一点来说,"框架核心分析法"的创建还具有一定的语言类型学意义。

目前汉语计算机处理进展缓慢,人机对话不尽如人意,计算机造出的句子五花八门,不易合乎规范。究其原因,这与我们的词类划分、句子分析法还存有一定的不切合汉语实际之处密切相关[②]。"框架核心分析法"的位次理论为汉语词类的划分提供了基点,把位次与词类的划分联系起来,按位次确定词类,有助于解决汉语词类划分问题;以动词为核心,在框架中说明每一动词所连带的左邻右舍的各种成分,便于计算机从形式上识别汉语语法。"框架核心分析法"的提出对于探讨一种真正切合汉语实际、能与计算机语法接轨的析句法,有积极的推动意义。冯志伟先生(2005:16—17)从自然语言计算机处理的角度,对"框架核心分析法"给予很高评价:"可见,黄伯荣教授的框架核心语法把层次分析法和中心词分析法巧妙地结合起来,发挥了短语结构语法的优点,弥补了短语结构语法的不足,在语言的理论上是很有深度的。我们有可能把

---

① 甚至形成"枯藤老树昏鸦,小桥流水人家,古道西风瘦马"这样的一连串名词的组合。
② "目前我国在汉语自动分析中主要采用层次分析法,层次分析法的理论基础是美国语言学家乔姆斯基(N.Chomsky)的短语结构语法(Phrase Structure Grammar,简称PSG)。"(冯志伟,2005:15)从自然语言计算机处理角度看,一种好的形式语法应该满足三个条件:解释力、简单性、高效率。"简单性和高效率是短语结构语法的最大优点","然而,在对语言描述的解释力方面,短语结构语法却不尽如人意。"主要问题有两点。"第一,乔姆斯基的短语结构语法中的树形图是单标记的(如词类标记 N、V,词组类型标记 NP、VP、S 等),这使得短语结构语法难以表达纷繁复杂的自然语言现象,分析能力过弱,生成能力过强。""第二,乔姆斯基的短语结构语法的另一个问题是没有提出确定句子和词组中核心成分的方法,这使得分析的结果中,句子的主干不明确。特别是当汉语句子中出现多个动词的时候,如何确定中心动词,往往使得自然语言处理的研究人员进退维谷,束手无策。"(冯志伟,2005:16)而这与日前我国通常所采用的析句法所存在的问题是相一致的。

框架核心语法发展成一个具有简单性、高效率和解释力的优秀的形式语法。"①

五、结语

"框架核心分析法"是黄伯荣先生多年探索黄廖本教材理想析句法的最终结果,是一种真正融汇以往多种析句法(特别是中心词分析法、层次分析法)合理内核为一体、充分体现汉语句法结构自然纹理的分析句子的方法,它简明、实用、易学,与人们的直觉思维相一致,便于归纳句子的格局、总结句型,便于称说、修改语病,并考虑到计算机析句法基础的问题,具有很好的学术前景。

当然,任何一种析句法的提出,在它创立之初都不可能完美无缺,"框架核心分析法"亦是如此。一种析句法矛盾或遗漏的现象越少,解释力就越强,寻找解释力强、切合汉语实际、便于归纳句型、特别是能与计算机接轨的析句法,是当今汉语语法研究者共同面临的任务。也许随着人们对汉语认识的不断深入,"框架核心分析法"所提出的一些具体方法会有所改变,但"框架核心分析法"所提出的分析句子重核心、重框架、重层次、重位次的思路只会更加清晰、完备,但绝不会被否定。

(本文作者系黄廖本《现代汉语》教材领导小组成员)

---

① 冯志伟先生(2005:17)从应用于自然语言的计算机处理角度,提出框架核心析句法还应做如下两方面工作。"第一,在框架核心语法的基础上,进一步研究确定核心成分的可计算、可操作的规则,运用形式化的规则来提高确定结构中核心成分的准确性,从而加强框架核心语法对于语言现象的解释力。……""第二,在框架核心语法的基础上,构建立足于多标记的语法语义标记系统。……计算机显然不能直接从词类标记计算出句法功能标记,词类标记与句法功能标记之间,存在着极为错综的关系,其运算和求解机制是非常复杂的。如果核心框架语法能够进一步研究这样的错综复杂的关系,定出严格的对应规则,建立完整的多标记系统,那么,框架核心语法一定会在自然语言的计算机处理中发挥作用,为我国计算语言学的发展作出贡献。"

【参考书目】

[1] 冯志伟:《框架核心语法与自然语言的计算机处理》,戚晓杰、高明乐主编:《汉语教学与研究文集——纪念黄伯荣教授从教50周年》,高等教育出版社2005年版。

[2] 高明乐:《试谈框架核心分析法和格理论》,《东方论坛》2002年第2期。

[3] 黄伯荣:《谈句法分析——介绍一部〈现代汉语〉的句子分析法》,《中国语文》1981年第5期。

[4] 黄伯荣:《12年来汉语析句法的发展变化》,《语文建设》1990年第6期。

[5] 黄伯荣:《框架核心分析法》,《汉语学习》1999年第6期。

[6] 黄伯荣:《框架核心分析法答客问》,戚晓杰、高明乐主编:《汉语教学与研究文集——纪念黄伯荣教授从教50周年》,高等教育出版社2005年版。

[7] 黄伯荣:《三论框架核心分析法》,《盐城师范学院学报(人文社会科学版)》2010年第6期。

[8] 黄伯荣:《谈谈〈中学教学语法系统提要〉的析句法》(提纲),2012年第十三届全国高等师范院校现代汉语教学研究会暨会员代表大会提交论文。

[9] 黄伯荣、廖序东:《现代汉语》,1990年增订版之前为甘肃人民出版社,之后为高等教育出版社,1979年试用本,1983年修订本,1990年增订版,1997年增订二版、2002年增订三版、2007年增订四版。

[10] 黄政澄主编:《标准汉语教程》,北京大学出版社2008年版。

[11] 江蓝生、侯精一主编:《汉语现状与历史的研究——首届汉语语言学国际研讨会文集》,中国社会科学出版社1999年版。

[12] 黎锦熙:《新著国语文法》,商务印书馆1998年版。

[13] 李临定:《如何分析汉语句子》,《语言教学与研究》1989年第2期。

［14］吕叔湘:《句型和动词学术讨论会开幕词(代序)》,中国社会科学院语言研究所现代汉语研究室编:《句型和动词》,语文出版社1987年版。

［15］吕叔湘:《现代汉语八百词》,商务印书馆2010年版。

［16］刘汉城:《〈框架核心分析法〉解读》,戚晓杰、高明乐主编:《汉语教学与研究文集——纪念黄伯荣教授从教50周年》,高等教育出版社2005年版。

［17］刘泽民:《与框架核心分析法相关的几个问题》,《兰州大学学报》2002年第4期。

［18］陆丙甫:《主干成分分析法》,《语文研究》1981年第1期。

［19］陆丙甫:《对成分分析法和层次分析法相结合的一些看法》,《中国语文》1981年第4期。

［20］钱乃荣主编:《现代汉语》,江苏教育出版社2001年版。

［21］钱乃荣:《论向心多分析句法》,戚晓杰、高明乐主编:《汉语教学与研究文集——纪念黄伯荣教授从教50周年》,高等教育出版社2005年版。

［22］戚晓杰:《评框架核心分析法》,《青岛教育学院学报》2001年第2期。

［23］戚晓杰:《从黄廖本教材析句法的演变看汉语析句法的发展趋势》,《东方论坛》2002年第1期。

［24］邵霭吉:《框架核心分析法与句框架问题》,《青岛大学师范学院学报》2006年第1期。

［25］邵霭吉、冯寿忠主编:《现代汉语概论》,中国社会科学出版社2009年版。

［26］邵霭吉:《论"向心切分析句法"——〈现代汉语概论〉的析句法》,《盐城师范学院学报(人文社会科学版)》2010年第2期。

［27］史有为:《语言的多重性与层—核分析法》,《中国语文》杂志社编:《汉语析句方法讨论集》,上海教育出版社1984年版。

［28］王希杰:《修辞学通论》,南京大学出版社1996年版。

廖序东先生对教学语法的贡献

张爱民

(江苏师范大学文学院,江苏徐州 221116)

时值敬爱的导师廖序东先生百年诞辰,重读他的著作,心灵依然震撼;回忆他的卓越贡献,怀念他的音容笑貌,思绪万千,难以平静。先生学术造诣高深,研究领域广阔,本文仅就他的教学语法研究略作简单介绍。

先生是著名的语言学家,在学术领域硕果累累;先生也是有影响的教育家,在教学领域成就辉煌。大家所熟悉的是他与黄伯荣先生共同主编的《现代汉语》教材(下称《教材》)。这部《教材》的问世,可以说凝聚了先生一生的心血。《教材》是深厚学术根基和丰富教学实践经验的结晶,其特质主要体现在以下三个方面:一、理论研究和教学研究的融合;二、关于语法系统的透彻思考;三、词组本位语法系统的新观念。下面逐一论述。

一、理论研究和教学研究的融合

深厚的理论根基,长期不间断的学术探索,丰富的教学经验的积累,一切为学生着想的高尚师德,是这部教材的有力支撑。

(一) 评介《新著》[①],吸收精华

《教材》受黎锦熙先生的《新著国语文法》的影响是很大的,这也是先生继承发展师说的具体体现。北京师范大学出版《黎锦熙先生诞生百年纪念文集》,先生撰写了《论句本位语法》;商务印书馆《汉语语法丛

---

① 即《新著国语文法》,为使标题齐整,简称书名。

书》收入黎氏此书,先生与师兄张拱贵教授(二人均为黎氏弟子)合撰《重印〈新著国语文法〉序》(下文简称《序》);为纪念黎氏此书出版60周年,先生又写了《论篇章段落的语法分析》。这三篇论文,探讨了句本位语法的成因,深入论述了对白话语法的自源性和开创性贡献,以及对句型学、对汉语语法特点的深刻认识。《序》文指出:"《新著国语文法》既有普及语法知识的特殊贡献,又有重要的学术价值。其中许多理论原则,有些就是到现在对语法研究和教学还有指导意义。"《序》文又说:"就词类说,黎先生另立了助词一类,和马建忠一样,又在名词中立了量词一目。"还说"'助词'用在语句的末尾,表示说话的口气和语态,是汉语语法表达情态的特殊手段;量词在汉语中极其丰富,是汉民族对量的认识形象性、生动性的体现。助词和量词的设立无疑地突出了汉语语法的特点。"[①]这些思考,对《教材》的词类编写有着深刻的影响,为《教材》打下了良好的理论基础,具体影响,下文还将论述。

(二) 揭示规律,融入教材

先生在《论句本位语法》第二节中说"《新著国语文法》应看作句本位语法教材的范本。"[②]又把句本位语法教学法归纳为三点:(1)以句法为主;(2)以练习为主;(3)以问答讨论为主。这些经典的语法教法,在先生主编的教材里均有充分体现。先生又说,黎先生认为:"以句法为主符合学生学习白话文语法的心理。""辞气言谈早已惯熟,故徐进便觉沉闷,纵览转易贯通。""这种随练习随讲授的方法,最能唤起全级学生的注意和兴味,而且马上可使得着文法的应用——矫正思想和言语的错误,养成读书的精细和下笔有条理的心习。"[③]黎先生的上述看法既讲教法,又讲学法;既讲教学实践,又讲教学心理。先生继承师说,把这些方法创造性地融入了他的教材之中。

先生有关现代汉语语法的论著有《语法基础知识》(与顾义生等人合著)、《语法体系和语法规律》、《论句法结构的分析法》、《单句的分析》、

---

① 张拱贵、廖序东:《重印〈新著国语文法〉序》,《语文教学与研究》1985年第3期。
② 廖序东:《论句本位语法》,《北京师范大学学报》1989年第3期。
③ 廖序东:《论句本位语法》,《北京师范大学学报》1989年第3期。

《复句的分析》。这些论著既有理论价值,又有对教学实践的指导意义。他在《语法体系与语法规律》文中指出:"学习语法的目的在于掌握语法规律,研究语法的目的在于揭示语法规律。"[①] 其《论句子结构的分析法》指出:"根据一定的语法体系分析句子的结构,是语法教学的一个重要内容。一种语言的完整语法体系,要能说明这种语言的各种各样句子的结构,即它们的造句法。"[②] 先生在多篇著作中谈及句型和句型分析,而在《语法基础知识》一书中,先生执笔部分讲得最详。他说:"我们说话、写文章,用的具体句子,可以说是无穷无尽的,但它们的结构方式却是有限的。"上述著作对《教材》的编写不仅具有理论指导意义,而且在词类划分、句型的确立、句法分析等方面都提供了具体的范例。

(三) 注重方法,适合教学

先生主持翻译并审定的丹麦语言学家奥托·叶斯柏森的《语法哲学》,是一部具有划时代意义的语法著作,对汉语语法的研究有着深刻的影响。吕叔湘先生的《中国文法要略》和王力先生的《中国现代语法》《中国语法理论》,就是在《语法哲学》的影响下写成的。吕、王两位先生的著作,被公认为揭示汉语特点、建立新的语法体系的开创之作。先生在《语法哲学》书首《语法哲学与汉语语法学》一文中说:"我们应该特别提到叶氏在《语法哲学》里谈的语法教学法。从前一般人往往说学不学语法照样写文章、讲话,学不学无关紧要,现在这种论调不大听见了。但是人们对语法学习兴趣不大。这原因是:(一)掌握不住,(二)用处不大。要使汉语语法得到普及和发展,使学的人学得会,用得上,就要注意教什么,怎么教。"[③] 怎么教?叶氏采取的是一种实践性的方法——培养学生分析问题解决问题的能力。其具体做法是,采用一篇连贯的课文,先用斜体标出文中所有的名词,然后让学生给这些名词做出记号,并进行简单的分析。这样,学生在阅读另一篇没有标出名词的课文时,对一

---

① 廖序东:《语法体系和语法规律》,《淮海论坛》1985年第1期,后收入《语文教学杂谈》(广西人民出版社1985年版)。
② 廖序东:《论句子结构的分析法》,《中国语文》1981年第3期。
③ 廖序东:《〈语法哲学〉和汉语语法学》,《徐州师范学院学报》1987年第4期,后作为《语法哲学》中译本(语文出版社1988年)序言。

些在意义上或形式上相似的名词,就不会有多大的困难了。教动词、形容词也是如此。用这种方法学习词类,学生就会逐渐地具有足够的"语法本能",从而能够进一步理解以后课文中有关本国语和外语的词法和句法。叶氏还说:"我只希望将来的初级语法教学比迄今为止任何时间都有生气。似是而非、模糊不清的概念少一些,'禁律'少一些,定义少一些,大大增加对活生生语言事实的观察。这是使语法成为学校中有用的、令人感兴趣的课程的唯一方法"[①]。叶氏的这种教学语法思想,无疑是正确的,就是在现在的语法教学中也是完全适用的。像这种注重实践,尊重教学对象心理感受的思想,在《教材》诸章节中均有体现,如《教材》增订四版中的实词、虚词的误用例析,词类小结中汉语词的功能图示,短语分析小结中的框式图解,句子成分小结及例释中《暂拟系统》分析与层次分析的比较等。

二、关于语法系统的透彻思考

先生既重视语法的学术研究,又重视语法的教学研究,同时更关心教材的编写。教材要编得好,采用什么样的语法系统,不容忽视。因此,先生也十分关注语法系统的研究。他对语法系统的思考是深入而透彻的,取得了一批颇有影响的成果。如《论句本位语法》《语法体系与语法规律》《关于中学教学语法系统的修订》《论中学教学语法的新体系》等。这些研究为黄廖本《现代汉语》教材的编撰打下了坚实的基础。

(一) 黄廖本《现代汉语》教材形成的历史轨迹

追踪《教材》编写的历史,要从20世纪50年代说起,从先生与教研室同仁编写的第一部《现代汉语讲义》(油印本),至2006年,由先生统稿的《教材》增订四版修订完成,整整50年,半个世纪的历史。先生也因年高体弱,加之繁重的编审任务,积劳成疾,在增订四版完成之后不久,2006年12月12日仙逝。作为长期耕耘在教学第一线的老师,先生深知教材对教学的巨大影响,而十分重视教材建设,并为之付出艰辛的

---

① 参见廖序东主持翻译并审定的[丹麦]奥托·叶斯伯森著:《语法哲学》,商务印书馆2009年版,第538页。

劳动。我们依据编写的时间与地点的关系顺序,把廖本《现代汉语》教材分为江苏本、兰州本和高教本三种。

1. 江苏本

该本指的是在江苏省内编写、省内使用的《教材》,时间从20世纪50年代到70年代初。早在1956年,先生任南京师范学院语文系语言学教研室主任时,就与教研室同仁着手编写《现代汉语讲义》,承担绪论和语音部分的编写工作,同年9月《教材》开始使用。1959年编成《现代汉语语法》,由徐州师范学院校印刷厂铅印。1960年6月江苏省教育厅指定全省高师使用《现代汉语》教材由徐州师范学院中文系汉语教研室编写。先生主持编写工作,并分工编写语法部分。1961年6月主持编写的《现代汉语》铅印发行,作为全省高等师范学校及教育学院等培养师资教材使用。1964年9月,新编《现代汉语语法》由本院印行,作为本专科教材使用。1965年遵照江苏省教育厅指示,主持编写全省高师函授教材《现代汉语》。1972年编写《现代汉语语法》,由本院打印,供专科(工农兵学员)使用。1973年主持江苏省四所师范院校(南师、江师、扬师和本院)《现代汉语》教材编写工作。在统筹、规划、协调方面出力尤多,积累了丰富的主编经验。

2. 兰州本

该本指的是由甘肃人民出版社出版的全国高等学校文科教材,时间为1979年至1990年。该《教材》由先生与黄伯荣先生共同主编。1978年3月,在郑州参加教育部召开的《教材》编写会上先生毫无保留地把江苏省通用《教材》编辑方案、样本以及江苏本的主编经验,和盘托出,一并献上,以供大家参考。基于江苏本编成的《教材》由甘肃人民出版社出版,此本被称为"试用本"。1979—1980年先后召开了编审会和修订会,并出版了修订本。1980年7月,经教育部批准在青岛召开了教材审稿会,会上听取了吕叔湘、张志公、严学宭等专家的审查意见。会议认为:"本书总结了前人的经验,吸取了科研新成果,贯彻了理论联系实际的原则,编写体例和内容符合教学要求。"兰州本印行11年,影响广泛,深受好评,已发行四版,20次印刷,印数高达250万册,1988年荣获国家教委高等学校优秀教材二等奖。这部教材是教育部主持协作编写的教材,当时与胡裕树主编的上海本和张静主编的郑州本,三部教材并行。龚千炎先生在《中国语法学史稿》中评述为"各具特色",并强调指出《教材》"特别注意继承性和教学性,处处考虑教学的方便","从教学方面说,黄本教学效果最好"。孙良明先生评价说:"语法部分的发展变化,是集体讨论的成果,也凝聚着先生个人研究的结晶。"

3. 高教本

该本指的是由高等教育出版社出版,时间为1991年至2007年。为了适应教学改革的新形势,从1989年起,两位主编组织人力总结多年来的使用经验,参考新的学术成果,对原版进行大幅度的修订,润饰全书文字,调整了部分内容,并增补了词义的分解、短语、句群等节,语法术语和析句法也作了较大的变动。由此,改为增订版。1991年由高等教育出版社出版。此后又经三次修订,其增订四版已于2006年被教育部列为"普通高等教育'十一五'国家级规划教材",按统一规定改为"国际流行开本"。

(二) 经典文献与《教材》语法系统

1.《马氏文通》是我国语法学的第一部开创之作,它对汉语的语法教学与研究的贡献是不言而喻的。《马氏文通》所采用的是词类本位语法系统,这一系统虽然采用的教材不多,但在词类和句法分析诸多方面都提供了不可多得的宝贵经验。它提出的以语法意义划分词类的标准,并把词类分为实词和虚词的观点,被语法著作和教材普遍吸纳。这一观点对先生《教材》的影响也是久远的,《教材》增订四版至今仍在采用。先生常年研究《马氏文通》,从20世纪70年代末,就为研究生开设《马氏文通》课程,直至2006年离世,长达近四十年,学养深厚,见解精辟,发表了一系列经典学术论文,如《〈马氏文通〉所揭示的古汉语语法规律》《〈马氏文通〉所采用的研究方法》等,这些积淀,对《教材》选用语法系统的影响是深远的。

2.《新著国语文法》是我国一代语言学大师黎锦熙先生的代表作。先生师事黎先生,对此书十分熟悉。这本书所采用的是句本位语法系统,句本位语法是相对词类本位语法而言的。此书出版于1924年,以其内容之丰富,组织之严密,奠定了白话文法的基础。由词类本位语法到句本位语法是一种巨大的革新和进步。先生认为句本位语法思想的形成有三个原因:(1)对汉语特点的认识。汉语没有形态变化,过多地给各类词下定义、分类、讲用法,无补于语言实践。因此,以词类为中心,不如以句法为中心,着重句子结构关系分析,既富有趣味,又切于实用。(2)国外语法著作的影响。印欧语形态变化繁复,其语法自以讲词的形态变化为主,但英语这种丧失大部分形态变化的语言,其语法便逐渐重视句子结构地分析了。这样重视句法的著作,就对汉语产生了影响。(3)教学实践的体会。黎先生在《新著国语文法》出版前就写过一些语法著作,并不断在北师大、女高师、北京师范学校国语讲习所、小学教员讲习所、戏剧专校以及各地暑期学校,讲授国语文法,随时随地改进自己的教学法,因此,以汉语为母语的人学习语法,只有采用句本位语法才能有效。

(三) 黄廖本《现代汉语》教材与句本位语法系统

先生所主编的《现代汉语》教材的江苏本和兰州本,均采用句本位语法系统。因篇幅有限,仅以兰州本第4版为例,略述其语法系统基本特点:

第一,以句法为根本,关注句子结构分析。

1. 讲词的分类,注意以句法统率词法。认为"分类的目的是讲述词的用法,说明句子的结构"。"划分词类的主要依据是词的组合能力和充当句子成分的能力",依据能不能充当句子成分,把词分为实词和虚词。汉语里大部分词能充当句子成分,是实词,共有八类;有一部分词不能充当句子成分,它们主要表示一定的语法意义,这种词叫虚词,共有四类。

2. 从内容安排,体现句本位思想。兰州本语法章共有七节,其中六节是讲句法,从语法概论,到词类、到句子成分,到单句句型、句子结构常见的错误,最后到复句等,都是讲句法,确实体现了句法中心。

3. 基本上采取中心词分析法,这一方法是接近句本位语法的分析法。兰州本增订版第9页注①中说:"本教材新版采用的析句法与旧版有同有异,相同的是两者都用既讲层次又讲中心的分析法;不同的是旧版采用的基本上是中心词分析法,即结合了层次分析法因素的中心词分析法。"① 如:

---

① 黄伯荣、廖序东:《现代汉语》(下册),高等教育出版社1991年版,第8—9页。

```
全体      同学   都       做    完    语法    作业了吗?
(定语)    主语   [状语]   谓语  〈补〉 (定语)  宾语
```

第二,以练习为中心,关注句法教学实践。

先生主编的《现代汉语》教材来自实践,也用之于实践。旨在使语法教学有理论,有教材,有教法,有析句法,有思考与练习,形成了一套完整的教学体系。教材设计的作业练习,系统丰富而实用,大致有如下内容:(1)教材中课堂修改病句练习,如词类一节的实词、虚词的运用;句子成分和单句类型两节后,专设第五节句子结构常见的错误等。教材中的范例,以师生互动答问讨论为主。(2)每节后的思考和练习。有对所讲问题重点、难点的复习,有对概念运用的认识理解,有对语法事实的分析。这些问题作为学生课后复习的参考。(3)作业练习册及参考答案。这是学生的课后作业,可以在练习册上直接操作,不必另行抄写。主要是对篇章中词的分类、分析和探讨,用已学的句法结构知识进行分析和概括,对病句的修改等。这种作业要求学生上交和老师批改。上述各种练习,对培养学生分析问题解决问题的能力有很重要的实用价值。

第三,以语言事实为导向,讲求语法规律和分析方法。这一点在下文将详细论述,在此略而不论。

三、词组本位语法系统的新观念

高教本《现代汉语》采用的是词组本位的语法系统,这一系统的代表作是朱德熙先生的《语法讲义》和《语法答问》(以下简称《讲义》)。这种语法系统20世纪80年代被中学教学语法采用,称之为新教学语法系统[①]。高教本的词组本位,是一种兼容的教学语法系统,它与《讲义》那种原创性词组本位系统,既有联系,又有区别。在主要观点和语法框架上,联系大于区别;观点基本一致,框架基本相同。在使用时间和教学对象方面,区别大于联系。《讲义》是20世纪60年代,朱先生为北大中文系语言班高年级学生上课所用;高教本《现代汉语》是为新世纪扩招后

---

① 人民教育出版社中学语文编辑室:《中学教学语法系统提要》,《中学语文教学》1981年第2期,又载于《语文学习》1981年第2期。

普通高校文科新生所用。前者是为精英教育所用,带有较强的研究性;后者为大众教育所用,带有较强的教学性;前者注重探索,后者注重基础。因此,高教本《现代汉语》的词组本位,是一种兼容性的较为成熟的教学语法系统。可以从三个方面论述(以下仅以高教本2010年5月增订4版为例)。

(一) 以语法功能为主的兼容性词类观

对于划分词标准的认识有同有异:《讲义》认为"根据意义划分词类是行不通的","只能根据词的语法功能"[①]。这一观点对纯学术研究和探索,具有相当积极的意义。而高教本《现代汉语》的观点,是与普通文科高校新生的语法教学相适应的。主要有以下几点:

1. 词类划分标准的兼容性

高教本认为"划分词类的依据是词的语法功能、形态和意义,主要依据是词的语法功能,形态和意义是参考依据"。这种观点既强调了功能标准的重要性、学科研究的科学性,又兼顾了形态和意义对学生的可接受性,对教学语法的适应性。

2. 形态参考的可行性

高教本《现代汉语》对形态依据的论述是有价值的。第一,形态对词类划分有意义。如动词形容词重叠形式不同,可以依其不同重叠形式,区分可重叠的动词形容词。像"学习"和"老实"。对兼类词的区分也有帮助,如"高兴高兴"和"高高兴兴"。第二,形态分类,具有理论价值。"词的形态可分两种:其一指构形形态,例如重叠","这是不构成新词的形态变化"。"其二指构词形态,例如加词缀,'凿'这个语素可以单独成为动词",加词缀"子"就构成名词。这是构成新词的形态变化[②]。这样讲解形态参考依据,不仅对区分动词名词有意义,而且拓宽了学生的语言学知识范围,提高了他们的语言理论水平。

3. 意义标准的相关性

传统语法以意义作为划分词类的标准,这个"意义"指的是语法意

---

① 朱德熙:《语法讲义》,商务印书馆1982年版,第37页。
② 黄伯荣、廖序东:《现代汉语》(下册),高等教育出版社2007年版,第6页。

义。遵循语法形式和语法意义相结合的原则,不能忽视语法意义的相关性,概括的语法意义,如名词表示人和事物的意义标准的长期沿用,是有道理的。尤其是对各类词中的次范畴小类的划分,意义的相关性更强。在形式和意义的关系上,形式的表现更抽象、更内在,当然相应要复杂些;而意义要相对具体些、外向些,当然就浅显些。划分词类以意义作为参考,更适合教学,便于学生接受。

(二) 词组本位的句法分析观

高教本《现代汉语》采取的是词组(短语)本位的句法分析观,是符合汉语语法特点的,即词组构造原则和句子构造原则是一致的。因此,在高教本《现代汉语》所提出的四级语言单位中,短语就十分重要。因为语言单位组合到词组这一级,各种语法关系、语义关系、语用关系基本上都体现出来了,只要把短语的各种关系搞清楚了,句子中的各种关系也就清楚了。

1. 专设短语一节

语法章专设短语一节,这是兰州本所没有的。从短语的分类、结构类型、功能、多义短语四个方面详细讲解,十分必要,充分体现词组本位的思想。承认短语可以做句子成分,是对词组本位思想的强化。这一观点不仅在"句子成分"一节中随处可见,而且在"短语的功能类型"中进一步深化。如"短语有两方面的功能:一方面是作句法成分……另一方面是成句","加上句调能独立成句。"

2. 对多层状语的分析

对多层状语的分析,体现了词组本位思想,即词组可以作句法成分。如:

许多代表‖昨天在休息室里热情地同他交谈。
　　第一层|＿＿＿＿＿＿＿＿＿]＿|
　　第二层|＿＿＿＿＿＿]＿＿|
　　第三层|＿＿＿]＿＿|
　　第四层|＿]＿|

左边的状语修饰右边的中心语,即以左统右。除最后一个层次外,都是短语充当中心语。

3. 对句型的分析

高教本《现代汉语》在"单句"一节中,对"几种常用句式"的讲解,充分体现了词组本位的思想,充分强调短语充当句子成分。如"由连谓短语充当谓语或独立成句的句子叫连谓句","由兼语短语充当谓语或独立成句的句子叫兼语句","比字句"是指有'比'字短语作状语的句子。这些常用句式的分类,均由不同短语作句子成分为依据,体现了词组本位对句型分类的影响。

(三) 采用层次分析的方法

层次分析法,是以词组本位句法分析观为前提的,因此,层次分析的基本特征是以词组为基点,是简单词组的便对这个词组进行一次切分;是复杂词组的,一次切分之后,再对切分出的词组进行切分,一直切分到只有单个的词为止。层次性是语言的本质属性之一,层次分析是对语言本质属性的分析,准确地分析语言的结构层次,是掌握语言结构的必不可少的步骤。在上文论述句本位语法基本特点之三时,曾提到"以语言事实为导向",其实这一特点,在层次分析法中,也得到充分体现。

1. 用层次分析法分析多层定语

定中短语加上定语就形成多层定语。如增订四版第66页：

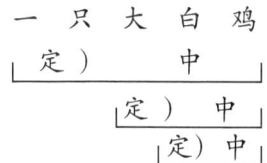

上例的层次分析是对偏正结构做中心语的分析,即除最后一个层次外,其余都是偏正结构做中心语。下面的例子与上例不同：

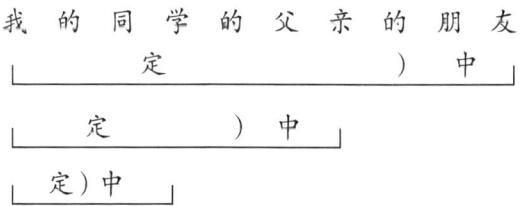

上例是多层定语,此例不是多层定语;上例是偏正短语作中心语,此例是偏正结构作修饰语。两例既体现了词组充当句法成分,又体现层次分析以词组为基点,均是词组本位系统的具体表现。

2. 用层次分析法分析多义短语

有些短语离开语言环境就会出现不同理解,造成歧义,由结构层次的变化造成的歧义也为数不少。如第52页例④:

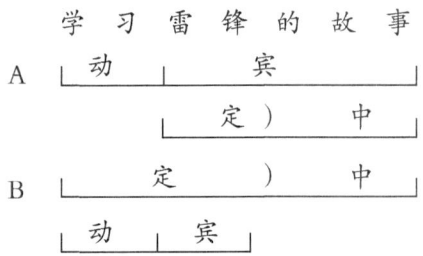

此例是由结构层次变化造成的歧义。A例第一层次在"学习"后面切分,理解为动宾短语;B例第一层次在"的"字后面切分,理解为偏正短语。

3. 汉语层次分析对语言学的贡献

(1) 层次分析最早用于汉语

根据先生《〈马氏文通〉所采用的研究方法》中对层次分析的论述,可以发现,马氏最早将层次分析用于汉语。此观点引自徐州师范大学研究生刘兆吉1989年的毕业论文中的如下论述:"马氏的层次分析观及层次分析法与索绪尔的现代语言理论及美国结构主义层次分析法无关。马建忠1876年留学巴黎,当索绪尔1881年开始在巴黎高等研究学院任教时,马建忠早已回国。1906年起,索绪尔在日内瓦大学讲授普通语言学。当1916年《普通语言学与教程》经其学生整理在洛桑出版第一版时,《马氏文通》(以下简称《文通》)已出版近20年。而20世纪三四十年代美国描写语言学兴起并在60年代传入我国,则是更久以后了。《文通》在传统语法的框架内,几乎每一部分都渗透着层次分析的因素,潜藏着一套比较完整的层次分析体系。由于《文通》分析句子不是运用明确的单一的层次分析法,所以完全理清其所运用的层次分析法存在一定的困难。但是,必须认识《文通》层次分析法的价值。"[1] 刘文虽未曾发表,但言词切切,分析中肯,有理有据。

(2) 汉语层次分析的特点

其一,层次分析的本质特点,是以词组为基点,强调词组可以做句法成分,体现词组本位语法的观念。《文通》虽然采用词类本位的语法系统,但是,在其层次分析中却充满了词组本位的因素。例如:

"三代之得天下也以仁,其失天下也不仁。"马氏云"'三代',起词,'得天下也',语词,合之为一读而为'以仁'之语词,共为一句。","'其失天下也以不仁'仿此"。请注意马氏不说"得"为语词,而说"得天下"为语词。又以"以仁"为前面一读为语词。图解如下:

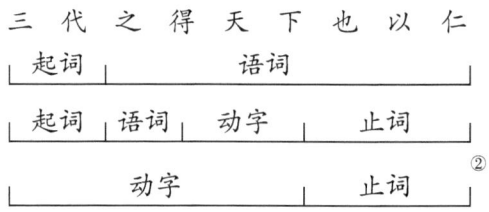

[2]

先生的引文分析和图解,清晰地反映出词组(即马氏之"读"),可作句法成分的思想,这是词组本位的具体体现。

其二,重视结构关系,切分出的直接成分一定要标出语法关系。

4. 框式图解与层次分析

先生十分重视句子结构分析结果的表示法,框式图解法是先生教学语法使用最多的方法,也是继承师传,有所发现,有所前进的创造性成果。汉语语法图解法是黎氏借鉴英语语法图解法而根据汉语语法创新的。先生经历了如下步骤:首先,综合了图解法、线条标记法、树枝图形法,框式图解法等诸多结果表示法的优点,最后采用自己创制的框式图解法。其次,是把框式图解用于层次分析,并且吸收了句子成分分析方

---

[1] 刘兆吉:《〈马氏文通〉与层次分析》,徐州师范学院1989届硕士学位论义。
[2] 廖序东:《〈马氏文通〉所采用的研究方法》,《语言研究》1999年第2期,后选入《廖序东语言学论文集》(商务印书馆2004年版)。

法的长处,通过对各成分间关系的分析,确定句子的格局即句型。第三,在用框式图解法分析结构层次后,标出各层上的句法关系。

综上所述,我们认为,先生的层次分析法受汉语传统语法学的影响(如黎氏、马氏的影响),远远超出受国外结构主义语言学的影响(如索绪尔、布龙姆菲尔德的影响)。美国结构主义语言学的层次分析,面对的研究对象是印第安人的语言。当时的研究者对这种语言是十分陌生的,因而他们只能采取切分层次的做法,很难关注结构关系等其他问题,由此导致了层次分析的简单化倾向。而先生的层次分析既植根于历史悠久的汉语本身,又长于吸收从先秦至当代的汉语语法分析的成果。先生所创新的层次分析法,特别是层次分析的框式图解法,是一种清晰、醒目、简明、好用的方法,是一种十分成熟的适合汉语语法特点的方法。

守正出新　科学实用

——编写黄廖本《现代汉语》(增订六版)精简本的几点体会

秦存钢

(泰山学院中文系,山东泰安 271021)

黄伯荣、廖序东先生主编的《现代汉语》是普通高等教育"十一五""十二五"国家级规划教材,从 1979 年问世以来一直深受广大师生的欢迎,发行量一直领先于国内同类教材,这与编者和出版者与时俱进反复修订是分不开的[①]。2017 年 6 月增订六版出版后,"为了适应当前高校'现代汉语'课时普遍压缩和社会各相关方面对教材的不同需求"[②] 而编写了增订六版的精简本,于 2018 年 12 月出版。这是全国高校现代汉语课程教学改革的必然结果,是值得庆贺的。

在增订五版出版前后,两位主编先后辞世,为了继承两位先生开创的《现代汉语》教材编写事业,老编者李行健、王勤、刘小南先生毅然挑起修订主持人的重担,带领新老编者开始了增订五版的修订和精简本的编写工作。当时,三位主持人提出的精简本的编写原则是:"守正出新,科学实用。"笔者有幸参与了现代汉语增订五版的修订和增订六版精简本的编写工作,下面谈谈在精简本的编写过程中对这个编写原则的理解、贯彻和落实情况。

---

① 秦存钢:《黄廖本〈现代汉语〉(增订五版)语法部分指瑕》,《泰山学院学报》2012 年第 9 期。
② 黄伯荣、廖序东:《〈现代汉语〉(增订六版)精简本·内容提要》,高等教育出版社 2018 年版。

一、守正是精简本编写的前提和基础

黄廖本历经四十年而不衰,这要归功于黄廖两位主编和四十多位编者优秀的学养和多年奋战在课堂一线所取得的丰富教学经验。不断吸收最新成果,虚心听取广大师生的意见,每隔五年左右就要修订一次,四十年的 10 个版本就是最好的证明。熟悉黄廖本的同仁都清楚,黄廖本每一章都以"××概说"开始,介绍本章最基本的概念和内容,为本章的学习打下基础。语义场理论深入浅出,语法体系简明扼要,复句的意义类型简单易学。重视练习的设计,语音一章每一节都有"语音操练"的内容,语法部分安排了大量的病句评改内容。理论与实践相结合,这不仅巩固了课本知识,也提高了学生的语言应用能力。黄廖本的这些优点,在精简本中得到了全面继承。

精简本的章节安排,除了删除的内容,与增订六版全本完全一致,练习设计也大部分沿用了原来的内容。熟悉黄廖本的老师拿到精简本并没有生疏的感觉,甚至原来的讲稿和课件也不需要作大的修改就可以继续使用。既减轻了教师的备课负担,也降低了学习难度。

二、出新是精简本的重要特色

编写精简本要不要出新,这是编者们讨论最热烈的问题。经过反复研讨,大家一致认为,既要守成,又要出新。阅读精简本你会发现,精简本与全本在不少地方存在差别,甚至有些内容是全本没有的。

比如"文字"一章的"造字法","古文字的四种构造方式——象形、指事、会意、形声"是原教材的内容,精简本又增加了"现行汉字的六种构造方式",字数不仅没减少,反而增加了 1 000 多字,并且在"思考和练习"里也增加了"举例说明现行汉字的构造方式"的内容。现代汉语讲的是现代汉字,介绍现代汉字的造字方法很有必要。讲新旧字形的区别时,虽然还是列了 5 条,但内容也有增减。增加了"规范字形用侧点,旧字形用横点、竖点、撇点"内容,所举例子是:"言(言)、勻(勻)、冬(冬)、安(安)、户(戶)"等,而删除了"调整部位"的"默(黙)、鮋(鮋)、感(感)、惑(惑)"等一组。"默、鮋"在《康熙字典》中就是左右结构,"感、惑"的区分十分微小,删除这一组也是可以的。

再比如,"常式句和变式句"的内容从"语法"的"单句"一节移到"修辞"的"句式的选择"一节。省略句、倒装句,与语境关系密切,本来就属于语用问题。放在"修辞"讲,比放在"语法"讲,更能使学生体会到省略句和倒装句的作用。"修辞"一章很多处以鲜活、精练的例句代替原来的陈旧、冗长的例句,显得活泼、清新,富有时代气息。

三、科学是精简本的不懈的追求

黄廖本每次修订,都特别注意概念解释的准确。有的概念要反复推敲。比如"儿化"的定义,增订五版是:"'儿化'指的是一个音节中,韵母带上卷舌色彩的一种特殊音变现象,这种卷舌的韵母就叫作'儿化韵'。"钱曾怡先生在对增订五版修订稿进行审阅时指出,汉语方言中不仅存在以[1][l]为韵尾的儿化韵,也有"儿"跟声母结合的例子。儿化音的构成主要是"儿"音与前一音节的融合。儿化与儿尾不同:"儿"跟前一音节融为单音节的是儿化;"儿"音自成音节的为儿尾[1]。很显然,原定义不够准确,存在以偏概全的毛病。增订六版和精简本在定稿时采纳了钱先生的意见,将定义修改为:"'儿化'是'儿'音跟前面的音节融为一体、双音节变为单音节的音变现象"。但考虑到新旧教材的衔接和广大教师的习惯,最终定稿时又修改为:"普通话的'儿化'指的是一个音节中,韵母带上卷舌色彩的一种特殊音变现象。这种卷舌的韵母就叫作'儿化韵'。"为"儿化"加上"普通话的"四字的限定语,是明确该定义仅适用于普通话,不包括方言的儿化现象。既照顾传统,又尊重现实。两位主编逝世后,如果说我们的修订工作和精简本的编写工作还差强人意的话,老编者的严格把关是教材质量的重要保证。其他像叙述文字的改写、内容顺序的调整、例子的更换等,无不反复讨论,目的都是增强教材的科学性。

一部教材的科学性,不仅体现在知识的准确上,而且也体现在内容的取舍上。精简本适合30~60学时,在这些学时内,究竟讲什么,哪些内

---

[1] 钱曾怡:《论儿化》,《汉语方言研究的方法与实践》,商务印书馆2002年版。

容需要精简、哪些内容需要压缩,必须进行科学合理的认证,才能付诸行动。编写大纲反复斟酌,几次讨论大家都争论得面红耳赤。精简本整节精简的内容有语音章的"音位"、语法章的"句群"和"标点符号"等。文字部分"汉字的整理和标准化"一节,过去以介绍《简化字总表》和《现代汉语常用字表》《现代汉语通用字表》为主,增订六版和精简本则以宣传、贯彻《通用规范汉字表》为主,很多内容都进行了改写。

增订六版的"句法分析例解",从历史的角度介绍中期、后期的成分分析法,艰涩难懂,许多年轻教师反映教不了。这本应是语法选修课所讲的内容,放在基础课里显然不合适,精简本便删除了这部分内容。

四、实用是精简本的编写目的

教材不同于学术著作,在坚持科学性的前提下,还必须注重实用性。大家喜欢黄廖本,就因为它比其他同类教材更加实用。

黄廖本原来有一套层次分析的符号,比如主谓下面用"⌊‖⌋",中补下面用"⌊＜⌋"等,但这套符号并不完备,比况短语、"的"字短语等就没有规定相应的符号,单独记这些符号也会增加学生的记忆负担。修订增订四版时我向黄伯荣先生提出废除这套符号,而改用多数人习惯的框内加汉字说明的方法,比如主谓下面用"⌊主⌋⌊谓⌋",中补下面用"⌊中⌋⌊补⌋",黄伯荣先生采纳了我的建议,从增订五版开始改用了通行的符号。增订六版及精简本也采用了更加实用的新符号。

计算机和网络技术的发展,给多媒体教学带来了广阔的空间。黄廖本与时俱进,增订三版前录制了《普通话和国际音标》磁带,增订四版制作了配套的《普通话和国际音标》CD 光盘,增订五版又随教材发行了《现代汉语多媒体教程》,增订六版取消了光盘,而改用二维码形式与数字化教学资源相链接。学生用手机扫码就可以方便快捷地获取教材的补充信息,满足了学习多样化的需求。增订六版的数字化资源是加密的,精简本的数字化资源是开放的,读者不需要任何验证就可以访问,增强了用户的体验。

出版社也为教材的实用性做出了努力。教材的开本从增订四版前的大 32 开本,改为现在的 16 开本。不少师生反映,A4 开本太大,不便于携带；32开本太小，翻开后自动合页，不便于阅读。16开本克服了以上缺点，既便于携带，也便于阅读，尤其是适合教师把课本打开放到讲台上。开本的变化，着实是为师生考虑。

作为编者，我们的愿望是美好的，但结果未必和愿望完全一致。通读精简本我们也发现一些问题，比如全本与精简本的分工还不是十分明确，精简本的有些内容还要继续精简，国际音标的内容偏多，有的习题偏难等。有些内容可以合并，比如词汇一章分为九节，分节太细，如果能把第三节"词的意义"和第四节"词义的分解"压缩合并成一节更好。精简本《后记》中说"每个章节的'附录'大部分放入数字化资源库中"，但现有的教学资源库中还找不到这些内容。

《增订六版·前言》中说："我们怀着敬畏的心情，从事本次修订工作"[1]。的确，两位主编学识渊博、教学经验丰富，是我们过去历次修订工作的主心骨；他们的辞世，使我们这次参加修订工作的人如履薄冰，战战兢兢，生怕辜负了广大师生对黄廖本的期望[2]，好在一些老编者还健在，为我们护航把关。编写"精简本"是黄廖二位先生生前的愿望，在新老编者的共同努力下，把它完成了。至于能否达到"守正出新、科学实用"的目的，就要靠教学实践的检验了。

(本文作者系黄廖本《现代汉语》教材领导小组成员)

---

[1] 黄伯荣、廖序东:《现代汉语》(增订六版),高等教育出版社2017年版。
[2] 黄伯荣、廖序东:《〈现代汉语〉(增订六版)精简本·后记》,高等教育出版社2018年版。

一部长盛不衰的《现代汉语》教材

——读黄廖本《现代汉语》(增订六版)

张怡春

(盐城师范学院文学院,江苏盐城 224002)

黄廖本《现代汉语》是"一部受欢迎的现代汉语教材"[1],是"一部常出常新的《现代汉语》教材"[2]。从 1979 年初版至今 40 年,发行总量千万册,长盛不衰。它曾被教育部评为"普通教育'十一五'国家级规划教材""'十二五'普通高等教育本科国家级规划教材"。2017 年出版了最新版本"增订六版"[3],拜读之后,觉得它越来越好,更上层楼。现在以该教材"增订六版"的"文字"章为例,探讨黄廖本《现代汉语》的特点,探求它长盛不衰的原因。

一、保持主体框架不变,利于教师教学

一部教材,如果没有一个好的、大家认同度高的主体框架,或者主体框架变来变去,教师便不好教。黄廖本《现代汉语》教材既注意吸取同类教材的成功做法,又注意跟中学语文教材保持一定程度的"衔

---

[1] 竟成:《一部受欢迎的现代汉语教材——黄伯荣、廖序东主编的〈现代汉语〉评介》,《高教战线》1986 年第 6 期。
[2] 邵霭吉:《一本常出常新的《现代汉语》教材——读黄廖本〈现代汉语〉"增订四版"》,《盐城师范学院学报(人文社会科学版)》2008 年第 3 期。
[3] 黄伯荣、廖序东:《现代汉语》(增订六版),高等教育出版社 2017 年版。

接"[1],其主体框架既继承有自,又创新有度。黄廖本出版后虽有多次修订,但"每次修订都是小改,力求稳定"(增订五版"前言"),保持"主体框架不变"(增订五版"内容提要")[2],这是黄廖本《现代汉语》教材深受广大教师的欢迎、长盛不衰的原因之一。

以增订六版"文字"章为例,其"文字"章的第一级标题、第二级标题跟"增订五版"一模一样,一字未变,第三级标题只改动了一个词,即把第一节的第二个小标题"汉字的产生",改成了"汉字的起源",这只是换了一个更通行的说法而已,并没有根本性质的改变。因而从教材目录页上基本上看不出"增订六版"与"增订五版"有什么不同。

当然,小的改变还是有的。"增订六版"的"文字"章的第四级标题有两处小的改变。一处是"现行汉字的形体"段,"增订五版"的小标题是:"(一)楷书和行书""(二)印刷体和手写体","增订六版"把它调整为"(一)手写体""(二)印刷体"。看上去变化不小,其实不然。"增订五版"的"楷书和行书"标题下讲的内容都是关于"手写体"的,"印刷体和手写体"标题下讲的内容80%是关于"印刷体"的。因此标题虽变而基本内容并没有多少改变,教过这本教材的教师一点儿也不会感到陌生。

还有一处修改,是汉字"结构单位"段,"增订五版"设两个小标题,即"(一)笔画""(二)部件"。"增订六版"改设三个小标题:"(一)笔画""(二)部件""(三)整字",看上去好像需要增加50%的内容,其实也不是。因为"增订五版"教材"部件"部分的后半部分内容本来就是对"独体字"和"合体字"的论说,正好就是"整字"要讲的内容,增加一个小标题,并没有增加新的内容,这不但体现出吸收现代汉字学把汉字结构单位定为"笔画、部件、整字"三级的成果,也没有改变原来教材的基本框架与内容。

"增订五版"第四节中"汉字的整理",原来的第四级、第五级标题是:

---

[1] 黄伯荣:《我们是怎样编写〈现代汉语〉教材的》,《东方论坛》2009年第3期。
[2] 黄伯荣、廖序东:《现代汉语》(增订五版),高等教育出版社2011年版。

(一) 简化笔画
(二) 精简字数
1. 整理异体字
2. 规范印刷体字形
3. 更改生僻地名用字
4. 统一计量单位名称
(三) 其他整理
1. 整理异读词
2. 整理异形词

我们一直对这样的处理表示不解。在历次汉字整理中,往往都是既简化笔画,也精简字数的,并没有严格的"简化笔画"和"精简字数"区分。比如"简化汉字",既简化了两千多字的笔画,也精简掉100多字。傅永和(1984)《被精简的汉字字数到底有多少》指出:"《简化字总表》中采用同音代替的方法被精简的字102个。"[1] 而"整理异体字""规范印刷体字形""更改生僻地名用字",并不都是精简字数,多数还是在减少笔画。"整理异体字"的成果《第一批异体字整理表》中有39组被收入《简化字总表》作为附录,并指出:"一般人习惯把这些笔画少的正体字看作简化字"[2]。"规范印刷体字形"的成果《印刷通用汉字字形表》中,很多字比原来减少了笔画,在《新旧字形对照表》[3] 中列出的48组新旧字形对比中,29组(占60%)新字形比旧字形减少了笔画。"更改生僻地名用字"的35个地名,个个地名都减少了笔画,却几乎没有"精简字数",那些生僻字,除了其中3个外,其余的字如"骊、瑷、珲、亶、圎、媂、霻、庚、虞、淦、喻、鄗、邙、硔、酆、寯、呷、婺、鱊、雒、鄘、醴、邰、鄂、邠、廓、葭、沔、枸、洵、汧"等都活在当下,并收在《通用规范汉字表》中。所以,把"更改生僻地名用字"归入"精简字数",实在说不过去。

可喜的是,"增订六版"对此作了修订,取消标题"简化笔画"和标

---

[1] 傅永和:《被精简的汉字字数到底有多少》,《文字改革》1984年第3期。
[2] 《简化字总表》,语文出版社1986年版。
[3] 中国社会科学院语言研究所词典编辑室:《现代汉语词典·卷首》(第6版),商务印书馆2012年版。

题"精简字数"的区分,改为7项并列:
（一）简化汉字
（二）整理异体字
（三）规范印刷体字形
（四）更改生僻地名用字
（五）统一计量单位名称用字
（六）整理异读词
（七）研制《通用规范汉字表》

我们对于这样的修订十分赞同。我们觉得这样安排合情合理。而且修改后,除了第七项"研制《通用规范汉字表》"为新增内容外,其余内容全都是沿用"增订五版"的论说,因而只是结构框架的微小改变而已。

二、贯彻国家语言文字规范,与时代同步

全面贯彻国家语言文字规范,与时代同步,也是黄廖本《现代汉语》长盛不衰的原因之一。一本教材,理所当然应该全面贯彻国家语言文字规范,培养学生的语言文字规范意识,否则就不是一本好教材,就会被时代淘汰。黄廖本在这方面历来是做得相当好的,每当有新的语言文字规范出来,它就及时跟进,把新的语言文字规范写进教材。

例如,黄廖本《现代汉语》"增订五版"是2011年出版的。它出版之后,国务院于2013年6月公布了《通用规范汉字表》,这是一个最新的十分重要的语言文字规范文件。这自然也成了修订出版"增订六版"教材的重中之重。

"增订六版"对《通用规范汉字表》的理解是深刻透彻的,在贯彻《通用规范汉字表》方面的努力是令人瞩目的,以下略举数例加以说明。

关于汉字"笔画数目",由于《通用规范汉字表》各表是用笔画序排列的,笔画数是笔画序的第一规则,所以"增订六版"在讲"正确计算笔画数目"时,先讲了《印刷通用汉字字形表》《现代汉语通用字表》之后指出:"规范汉字笔画数目的最新文件是2013年6月国务院公布的《通用规范汉字表》"(第148页)。

关于"笔顺",《通用规范汉字表》所用笔画序的第二条规则是"笔

顺规则"。"增订六版"在讲汉字笔顺时,在讲了《印刷通用汉字字形表》《现代汉语通用字表》《现代汉语通用字笔顺规范》《GB13000.1字符集汉字笔顺规范》后指出:"2013年6月国务院公布的《通用规范汉字表》是体现上述笔顺规范的最新文件。"(第153页)

关于"汉字的整理","增订六版"专门增写了"研制《通用规范汉字表》"一大段,约700字,介绍《通用规范汉字表》的研制过程、基本内容、重要功用等,指出它"具有替代《现代汉语通用字表》的功能","是通用规范汉字范围内的简化字的规范","有替代《第一批异体字整理表》的功能"(第162—163页)。

关于"简化字","增订六版"指出:"2013年《通用规范汉字表》又收录了《简化字总表》和《现代汉语通用字表》之外的220多个类推简化字,在这个表中,简化字总数为2 546个。"(第160页)之后又指出:"《通用规范汉字表》2 546个简化字平均每字10.5画,被简化的2 576个繁体字平均每字16.1画,平均每字减少5.6画。"(第161页)在讲"掌握简化字"时,指出:"掌握标准简化字,必须认真学习《简化字总表》和《通用规范汉字表》的附件1《规范字与繁体字、异体字对照表》"(第171页)。

关于"异体字","增订六版"在讲"不用已淘汰的异体字"时指出:"2013年公布的《通用规范汉字表》对《第一批异体字整理表》进行了调整,其附件1《规范字与繁体字、异体字对照表》成为最新的认定异体字的字表。"(第174页)

关于"新旧字形","增订六版"在讲"区别新旧字形"时指出:"2013年公布了《通用规范汉字表》,表中规定的印刷体字形,就是现在书报上通用的规范的印刷体字形,同它不一致的旧印刷体字形已经废除不用了。"(第174页)

关于"汉字的标准化","增订六版"先概括指出"《通用规范汉字表》是最新的现代汉语通用字字量、字形和字序规范。"(第163页)然后又有具体论述,比如:"《通用规范汉字表》收字8 105个,是最新的'现代汉语通用字表'"(第163页)。《通用规范汉字表》的一级字表,是最新的'现代汉语常用字表'"(第164页)。

据我们统计,《通用规范汉字表》一语在"增订六版"中至少出现了

20次,这充分说明了黄廖本《现代汉语》(增订六版)对它的重视。

"增订六版"在执行其他几个语言文字规范文件方面也有新的作为。比如关于"部件"的分类名称,"增订五版"说:"按照能否再切分成小的部件划分,可以分成单一部件和复合部件两类。单一部件又称单纯部件、基础部件、末级部件……复合部件又称合成部件"。这不符合《信息处理用 GB13000.1 字符集汉字部件规范》和《现代常用字部件及部件名称规范》两个规范。"增订六版"依据国家语言文字规范,把这一段改为:"按照能否再切分成小的部件划分,可以分成基础部件和合成部件两类。基础部件又称单纯部件、单一部件、末级部件……合成部件又称复合部件"(第149页)。

黄廖本《现代汉语》从1979年初版时就有了"合体字"术语,但长期没有"独体字"术语。直到2007年的"增订四版"才把"合体字"跟"独体字"相对,指出:"根据汉字部件的多少,汉字可分独体字和合体字两类。"但对"独体字"的论述仅仅十几个字,而且例字也只有一个。其实"独体字"也是有国家语言文字规范的,应予重视。"增订六版"在这方面有了加强。"增订六版"指出:"根据汉字部件的多少,汉字可分独体字和合体字。由一个基础部件构成的字是独体字,如'人、也、巾、弓、专、农、韦、日、秉、禹、事、女'等。"明确了独体字的定义,又增加了例字,有利于学生的理解和掌握。文中还增加了一个注释,指出:"教育部、国家语委2009年3月24日发布,2009年7月1日试行的《GF0013—2009 现代常用独体字规范》,给出了256个常用独体字。"(第150页)

汉字的"部首"也是有国家语言文字规范的。可是"增订五版"第153页讲"部首"时却只讲到《说文解字》《字汇》《康熙字典》《辞源》《辞海》以及《现代汉语词典》《现代汉语规范词典》《新华字典》的部首,没有提及国家语言文字规范《汉字部首表》,不怎么妥当。"增订六版"在这里增加了一句:"教育部、国家语委2009年1月12日发表、2009年5月1日试行的《汉字部首表》规定了201个主部首,100个附形部首。"(第151页)此举突出了国家语言文字规范,是十分确当的。尽管"增订五版"后来在第167页讲"部首法"讲到了《汉字部首表》,并在这一章之后附录中附上了《汉字部首表》,但前面第153页讲部首知识时不讲《汉字部首表》,是没有理由的。

"增订六版"的种种修改,体现了黄廖本《现代汉语》教材在贯彻国家语言文字规范上的不懈努力。

三、文字表达精准,力求规范完美

精雕细琢、追求完美也是黄廖本《现代汉语》长盛不衰的原因之一。这次读"增订六版",也使我们在这方面有很深刻的印象。

比如,"增订五版"第142页说:"从形成的手段来看,现行汉字有手写体和印刷体的区别。""增订六版"改为:"从成字的手段来看,现行汉字有手写体和印刷体的区别。"(第141页)把"形成"改为"成字",虽然只改了一个词,但表达的准确性大大胜过了原文。

"增订五版"第142页说:"随着计算机的普遍使用,还可以选用楷书的许多变体,如彩云体、琥珀体、综艺体等。"这一段本来是对印刷体字体的论说,突然说"选用……",不妥。"增订六版"改为:"随着计算机的普遍使用,印刷体品种越来越多,如彩云体、琥珀体、综艺体等。"(第141页)这就顺畅多了。

黄廖本《现代汉语》"增订五版"在讲汉字简化方法时,在"保留特征或轮廓"方法下,列举了"亏(虧)"一对例字,我们认为是对的,黄廖本以前也是这么讲的。可是"增订五版"除了在"保留特征或轮廓"下列举"亏(虧)"例字外,同时又在"同音或异音代替"下增列了"亏(虧)"例字(第161页),叫人匪夷所思。现在"增订六版"将"同音或异音代替"下的"亏(虧)"例字删除,只保留在"保留特征或轮廓"方法下的"亏(虧)"例字,原来的疑问就没有了。

黄廖本《现代汉语》"增订五版"的"思考和练习五"第十题,要求学生指出17个词语中的错别字,其中包含"泡制"(第204页)。但我们觉得,"泡制"一词中并没有错别字。经查与教材配套的《现代汉语教学与自学参考》才得知,原来《现代汉语教学与自学参考》一书的编者认为这里"泡制"的正确写法是"炮制"。这是不对的。"泡制"和"炮制"同为现代汉语规范词语,两者读音不同,意义有别。查李行健《现代汉语规范词典》(第3版),"泡制"读"pàozhì",意义是"用浸泡的方式来制作"[1]。"炮制"读"páozhì",意义有中药"制药方法"和"编造;制作(含贬义)"两个。可见"增订五版"把"泡制"视为含错别字的词语是不妥的。现在,"增订六版"把"泡制"从习题中删去,消除了一个小失误。

黄廖本《现代汉语》讲"汉字的标准化",是分"定量""定形""定音""定序"4大段讲的。每一大段先给出一个解释性定义再讲,可是到了"增订四版"和"增订五版",却只有"定量""定形""定序"3大段开头有定义,而把"定音"段开头的定义弄丢了。现在,"增订六版"终于把"定音"的定义给补上了,这样就不显得别扭了。

黄廖本《现代汉语》"增订六版"还在讲"定序"时,把"增订五版"的"音序法"改为"拼音·笔画序",把"部首法"改为"部首·笔画序",这也是我们十分赞赏的。因为单凭"读音"只能把汉字分为1 300堆左右,单凭"部首"只能把所有汉字分为300堆左右,要给所有汉字定序,最后还得用"笔画序"。"增订六版"的修改,反映了这两种字序的操作程序和本质,也纠正了以往提法的不准确。

"增订六版"还在讲"定序"时,把"增订五版"的"号码法"改为"字角号码序",因为该段所讲的"号码法"仅指"四角号码序""三角号码序",而不是别处的什么号码,更不是电报簿上的号码,改称"字角号码序"顺理成章。

当然,"增订六版"文字章也还有一些需要进一步提高的地方。例如,它明明知道汉字有"具备象形特点的古文字"和"不象形的今文字"("增订五版"第145页,"增订六版"第144页)之别,但讲"造字法"时,还是只讲适用于"具备象形特点的古文字"的"象形、指事、会意、形声"四法,而不讲适用于"不象形的今文字"的构造方法,这是欠考虑的。现行汉字属于"今文字","不象形"是它的重要特征。今文字没有"象形"构造法,也没有在"象形字上加提示符号"的"指事"构造法。古文字"会意"和"形声"的意符、声符,到现代汉字中也有了很多变化,有相当一部分不表意、不表声了。因此,只讲古老的"象形、指事、会意、形声"四法,

---

[1] 李行健:《现代汉语规范词典》(第3版),外语教学与研究出版社、语文出版社2014年版,第988页。

是不利于学生懂得现代汉字的构造的。现在邵敬敏《现代汉语通论》、北大中文系《现代汉语》,邵霭吉、冯寿忠《现代汉语概论》等几十种教材都讲到现代汉字的构造了,我们希望黄廖本《现代汉语》能够顺应潮流,在将来再次修订时,吸收现代汉字学研究新成果,讲讲现代汉字的构造方法,让学生更明白现代汉字的构造原理。

知常守正 明变创新

——谈黄廖本《现代汉语》的传承和修订

方 寅

(常州大学 周有光语言文化学院,江苏常州 213164)

语言是人类重要的交际工具、思维载体、信息媒介和精神家园,是文化的基础要素和鲜明标志,是促进历史发展和社会进步的重要力量,是族群(共同体)形成、互动与存续的核心要素之一。在现代社会中,语言资源、语言能力是综合国力的组成部分与重要支撑,是国家建设发展不可或缺的战略资源,是国际交往中"通心"与"通事"的凭依,关乎一个国家内外的安全与发展。也正因如此,早有学者提出强国离不开强语。由此不言自明的是,强语需要强语言教育,需要强语言教材,尤其是母语教育和母语教材。作为一本风行四十年,发行量超千万册的母语教材,黄廖本《现代汉语》(以下简称为黄廖本)的历史功绩与现实价值也就无须赘言,如何传承好它也因此值得谋划和讨论。

"知常明变者赢,守正创新者进"。这条普适性规律或表明,传承好黄廖本既需要"知常守正",也需要"明变创新"。故此,传承好黄廖本至少需要回答清楚四个问题:何为常?何为正?何为变?何为新?对这些问题的回答都要放置到一定的时空背景下进行历时与共时兼顾的考察。

一、知常守正,传承好黄廖本

作为教学的重要依据与内容,母语教材至少事关两大方面:一是事关国民和国家的语言能力,二是事关母语自信、文化传承和民族复兴。因此,"培养什么人""怎样培养人""为谁培养人"这个教育的根本问题对母语教材的具体要求可以理解为——培养具备什么样母语知识能力的人,怎样培养具备这样母语知识能力的人,为谁培养具备这样母语知识能力的人。我们认为这是母语教材需要考虑的"正",或者说最为首要的目标定位问题。具体从中华民族和汉语的历史、现状与未来来看,包括黄廖本在内的现代汉语母语教材也要回答好这个问题,做到"知常守正"。

回望历史,百年前的中国社会风云变幻。当时"五四"思潮席卷华夏,1915年白话文运动的主帅胡适率先提出"文言文是死文字,白话文是活文字"。1918年他又提出"国语的文学、文学的国语",就在这一年《新青年》全部改为白话文。与此同时,中国出现了四百多种白话报刊,借着这种白话文的新媒介,新思想、新知识、新文化猛烈地爆发,形成了强大的历史洪流。正如鲁迅先生所说,它使"无声的中国"变成了"有声的中国"。身处那个特定的历史年代,当时知识分子大多秉持"教育民众"的深厚爱国情怀,这些为国家、民族"呐喊""奔走"的仁人志士当中也有现代汉语语法学奠基人黎锦熙先生。卞觉非先生(2004)曾在《理论性和应用性:理论语法与教学语法的分野》一文中强调指出:"在中国真正执着地推行教学语法的是黎锦熙先生。"

黎先生是现代汉语语法学的奠基人、国语运动和文字改革运动的倡导者和五四新文化运动中语文战线冲锋陷阵的闯将,有"学术之宗师,教育之楷模,爱国之志士"之美誉[1]。黎先生的弟子,黄廖本主编廖序东先生的同乡、同门、同事张拱贵先生这样评价老师:"(他)是中国语言文字学者,搞文字改革运动的,他的事业是要利用注音字母来帮助识字,普及教育"。张先生还曾这样写道:"大学四年,专攻语言文字学,受黎锦熙老师的影响最大。黎先生常教诲我们,要为最大多数的人谋最大的幸福。他一生提倡国语教育,推行注音识字,主张改良汉字,创立拼音文字,

---

[1] 许嘉璐:《学术之宗师,教育之楷模,爱国之志士——在纪念黎锦熙先生诞生一百周年大会上的讲话》,《北京师范学院学报(社会科学版)》1990年第5期。

都是为的普及教育,扫除文盲,我跟他十多年,完全走他的道路。"

  黎先生一生勤于治学,笔耕不辍,成果丰硕,撰写发表各类学术专著和论文多达七百余种,涉及语音学、文字学、词汇学、语法学、修辞学、音韵学、训诂学、教育学、辞书学及少数民族语文等广阔领域。他的学术思想几乎包罗万象。尤为可贵的是,这些研究和实践都围绕和贯彻着中国语言文字的现代化这一非常明显的主线,而这条主线的背后则体现着反帝反封建、争取民族独立、国家强盛、社会进步、人民幸福的伟大情怀。黎先生撰写了中国第一部系统性的现代汉语语法专著《新著国语文法》。该书第一次科学地、系统地揭示了近现代汉语的语言规律,是我国第一部完整的、具有自己独特体系的、将传统语法体系应用于现代汉语的专著,在现代汉语语法学、现代汉语语法教学和现代汉语教学语法等诸多领域都有奠基之功。它"既有普及语法知识的特殊贡献,又有重要的学术价值"(张拱贵、廖序东《重印新著国语文法序》1985);既讲求"普及"(偏"学科"的教学语法研究),也讲求"提高"(偏"学科"的理论语法研究);给中国文化发展史上意义深远的白话活动及国语普及和汉语教学以最及时有力的支持,同时开辟了白话文法研究的科学之路。为了还文化于民众,黎先生一生都致力于汉语文字改革运动,以求民众能够更好地接受教育。

  作为黎先生的正宗传人,廖序东先生在传播继承和发展老师的语法体系方面竭尽全力。他和张拱贵先生1985年曾在《重印新著国语文法序》指出,"我们曾受业于黎先生门下,引导我们跨进语法学之门的第一本书就是先生的《新著国语文法》"。孙良明在《谈廖序东先生的语法研究》一文中对此也做过很好的总结。

  正本清源,黄廖本某种意义上来说该视作现代汉语语法学"正统""道统"的延续和发展,传承好它也是传承好现代汉语语法学的"正统""道统"。在这种传承中,"家国情怀""教育民众"、提升国民汉语知识能力,应该视为"守正"的重要内容。

  再观当下,随着我国国际地位的不断提升和国家对外开放战略的实施,汉语资源、汉语能力、汉语安全、汉语规划、汉语发展战略成为越来越重要的议题,如何提升国家和国民的汉语知识能力依然是重大问题。

如果说五四运动和建立中华人民共和国时,知识分子、爱国人士都会有这样的反思:"如果有那么多文盲,这个国家怎么行?"历史前进一百年(以五四运动计)、七十年(以 1949 年计)或说四十年(以改革开放计)后,现在进入了一个全球化、媒介化、智能化的新时代,我们是不是同样需要反思:如果基础性、全局性的母语能力跟不上去,这个人、这个国家、这个世界怎么样? 事实上,我们不得不承认,对一个人来说,母语知识能力很大程度上决定着一个人的发展潜力;对一个国家来说,通用语言(或官方语言)能力既是一国的软实力,又是一国的硬实力,关系着国家的安全与统一、情感与认同、协作与发展等诸多方面;对人类来说,语言互通是基础,人类命运共同体构建离不开话语共同体构建。

上述对黄廖本知常守正的了解也能很好对接中小学的语文课程教学。依据教育部颁布的《语文课程标准》中提出的语文学科核心素养描述,它涵盖语言能力、思维能力、审美能力、文化传承能力等方面。王宁教授是该标准制定专家之一,她认为四大核心素养中"语言"是一个抓手,只有依靠语言,才可以审美,才可以理解文化,才可以提高学生思维水平。一直注重"衔接中学,不即不离"的黄廖本在这一方面无疑能体现其巨大价值。

二、明变创新,修订好黄廖本

"明者因时而变,知者随事而制"。修订好黄廖本要与时俱进,适应新变化,解决新问题。

静观当下,"全球化""社会转型""媒介化"等进程日趋加速,对包括语言生活在内的各领域的影响也日益加深。由于语言本身也是媒介的一种,而媒介又处于不断的嬗变之中,发展到当下已经是"无时不现、无处不在、无人不用、无所不及"的"全程媒体、全息媒体、全员媒体、全效媒体"的全媒体。这种发展格局与趋势日益影响人类的各种领域。这种媒体的融合发展不是前后更迭、非此即彼,而是优势更迭;不是物理变化式的简单叠加,而是化学反应式的深度相融。这就既会改变着我们感知世界、表述世界、记录知识、传播知识的方式,也会对语言生态、语言生活、语言技术、语言知识、语言教材等方面产生巨大影响。

当下对这种巨大时代影响的论述很多。譬如,近期《光明日报》曾有文章指出,听说读写是我们认知交流、表达思想的重要能力,从听说读写的状况,可以窥见一个人、一个民族的文化素养与精神世界。随着信息化、新技术等因素对社会生产、生活方式的深刻影响,人们听说读写依托的载体和工具也在发生巨大而深刻的变化,这在一定程度上也带来了语言贫乏、提笔忘字、浅阅读盛行等一系列问题。这些问题,轻说是个人小事,重说则是文化大事,关系国人富足精神生活的构建,关系中华文化的传承发展,需要我们重视和反思。又如,郑晓芒曾指出,20世纪互联网的兴起,更是把纯正完美的现代汉语冲击得千疮百孔、七零八落。网络拆除了进入发表的门槛,也就取消了语言表达的级次差别,所有的人,从语言大师到那些句子都写不通、错别字连篇的愤青们,都在同一个语言平台上鱼龙混杂,互相瞧不起。

面对现状,面向未来。中共中央、国务院印发的《中国教育现代化2035》要求,各地区各部门结合实际认真贯彻落实,以期加快推进教育现代化、建设教育强国、办好人民满意的教育,进而为决胜全面建成小康社会、实现新时代中国特色社会主义发展的奋斗目标提供有力支撑。由于语言文字事业的基础性、全局性等特征,实现语文现代化显然有利于教育现代化这一伟大进程的实现。因为语文生活与语文教育分别是生活与教育的重要组成部分,语文现代化也是教育现代化和全面现代化的重要组成部分。它不单单表现为语言文字和语文生活的现代化,还与教育等其他领域的现代化密切联系。 实现语文现代化有助于实现教育现代化2035主要发展目标。

作为一本经典教材,依存于这样的时空背景,黄廖本的修订和使用方式也难免受到上述因素的影响。如何传承好黄廖本,需要当下的编写团队及早深思应对之计。实际上,黄廖本也一直在"明变创新""与时俱进",走过了一个由油印讲义到教材,再到配套光盘、音频视频、网络资源及"二维码"的"与时俱进"的"创新"发展历程。黄廖本的主编之一黄伯荣先生(2012)曾对该教材的编写进行过如下几点总结:

1. 好教、好学、效果好。
2. 衔接中学,不即不离。

3. 重视句法,符号齐备。
4. 由易到难,循序渐进。
5. 正反配合,相得益彰。
6. 恪守基础,无奇制胜。
7. 雅俗共赏,适用面广。
8. 海纳百川,汲取精华。
9. 反复修订,与时俱进。

从黄先生的总结中不难窥知"与时俱进"的"明变创新"是它强大生命力的源泉。譬如,拿"海纳百川,汲取精华"来说,黄廖本教材参编者之多,提意见者之众,请提意见的渠道之广,也为国内同类教材所少见。从各版的前言里可以看出,国内本专业的大师和专家几乎一个不漏,至于未列名其中的人士更是不在少数。又如,拿"反复修订,与时俱进"来说,黄廖本遵循传统、恪守基础,但并不墨守成规。为了与时俱进,这本教材出版以来先后经历了十次修订,每次都在吸收学科新成果和接受广大师生的新见解基础之上更新内容。

黄先生的上述总结会令人叫好称赞,也会让人再思考。譬如,20世纪末的语文教材里面有语法分析内容,当时语文老师教学中也重视句子、单复句等的分析教学。然而,随着语文教材不断改革,语法内容越改越少,黄廖本与"衔接中学,不即不离"这一优点如何一如既往地保持下去值得探索反思。值得明变创新、深入思考的类似问题还很多,无法尽举,这里仅献数疑:

1. 黄廖本今后的修订中有没有必要像此前参照《暂拟汉语教学语法系统》(简称《暂拟系统》)和《中学教学语法系统提要(试用)》(简称《中学提要》)一样参考当下的语文教材和《语文课程标准》?

2. 教材的生命与价值密切相关。服务"教育民众""国家语言能力"和"国民语言能力"的提升有助于让教材获得永恒价值。黄廖本今后的修订中能否对此有所体现?

3. 媒介融合发展是大势所趋,黄廖本今后的修订中如何朝着融媒体教材方向发展?

三、结语

黄廖本守正创新,与时俱进,永葆活力,惠泽后人。黄廖本宜在对"变"与"不变"的精准把握中行稳致远,即时代在变,教材修订推广模式有变,与时俱进、家国情怀等价值取向不变;教材媒介载体有变,现代汉语知识能力培养导向不变;教材知识点内容有变,现代汉语知识底座属性不变;教材厚度有变,内容体系的系统性不变。

作为受惠的晚辈后学之一,笔者也坚信:行者常至,为者常成。一代代的黄廖本传人有"行"有"为",也必将"常至""常成",会把一本有关我们的母语的经典教材好好地传承下去,会把我们的精神家园美美地打理下去。

常出常新　与时俱进

——论黄廖本《现代汉语》教材的发展

余　静

(石河子大学文学艺术学院中文系,新疆石河子 832002)

　　由黄伯荣、廖序东两位先生主编的《现代汉语》教材自 1979 年由甘肃人民出版社发行初版以来,迄今已通行四十载,前后经历十次修订,已出版 11 个版本,发行总量超千万册,创造了教材界的奇迹,在现代汉语教学界产生了巨大而深远的影响。可以毫不夸张地说,大半个中国的文科大学生都是黄伯荣、廖序东两位先生的"学生"。黄廖本《现代汉语》教材就像一位良师益友,伴随在我们左右。它以科学简明、生动流畅的内容让我们如沐春风,使我们在众多的教材中永远记住了它,更让我们感受到了现代汉语的无穷魅力。

一、教材内容的更新发展

(一) 关于普通话

　　普通话在改革开放初期虽然经过二十余年的推广与宣传,获得了一些成绩,但由于当时不够完善的方针政策和偏低的教育水平,群众间仍然多以方言进行交流,普通话使用程度普遍不高。在 1979 年出版的初版中,教材花大量篇章介绍推广普通话的意义及规范现代汉语的原因,多处章节谈及与推广普通话相关的话题,如初版教材第 10 页、第 118 页与第 122 页等。改革开放初期,普通话仍没有在方言片区的公共场合普遍流行,普通话内部也存在着一些分歧。当时,国家正朝着四个现代化发展,随着各民族之间日益密切的交流以及科学技术的发展,使用普通话沟通与交流成为人们迫切的需求。所以,初版教材使用了大量笔墨来讲解当时普通话的使用现状以及推广普通话的意义和原因。

随着国家教育水平的不断提升,人口素质已与改革开放初期相比有了质的飞跃;各民族乃至全世界日益密切的交流与不断创新的科学技术使传播水平实现了跨时代性的发展。到1996年,普通话在人民生活中的普及程度也已大大提高。在黄廖本《现代汉语》增订二版中,教材已不再将解释推广普通话的原因作为重点,教材中关于普通话的论述也有了很大程度的改变。21世纪,国家对于普通话的政策方针已做出了调整,对于普通话也有了新的要求:增订六版教材第11页中提到AI(人工智能)、计算机信息处理等高速发展的科学技术要求普通话更加精准;第112页中增加了关于普通话测试相关的等级标准等。改革开放四十年间,普通话已从一种需要进行宣传推广的规范化语言,发展成为全国不同地区、不同民族的群众自觉进行学习、沟通、交流的民族共同语。

(二) 关于汉字

1949年以来,我国为促进各民族间的交流、方便汉字高效地使用,进行了一系列化繁为简、规范汉字的改革。从教材早期版本中收录的两个附录——1956年发布的《简化汉字表》和1964年发布的《关于简化汉字的通知》来看,当时简化汉字的通行程度并不高,尚需要进行大力的推广与宣传。

在黄廖本《现代汉语》的初版中,教材对于简化汉字的原因及意义进行了大量的说明,同时初版教材第175页也从汉字改革的必要性及可能性方面进行了说明。初版教材中对于简化汉字的推广与解释,说明了在改革开放初期简化汉字工作仍有大力宣传与推广的必要。

在增订二版《现代汉语》中,教材缩减了关于推广简化汉字的原因及意义的文字,删减了初版附录中的《简化汉字表》及《关于简化汉字的通知》,增加了定音、定序、定量和定形等对汉字进行规范的要求。此举说明简化汉字已取得巨大进展,使用简化汉字已成为全国人民无可争议的共识。教材第10页中收录的于2000年通过的《中华人民共和国国家通用语言文字法》，表明简化汉字的法律地位已经奠定。

随着现代科学技术的发展，使用电子计算机进行文字的录入、利用电子产品进行沟通交流已逐渐成为主流。增订四版黄廖本《现代汉语》中增加了四页关于汉字信息处理的相关内容，介绍了汉字识别输入、语音识别输入等新时代信息处理技术和运用计算机和一些应用软件进行信息加工的方式方法。在科学技术迅猛发展的21世纪，使用电脑软件，如WORD、WPS进行汉字输入已成为人们习惯的信息录入方式。在网络的普及和电子设备的不断更新下，当代民众已掌握更加方便快捷的技术手段来运用汉字进行沟通与交流。

(三) 关于例词

黄廖本《现代汉语》前后经历十次修订，教材中词汇部分的例词在广度与深度方面都有所扩展，无不体现着时代生活的变迁。初版《现代汉语》教材中所引用音译词的数量并不多，对于音译词的种类划分也并不十分详细。但在增订五版《现代汉语》教材第265页中就增添了附录"以西文字母开头的词"，在缩略语小类中也增添了西文与中文合璧的缩略语。在增订六版《现代汉语》中，教材对于音译词的解释更加丰富精确，对于音译词种类的划分也更加详细明确，增加了"借形词""字母词"等小类。教材对于音译词例词的引用也更加新颖、更加现代化，这正体现了改革开放40年间飞速发展的科学技术与日益频繁的国际交流，体现了改革开放40年来物质文明与精神文明的成就。不仅如此，增订六版教材中出现的缩略语的例子"AA(Acting Appointment)制"一词，更体现了现代人们追求平等、公平、各取所需的生活方式与价值观，反映了当代社会现状，体现了当代中国与改革开放初期的社会心理全然不一的状况。六版教材附录"常见的以西文字母开头的词语"中出现的例子"HSK(汉语水平考试)"体现了汉语不断提高的国际地位；"PM2.5(细颗粒物)"体现了由于当代中国过于追求经济的快速提高而忽视环境问题所带来的雾霾问题，这些词语无不反映着中国飞速发展的社会进程与当代人民的生活状态，体现了语言的镜像功能。

经过改革开放40年的发展，中国的科学技术得到了增强，人民生活水平得到了提高，新词新语被大量创造出来，并为人们所熟知与使用。

与初版相比,黄廖本《现代汉语》增订六版第255页至256页中增加了将近一页的新词新语,收词量是初版的好几倍。新词语的"新"不仅仅体现在新造词中,同样也体现在旧词新意中。例如,增订六版第205页引用了著名品牌"苹果"一词。在过去,"苹果"仅仅只有水果这一层含义,但现在提起"苹果",人们往往会联想起苹果公司与其生产的电子设备。这些新造词与旧词新意无不体现着社会的飞速发展与人民生活水平的改善,体现了语言与社会之间密不可分的关系。

(四) 关于例句

在初版《现代汉语》中,例句的选取基本出自1949年前的文学作品,对于西方国家的文化却鲜有涉及。例句的选取范围单一,且政治色彩较为浓厚,大多数例句都围绕着"党"与"人民",从现实生活中取材做例子的情况并不占多数。而在增订六版《现代汉语》中,例句大多贴近生活,基本为生活中常见的日常用语,话题也不再仅仅围绕政治展开,学习生活、工作生活等成为新的话题,这使例句更加通俗易懂,更为学习者喜闻乐见。

同样,增订六版《现代汉语》例句的选材范围也进一步扩大,改革开放后的文学作品与外国作家作品中的用例频频出现在教材中。增订六版第235页中出现了黄药眠先生改革开放后的文学作品《祖国山川颂》;在教材第160页出现了法国作家罗曼·罗兰先生的作品;在教材第171页中出现了时任总理的温家宝刊登在《华盛顿邮报》上的讲话。增订六版教材的例句中还出现了"运载火箭""社会主义强国""网上航班查询系统"等体现改革开放40年来国家变化的词语。透过观察《现代汉语》教材引例的更新与发展,可以窥见改革开放40年间现代化建设与人民的生活状况的发展变化。语言的记录功能与镜像功能在教材中得到了较好的体现。

(五) 关于教材语言

初版黄廖本《现代汉语》出版于1979年。当时国家刚从一场近十年的"文化大革命"的泥泞中挣扎起身,国民经济正处在艰难复苏的起步阶段。受较为保守沉闷的社会大环境的影响,当时编著出版的《现代汉语》教材的教学语言也较为拘谨,政治性色彩尤为浓烈。纵观初版教材,"人民""列宁""斯大林""解放""党"等政治性色彩较为浓烈的词语几乎出现在教材的每一页中,这正体现了当时的社会状况。例如,教材中涉及的一些语言理论就引自苏联,如教材第1页第一段中有关语言概念的定义就引自列宁与斯大林的语录。总之,受政治氛围的影响,教材用语较为刻板。

随着2019年的到来,我国改革开放事业也到了"四十不惑"的阶段。在这40年间,不仅科学技术、社会环境有了巨大变化,人民生活也越来越富足,人文生活则更加开放多元。纵观黄廖本《现代汉语》教材的教学用语,可以明显看出其中政治性词汇的锐减,教学内容也趋于严谨精确,整体语言风格更加准确、更加贴近生活。显然,黄廖本《现代汉语》经历了九次的修改,其教材语言经历了一次又一次的蜕变,具有鲜明的时代性。

二、教学手段的创新发展

随着改革开放40年间科学技术水平的不断提高,黄廖本《现代汉语》的教学手段也得到了优化与更新,教学内容和教学资源,由最原始的教师讲解,进化到了现在的"二维码"扫描。可以说,黄廖本《现代汉语》的教学手段得到了质的飞跃。

(一)光盘在教学中的应用

在黄廖本第四版增订本《现代汉语》的教材后,附带了一张"普通话与国际音标"录音CD,为教师与学生提供了正确的指导与示范。黄廖本增订五版《现代汉语》的教材又附赠一张由秦存钢先生主编的教材配套《现代汉语多媒体教材光盘》。此光盘对教材里的重难点章节进行了示范讲解,加入了对汉语拼音与国际音标示范朗读的音频素材、对句子结构等进行示范讲解的文字素材以及对汉字的笔画顺序及形体的组合方式等进行讲解的视频素材等。不可否认,黄廖本《现代汉语》教材是一个与时俱进、注重更新的优秀教材。其教学手段40年的进化,无不体现着科学技术的发展。为了对教学内容进行更加详细、生动的讲解,教材还将多媒体手段引入教学中,充分利用光、声、电等现代科学技术,以此来刺激学习者的左右大脑,使记忆更加深刻长久。光盘中新增的音频和视频都可以被运用到现代多媒体教学中。教师借助播放幻灯片PPT或播放视频的形式,可以让学生对教材内容有更加清晰、准确和深刻的了解,从而增强教学水平,提高学生学习质量。

(二) 网站在教学中的应用

21世纪,网络的普及与应用提高了人们的生活质量,改变了人们的生活方式。在黄廖本《现代汉语》40年的发展过程中,人们也可追寻到运用网络进行教学辅助和资源传播的痕迹。黄廖本增订四版《现代汉语》中专门增添了学习网址,并附赠了每本书的登录账号和密码,既便于教师授课,同时也为自学的学生提供了便捷的资源。这无疑体现了网络给人们生活带来的巨大改变。这些改变体现了40年来人们对于数字资源的利用。

(三) 二维码在教学中的应用

"二维码"是一个近几年才出现的新鲜词汇,其运用使人们的生活更加方便、快捷。从"微信"的广泛流行使用开始,"二维码"便充斥在生活的各个角落,支付、扫描乃至考试,都可使用"二维码"作为衔接彼此的方式。在黄廖本增订六版《现代汉语》中,编委会对前几版教材中的数字化资源作了整理,"二维码"被应用在现代汉语教学中。在学习过程中,学生只要轻松地扫描一下,即可获得在线学习资源,这样就使学习的内容更加形象生动,便于理解。

40年前,人们想要学习现代汉语知识,要去书店购买纸质教材,要坐进教室听教师讲解;40年后的今天,人们可以选择网上购买或下载《现代汉语》教材的电子版本,通过学习资源网站和教材自带"二维码"扫描观看视频、音频等相关教学资源,足不出户即可学习到现代汉语知识。便捷的教学方式不仅为师生节省了宝贵的时间,同时也极大提高了汉语教学质量,使教学资源得到了最大限度的利用。从纸质教材到电子书,再到"二维码"扫描的教学资源,这些教学手段的更新代表着科学技术的突飞猛进,也意味着给汉语教学带来了新的机遇。

黄廖本《现代汉语》教材从初版试印到增订六版的面世,镌刻着改革开放40年的发展变化。40年来,中国的科学技术不断发展,为教材发展与教学手段带来了新机遇;中国的综合国力持续上升,为汉语国际地位的提升也提供了极大的机遇。40年间,这些伴随改革开放而来的新思想、新理念、新手段、新语境,都在黄廖本《现代汉语》教材中留下了深深的印记。

【参考书目】

[1] 黄伯荣:《我们是怎样编写〈现代汉语〉教材的》,《东方论坛》2009年第3期。

[2] 邵霭吉:《黄伯荣〈现代汉语论文集〉编后》,《盐城师范学院学报(人文社会科学版)》2014年第1期。

[3] 秦存钢:《现代汉语课教学改革与新教材的编写》,《泰安师专学报》2001年第5期。

[4] 张文元:《论黄廖本的时代性与科学性——兼谈黄伯荣先生对〈现代汉语〉教材建设的贡献》,《东方论坛》2002年第1期。

[5] 段曹林:《教材改革:引领现代汉语语言运用教学》,《湖北师范学院学报(哲学社会科学版)》2013年第5期。

[6] 孟晓慧:《学习者的良师,使用者的益友——评黄廖本〈现代汉语多媒体教程〉光盘》,《现代语文(学术综合版)》2013年第7期。

黄廖本《现代汉语》"单句"相关内容修订比较

许卫东

(河南大学文学院语言研究所,河南开封 475001)

不同时期的黄廖本《现代汉语》其语法部分的"单句"是很重要的知识点。结合具体教学实践,我们拟以黄伯荣、廖序东主编的《现代汉语》增订二版[①]、增订三版[②]和增订六版[③]中与单句相关的内容为比较对象,探讨其中的修订情况,在此基础上提出我们的一些观点和想法,以求教于方家。

一、标题修订比较

(一)第六节、第七节标题修订概览

有关单句的内容,增订二版、增订三版和增订六版中都是安排在第六节、第七节,但标题进行了修订。具体情况如表1:

表1 第六节、第七节标题概览

	第六节标题	第七节标题
增订二版	句类、句型;	常见的句法失误
增订三版	句子的分类	常见的句法失误
增订六版	单句	单句语病的检查和修改

---

① 黄伯荣、廖序东:《现代汉语》(增订二版),高等教育出版社 1997 年版。
② 黄伯荣、廖序东:《现代汉语》(增订三版),高等教育出版社 2002 年版。
③ 黄伯荣、廖序东:《现代汉语》(增订六版),高等教育出版社 2017 年版。

可以看出：第六节的标题，由增订二版的"句类、句型"修订为增订三版的"句子的分类"，体现了由句子具体分析角度转向了句子分析思路的概括，而增订六版则抛开了前两版的角度和思路，标题直接呈现为"单句"。

第七节的标题，增订二版和增订三版一样，都是"常见的句法失误"，增订六版则修订为"单句语病的检查和修改"。

比较而言，增订二版和增订三版第六节和第七节的标题都带有一定程度的总括性，显示不出其中的内容是与单句相关的，从章节结构安排上，这容易给人造成内容缺失、模糊的误解；增订六版标题修订为"单句"，则弥补了这种缺失，直截了当，使学习者很容易把握该教材语法部分的总体格局：语法概说→词类（上、下）→短语→句法成分→单句、单句语病→复句→句群→标点符号。这样的章节结构安排相对显得层次清晰、逻辑合理。

（二）第六节下属小节标题修订概览

第六节下属小节标题修订具体情况如表2：

表2 第六节下属小节标题概览

	增订二版	增订三版	增订六版
第一小节	句子的分类	句子分类概说	句型
第二小节	句类	句类	几种常用句式
第三小节	句型	句型	变式句
第四小节	几种动词谓语句	几种动词谓语句	句子的变换
第五小节	变式句和省略句	变式句和省略句	句类
第六小节	句子的变换	句子的变换	单句分类小结
第七小节	句子分析例解	句子分析小结及例解	☆语法分析

可以看出：第一，增订二版和增订三版标题修订变化不大，体现在：第一小节，增订三版由增订二版的"句子的分类"修订为"句子分类概说"；第七小节，增订三版由增订二版的"句子分析例解"修订为"句子分析小结及例解"。这两版总体上是按照总—分的逻辑思路进行编排的：

第一小节的句子分类概说总的是来谈句子分类的不同标准,后面的第二小节到第七小节具体地过渡到与单句分析相关的内容上。思路虽是可以如此分析,但小节标题却依然存在模糊性。前面我们已经分析了增订二版和增订三版中第六节的标题显示不出其内容是与单句相关的,其下属小节标题亦是如此。

第二,与增订二版和增订三版相比较,增订六版中小节标题修订变动还是很大的,具体体现在:增订六版的第一小节做了很大调整,其第一节首先关注的是"句型";第二小节标题调整为"几种常用句式";第三小节标题调整为"变式句";第四小节标题调整为"句子的变换";第五小节标题调整为"句类";第六小节标题调整为"单句分类小结"。增订六版没有出现第七小节,但是把原来增订二版和增订三版中与"句子分析"有关的内容调整为"语法分析",在具体教学过程中可以不讲,但学时多的可以讲或指导学生自学。增订六版中小节标题由句型—句式—句类—单句分类小结的编排思路体现出由分(句型、句式、句类三个角度)到总(单句分类小结)的特点。

第三,比较而言,增订二版、增订三版与增订六版的编排思路虽有不同,但殊途同归。这三个版本不足之处的共性体现在:对于单句的句型、句式、句类这三个分析的角度之间的联系与区别没有做更为具体、深入和系统的比较说明。

二、相关具体细节修订比较

(一)"句型"相关内容修订比较

1. 增订二版中"句型"部分的内容编排线索

首先,总体上从句型角度区分出了主谓句和非主谓句,其次,针对"主谓句"区分出了名词谓语句、动词谓语句、形容词谓语句和主谓谓语句四个小类别,再次,针对非主谓句区分出了动词性非主谓句、形容词性非主谓句、名词性非主谓句和叹词句这四个类别。

2. 增订三版中"句型"部分的内容安排线索

与增订二版比较起来看,其编排线索基本一致,修订地方主要体现在:

第一,对主谓句分类标准做了说明,加上了"从谓语的构成看"[1]这句话,这是增订二版里所没有的。

第二,对主谓句分类结果的次序做了调整,由增订二版的"名词谓语句—动词谓语句—形容词谓语句—主谓谓语句"调整为"动词谓语句、形容词谓语句、名词谓语句、主谓谓语句"[2]。

第三,非主谓句里增加了"拟声词句"这一类别。

3. 增订六版中"句型"部分的内容安排线索

与增订二版和三版相比较,增订六版修订地方主要体现在:

第一,对主谓句分类标准做了调整,由增订三版的"从谓语的构成看"细化为"从谓语核心看"[3]。

第二,主谓句分类结果由增订三版的"动词谓语句、形容词谓语句、名词谓语句、主谓谓语句"四类调整为"动词谓语句、形容词谓语句、名词谓语句"三类,其中原来的"主谓谓语句"被调整出去,调整的原因我们认为主要是"凭句内核心词的词性来给单句分类"[4]这一标准所致。

总的来看,从增订二版到增订三版再到增订六版,其中修订编排体现出标准从严、分类从细的特点。

(二)"句式"相关内容修订比较

1. 增订二版中"句式"部分的内容编排线索

增订二版与"句式"相关的内容安排在第四小节"几种动词谓语句"中。这一部分的内容首先声明"在上述句型中,主谓句中的动词谓语句最复杂、特点多。这里选讲其中常说到的有结构特点的几种句式。"[5]有特点的几种句式包括:"把"字句、"被"字句、连谓句、兼语句、双宾句、存现句。"在上述句型中"作为承上启下的提示语,已经暗示了"句型"与"句式"的关系,但并没有作进一步具体说明。增订二版中实质上并没有正面谈到"句式"的确定标准,只是罗列了所选讲的句式,至于为什

---

[1] 黄伯荣、廖序东:《现代汉语》(增订三版),高等教育出版社2002年版,第117页。
[2] 黄伯荣、廖序东:《现代汉语》(增订三版),高等教育出版社2002年版,第117—121页。
[3] 黄伯荣、廖序东:《现代汉语》(增订六版),高等教育出版社2017年版,第87页。
[4] 黄伯荣、廖序东:《现代汉语》(增订六版),高等教育出版社2017年版,第89页。
[5] 黄伯荣、廖序东:《现代汉语》(增订二版),高等教育出版社1997年版,第116页。

么要选讲这些句式,并没有谈到。

2. 增订三版中"句式"部分的内容编排线索

与增订二版比较起来看,其编排线索大体一致,其修订之处体现在采用了脚注对句型和句式的联系做了补充说明:句型和句式都是根据结构分出来的类名。句型根据的是全句特点分出的上位类名,句式是根据句子的局部特点分出的下位类名[①]。增订三版中实质上涉及"句式"的确定标准,但这个标准似乎与标题"几种动词谓语句"显得并不太贴合。

3. 增订六版中"句式"部分的内容编排线索

与前两版比较起来看,增订六版修订之处体现在:

第一,与"句式"相关的内容直接体现在第二小节的"几种常用句式"这个标题中。

第二,把增订二版、增订三版声明中的"这里选讲其中常说到的有结构特点的几种句式"修订为"这里选讲其中常用的、有结构特点的几种句式"[②]。

第三,选讲的常用句式里增加了"主谓谓语句"的内容[③]。增订二版和增订三版中,"主谓谓语句"的相关内容是放在"句型"里讲的,增订六版则调整到"句式"里。

概括起来看,在增订二版的基础上,增订三版和增订六版谈到了"句式"标准,强化了句式观,但一些说法如"常说到的有结构特点的"或"常用的、有结构特点的"乃至脚注中"句式是根据句子的局部特点分出的下位类名"等都是比较模糊的,这使得"句式"标准依旧不够明确深入。

(三)"变式句"相关内容修订比较

1. 增订二版中"变式句"部分的内容编排线索

增订二版中与变式句相关的内容安排在第五小节,标题是"变式句和省略句",其下属的内容分为"变式句"和"省略句"两部分。"变式句"

---

① 黄伯荣、廖序东:《现代汉语》(增订三版),高等教育出版社2002年版,第122页。
② 黄伯荣、廖序东:《现代汉语》(增订六版),高等教育出版社2017年版,第90页。
③ 黄伯荣、廖序东:《现代汉语》(增订六版),高等教育出版社2017年版,第90页。

表述为:"句子的各个成分处于通常位置上的是常式句,为了强调、突出某一句子成分或者为了变换句法而颠倒原有语序的是变式句。变式句也叫倒装句。颠倒了的成分可以恢复原来位置,而且句意不变。"[①]"省略句"表述为:"在一定的语境里,在不至于误解的情况下,说话时往往会省略去一些不言自明的成分。如果离开主要的语境,意思已经不清楚,必须添补一定的词语才行,而其只有一种添补可能,这就是省略。这多因对话、上下文、避重复、祈使而省。"[②]

2. 增订三版中"变式句"部分的内容编排线索

增订三版中与变式句相关的内容的安排与增订二版大体一致,但表述有所调整。如"变式句"的表述,增订二版里的"为了强调、突出某一句子成分或者为了变换句法"改为"为了强调、突出等语用目的"[③];"省略句"增订二版表述中的"这多因对话、上下文、避重复、祈使而省"修改为"这多因对话、上下文、避重复、表祈使而省"[④]。

3. 增订六版中"变式句"部分的内容编排线索

与前两版比较起来看,与"变式句"相关的内容安排在了第二小节,标题为"变式句"。其内容编排最大的变动体现在重新修订了"变式句"的表述:共时语法的某一句型总有一定句法成分,各成分的排列都有固定的位置。在交际中出于修辞或语用上的需要,故意减省了句法成分或调换成分的位置,这些变化了的句型叫变式句,变化前的句子叫原句。变式句可分为省略句和倒装句两种[⑤]。可见,增订六版中"变式句"的内涵扩大了。另外对于省略句的表述也有修订:在一定的语境里,为了语言的经济原则,说话时往往会省去句中的某个句法成分,即省去已知信息的成分。如果离开了这样的语境,意思已经不清楚,必须添补一定的词语才行,这就是省略。[⑥]

---

① 黄伯荣、廖序东:《现代汉语》(增订二版),高等教育出版社 1997 年版,第 124 页。
② 黄伯荣、廖序东:《现代汉语》(增订二版),高等教育出版社 1997 年版,第 125 页。
③ 黄伯荣、廖序东:《现代汉语》(增订三版),高等教育出版社 2002 年版,第 130 页。
④ 黄伯荣、廖序东:《现代汉语》(增订三版),高等教育出版社 2002 年版,第 131 页。
⑤ 黄伯荣、廖序东:《现代汉语》(增订六版),高等教育出版社 2017 年版,第 98 页。
⑥ 黄伯荣、廖序东:《现代汉语》(增订六版),高等教育出版社 2017 年版,第 98 页。

综合起来看,增订六版有关"变式句"内容的修订有两点值得思考:

第一,变化了的句型叫变式句,这在教学中对于理解句型和句式之间的关系有什么启发意义?

第二,变式句的表述变化有什么给我们提供了什么导向?

我们认为上述两个问题实际上给我们提供了"句式"分析思路的本质,即"变化"或"变换"。由此我们再回过头来看前面讨论的"几种常用句式"中选讲的几种句式,本质上都是"在交际中出于修辞或语用上的需要,故意减省了句法成分或调换成分的位置"。这样我们也可以从"变化"或"变换"的角度解释为什么"主谓谓语句"可以调整到"句式"部分。

(四)"句子的变换"相关内容修订比较

1. 增订二版中"句子的变换"部分的内容编排线索

增订二版中,有关"句子的变换"的内容安排在第六小节,标题为"句子的变换"。这部分的内容包含以下几个方面[①]:

"句子的变换"界定:根据表义的需要,按照一定的规则把甲句变为乙句,这叫句子的变换。

"句子的变换"实现方法:它是通过移位、添加、删除、替换等方法来实现的。

"句子的变换"目的:通过变换分辨句法结构的异同,弄清相关句法结构之间关系和变换规则,找出相同或不同的语义结构,看清句子结构的特点,有助于描写句法结构规律。讲变换也是为了让大家注意不同的语法格式之间或句类之间的联系、变化以及在语义、语用上的异同,提高造句、选句的能力。

"句子的变换"类型:举例说明了句类之间的变换和句型之间的变换。

2. 增订三版中"句子的变换"部分的内容编排线索

增订三版在增订二版的基础上,做了如下的修订[②]:

[①] 黄伯荣、廖序东:《现代汉语》(增订二版),高等教育出版社1997年版,第125—126页。
[②] 黄伯荣、廖序东:《现代汉语》(增订三版),高等教育出版社2002年版,第131页。

"句子的变换"的界定中,"根据表义的需要"改为"根据语用的需要"。

"句子的变换"目的中,"有助于描写句法结构规律"修改为"有助于给语言单位定性、分类和分化多义句。"

3. 增订六版中"句子的变换"部分的内容编排线索

与前两版比较起来看,增订六版的修订还是比较多的。体现在:

首先,探讨了"句子的变换"的基础,并举例说明"共同的语义基础构成三个句法格式的相关性,于是三句话才有变换关系。"①

随之,增订六版探讨的内容是:一个意思为什么要用多种句式表示呢? 教材给予的解释是受多种因素制约,尤其是语境因素,并结合例句从话题和焦点的角度进行了解释。

最后,增订六版中对"变换方法"进行了定性,认为这种方法只是与"扩展法""插入法""代替法"等并列的语法研究方法之一,是用来鉴别、测试或分析同形结构的②,并举例予以说明。教材指出,变换法可以发现句式是否相同,至于为什么相同或不同,还要依靠语义分析和语用分析来加以解释。

不难发现,增订二版和增订三版对"句子的变换"进行了探讨,指出是为了让大家注意不同的语法格式之间或句类之间的联系、变化以及在语义、语用上的异同;增订六版则在此基础上,把"变换法"引入来,指出它是一种鉴别、测试或分析同形结构的方法,它可以帮助我们发现句式是否相同。但不可否认的是,不管是增订二版、三版,还是增订六版,这部分的内容都是涉及"变换"的,而"变换"就意味着这在一定程度上就造成了内容上和前面讲过的"几种常用句式""变式句"发生交叉。

(五)"句子分析"相关内容修订比较

1. 增订二版中"句子分析"部分的内容编排线索

增订二版中有关"句子分析"的内容安排在第七小节,标题是"句子分析例解"。这部分内容主要线索是:首先对句子分析做了静态分析、动

---

① 黄伯荣、廖序东:《现代汉语》(增订六版),高等教育出版社2017年版,第99页。
② 黄伯荣、廖序东:《现代汉语》(增订六版),高等教育出版社2017年版,第100页。

态分析的分类,然后引入三个平面理论,结合具体例子,探讨静态分析和动态分析相结合的方法。①

2. 增订三版中"句子分析"部分的内容编排线索

与增订二版比较来看,增订三版修订之处有:第七小节的标题修改为"句子分析小结及例解";教材中没有对句子分析再做静态分析、动态分析的分类,而是重点对句子的语法分析做了句法、语义和语用三个平面的区分,并对句法分析、语义分析和语用分析这三个术语做了界定,最后通过具体例子进行了比较细致的讲解。②

3. 增订六版中"句子分析"部分的内容编排线索

与前两版比较,增订六版的修订体现在,把与"句子分析"有关的内容调整为"语法分析",但不再单独设一小节,在具体教学过程中可以不讲,但学时多的可以讲或指导学生自学。在具体内容安排上,增订六版更讲究层次性,设计了三个小标题:(一)语法分析的三个平面,(二)三个平面的语法分析举例,(三)句子的语义分析。其中第三个小标题"句子的语义分析"是对语义分析的进一步补充说明。③

可以看出,增订二版在区分静态分析和动态分析的基础上已经引进了三个平面理论,但是对于句法、语义和语用三个平面没有做具体区分和界定;增订三版和增订六版则对句法、语义和语用做了区分和界定,在结合具体例子分析上,增订三版要比增订六版更为具体细致,而增订六版则对"语义分析"做了更进一步的补充说明。我们认为增订六版的修订后所举例子分析不足,也不应该把这些内容设定为在具体教学过程中可以不讲,学时多的可以讲或指导学生自学,因为,三个平面理论早就被引进到教材中并成为教材内容的有机组成部分了。

(六)"句子分类"相关内容修订比较

1. 增订二版中"句子分类"部分的内容编排线索

增订二版中,有关"句子分类"相关内容安排在第一小节,标题为

---

① 黄伯荣、廖序东:《现代汉语》(增订二版),高等教育出版社 1997 年版,第 128—133 页。
② 黄伯荣、廖序东:《现代汉语》(增订三版),高等教育出版社 2002 年版,第 134—142 页。
③ 黄伯荣、廖序东:《现代汉语》(增订六版),高等教育出版社 2017 年版,第 108—111 页。

"句子的分类"。从句类和句型两个角度进行了概括归纳。句类包括陈述句、疑问句、祈使句和感叹句四种类型。句型首先分为单句和复句两大类型,单句又分为主谓句和非主谓句两类,主谓句中进一步区分出名词谓语句、动词谓语句、形容词谓语句和主谓谓语句四类,非主谓句则区分出名词性非主谓句、动词性非主谓句、形容词性非主谓句和叹词句四类。[1]

2. 增订三版中"句子分类"部分的内容编排线索

和增订二版比较,增订三版修订之处有:第一小节标题改为"句子分类概说";句子的句型角度分类中,单句的主谓句类别里没有出现主谓谓语句,但后面句型部分是有主谓谓语句这种类型的,没有作出任何解释;单句的非主谓句里增加了拟声词句这种类型。[2]

3. 增订六版中"句子分类"部分的内容编排线索

和前两版比较,增订六版进行了如下修订:标题修改为"单句分类小结",且安排在第六小节;对句子的分类标准做了调整,除了句型和句类标准外,还涉及了句式标准,并对狭义上的句型句式标准和广义上的句型和句式标准做了界定;列表先谈了单句的句型,对主谓句进行了名词谓语句、动词谓语句、形容词谓语句三分,并采用脚注解释了三分的原因:主谓谓语句的三种小谓语的功能分别有名词性、动词性、形容词性,因此可以根据小谓语的词性或功能分别归属前三类;列表谈单句的句类,其中疑问句的四个小类别详细呈现出来;107页还谈到了不影响句型的四点因素,这是前两版教材里所没有提到的。[3]

很显然,增订六版对于句子分类标准做了更细致、更严谨的考虑,增设了句式标准,但是这种标准在107页的列表里没有得到体现。

三、我们的建议

结合上述对不同版本教材的具体修订比较,我们可以感受到黄廖

---

[1] 黄伯荣、廖序东:《现代汉语》(增订二版),高等教育出版社1997年版,第103—104页。
[2] 黄伯荣、廖序东:《现代汉语》(增订三版),高等教育出版社2002年版,第109—110页。
[3] 黄伯荣、廖序东:《现代汉语》(增订六版),高等教育出版社2017年版,第106—107页。

本《现代汉语》所体现出来的与时俱进、兼容并蓄的学术特色与精益求精,追求严谨、系统、科学、规范的学术风范,其被奉为学界圭臬,实不为过!我们希望黄廖本《现代汉语》在未来会更加辉煌!

正因为如此,我们结合具体教学实践,对黄廖本《现代汉语》教材有关"单句"部分的内容编排提出以下几点不成熟的建议:

第一,"单句"一节前增设"句子概说"一节,专门来谈什么是句子,强化句子的句型、句式、句式分类标准等内容。专门设立这样一节内容,既可以承上,即衔接了前面由词到短语再到句法成分的内容,又可以启下,即自然过渡到"单句"分析上。这样,"单句"一节的内容才能显得合理而有所据,更便于教学。我们认为这样做,比增订六版第六节"单句"部分设置第六小节"单句分类小结"要好。①

第二,"单句"这一节,应该按照句型、句式、句类标准来安排相关内容。教材中句型、句类内容都安排得比较详细,但是涉及"句式"的内容比较散乱,为此,教材中的"几种常用句式""变式句"和"句子的变换"都可以合并到"句式"里去。

第三,相关章节后可以适度推荐重要的参考文献,以此来进一步加强接受前沿知识的开放性、包容性力度,促进教材知识体系在更高层次上的合理性。

【参考书目】

[1] 黄伯荣、廖序东:《现代汉语》(增订二版),高等教育出版社1997年版。

[2] 黄伯荣、廖序东:《现代汉语》(增订三版),高等教育出版社2002年版。

[3] 黄伯荣、廖序东:《现代汉语》(增订六版),高等教育出版社2017年版。

---

① 我们曾做过问卷调查,70%的参与者认为这样做比较合理。

黄廖本《现代汉语》(增订六版)词汇部分商订

杨力博

(南开大学汉语言文化学院,天津 300071)

黄伯荣、廖序东先生主编的《现代汉语》(以下简称黄廖本)是当今众多高校中文系教学采用的主要教材之一,教材以其编写的科学性与实用性,深受广大师生好评,被评为"国家级规划教材"和"高校文科优秀教材"。自 1979 年开始编写试用本以来,直到 2017 年增订六版问世,教材前后共历经十次修订。在保证原有框架的前提下,教材对原有的理论、例证以及课后习题等都做了一定的修订,与时俱进,顺应了时代的教学理念。对于黄廖本的编写情况,谢晓安(1981)、贾宝书(2001)、雷涛(2002)、王艾录(2003、2005)针对教材各版本的语义场、语素、词汇等内容进行了探讨,本文对增订六版的词汇部分进行研究,以期有助于教材的进一步完善。

一、教材的观点问题

(一) 语素的分类

对语素进行划分始于修订二版,直至增订二版,三版教材对于自由语素、半自由语素、不自由语素的定义皆有所差异。从增订三版开始,教材开始采用成词与不成词的观点,并进行如下的分类:

语素	成词语素		词根	
	不成词语素	不定位不成词语素		
		定位不成词语素	词缀	前缀
				后缀

　　这样的分类一直沿用至今天的增订六版,按此理解,定位不成词语素是不能充当词根的,而这是不符合语言事实的。李晓华(2011)针对增订四版指出,现代汉语中,词缀一定是定位不成词语素,但定位不成词语素不仅限于词缀,诸如巩固的"巩"、褒扬的"褒"、卓越的"卓"等,也都是定位不成词语素。这样的例子不在少数,教材将这类词排除在外显然是不合理的。不过,李文并未指明这些语素该划入词根还是词缀。笔者认为,这类语素都是词义的基础部分,应视为词根。因此,对于语素的划分,教材可以采取以下的分类方式:

词根	成词语素	不成词语素	
		定位	不定位
	天、人	巩、恬	伟、农
词缀	前缀	老、第	
	后缀	儿、头	

　　成词语素必然不能作前缀与后缀,不成词语素自由度很低,无法实现位置的自由变化,同样不存在不定位情况。可以说,上表的划分结果在一定程度上提高了语素分类的科学性。

　　(二)义项的分类

　　义项与义素的内容从增订一版开始编入教材。关于义项的分类,学界通常采取三分:本义、基本义、转义,这应该是借鉴了周祖谟(1955)早期对义项分类的方法。但在黄廖本教材中,还提到了原始义的概念,如教材所提到的,"兵"的原始义是"武器",这是从词源学的角度来解释,但究其本质,原始义与本义是相同的概念,即词语诞生时最初的意义。

付义荣(2012)提出教材应将义项分为原始义、转义和基本义[①]。笔者认为,教材可以将义项分为本义、基本义和转义进行讲解,形式上也较为统一,而不必对同一个概念予以不同的名称,增加学生的理解负担。不过,也有学者提出非基本义的概念。例如,宋颖桃(2013)就认为转义与本义相对立,基本义与非基本义相对立,在一些情况下,基本义可以兼是本义与转义[②]。对于非基本义的观点,教材也可适当吸收。

(三) 反义词的分类

修订二版及之前的版本都采用绝对反义词和相对反义词的说法。从增订版开始,教材将反义义场分为互补反义义场(A=-B,B=-A,-B=A,-A=B)和极性反义义场(A=-B,B=-A,-A≠B,-B≠A)。在此基础上,增订二版对反义词的分类又增加了如下两张图:

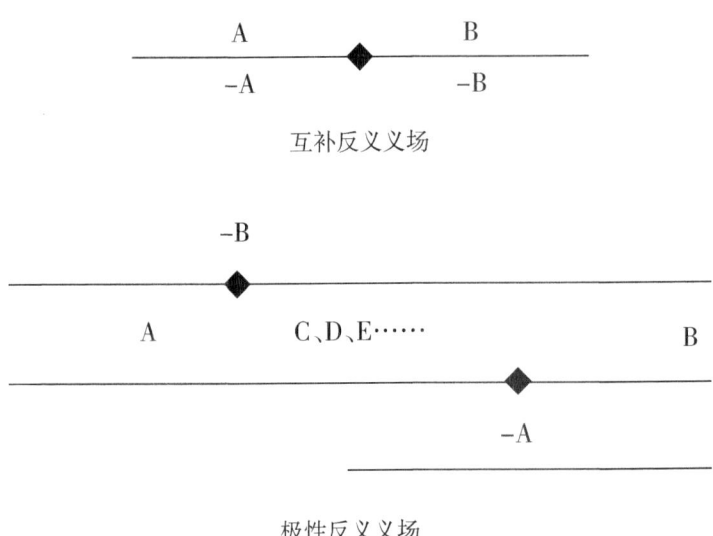

互补反义义场

极性反义义场

---

① 付义荣:《黄廖本〈现代汉语〉(增订四版)指正》,《集美大学学报(教育科学版)》2012年第3期,第54—59页。
② 宋颖桃:《对黄伯荣、廖序东主编〈现代汉语〉增订四版的质疑与思考》,《现代语文(语言研究版)》2013年第5期,第116—117页。

从图形显示的效果来看,教材对于极性反义义场的勾画存在一定的逻辑问题。图中无法反映出 A=-B、B=-A 的关系,另外 $-A\neq B$、$-B\neq A$ 的说法也存在逻辑问题。程树铭(2004)在针对增订三版的相关情况时就提到,可以把关系表示为 A→-B、B→-A、-A→B、-B→A[①]。当然,这样的表述也存有一定的问题,因为反义词是相对关系,而不是趋向关系。教材将该图从增订二版沿用至增订六版,这应该是教材编者的一大疏忽。在今后修订时,建议将图表删除,换成文字表述,这样既简洁明了,也便于学生理解。

(四)外来词的定义与类型

从试用本开始,教材就将外来词定义为从外族语言里借来的词,增订六版采用相同的定义。不过,前后版教材均未对外族词进行介绍。教材中所举的外来词如法兰西、巴尔干、镑、加仑、模特等都是由外国词语翻译而来。外族词除了来自国外的词,还包括来自我国少数民族的词语,现代汉语中不少外来词也来自国内少数民族。例如,葡萄、石榴、骆驼等都来自我国的西域,教材对该类词举例甚少,在后期改编中应多加入该类词语。同时,教材对于外来词的举例多数是多音节词,由此会让学生认为外来词都是多音节词。单音节外来词在现代汉语中尽管只占一小部分,但出现频率高,例如酷、嗨、秀等[②]。在对单音节的单纯词介绍时,教材只列举了"天""江"两例,该部分亦可加入单音节外来词的内容进行完善。

(五)叠音词与重叠词的定义

叠音词和重叠词属于完全不同的概念,也是教学考察中的重要内容。前者是单纯词,后者是合成词。比较发现,增订六版中对于两者的定义,并不能一一对应:

> 叠音词:由不成词语素的音节重叠而成。
> 重叠词:由相同的词根语素重叠构成。

[①] 程树铭:《析黄廖本〈现代汉语〉(增订三版)词汇和语法部分的若干问题》,《牡丹江师范学院学报(哲学社会科学版)》2004 年第 6 期,第 22—24 页。

[②] 周日安:《汉语单音节外来词初探》,《汉语学习》2004 年第 2 期,第 36—40 页。

我们认为音节只是语音形式,词是书写形式,语音再多也无法构成书写形式。王艾录(2003)曾就增订二版指出了该问题,认为这样的定义缺乏严密性[①]。增订六版更换了一种说法,定义却没有实质的变化。为此,笔者建议对叠音词和重叠词重新定义如下:

叠音词:由相同的不成词语素重叠而成。

重叠词:由相同的成词语素重叠而成。

如此定义,就形成了很好的对照关系,也方便学生记住两者区别。

(六) 一般词汇的作用

教材对于一般词汇的划分共包括古语词、方言词等五类,其中,教材从正式本开始,只对古语词的作用进行了分类描述,而对于其他四类一般词汇则只是进行分类上的介绍,未提及它们的作用,但是外来词、方言词等一般词汇,无论是在口语还是书面语中,都有着不可忽视的作用,因此教材需要将其他四类一般词汇的作用进一步予以补充。

(七) 简称词"影星"

从修订版开始,教材对于简称的分类便一直都在修订中。增订五版教材将简称定为以下五类:

1. 前后词均取前一个语素

2. 前词取前一个语素,后词取后一个语素

3. 省略并列词中相同的语素

4. 截取原来名称的前段或后段

5. 包含外来词的名称可以只取外来词的头一个音节(字)

最新的增订六版沿用了增订五版的分类结果。应该说,该分类结果存在遗漏或缺憾。我们以过去极具争议的简称"影星"为例来加以说明。付义荣(2012)[②]、董晓梅(2012)[③]针对增订四版中的"影星"一词,指出将其放入"后词均取前一个"一类中不正确:"影星"由"电影明星"一词缩

[①] 王艾录:《黄廖本〈现代汉语〉词汇部分指瑕》,《汉语学习》2003年第3期,第11—13页。

[②] 付义荣:《黄廖本〈现代汉语〉(增订四版)指正》,《集美大学学报(教育科学版)》2012年第3期,第54—59页。

[③] 董晓梅、胡建军:《黄廖本〈现代汉语〉(增订四版)纠谬商榷》,《淄博师专学报》2012年第4期,第52、53—58页。

略而来,将"影星"列入该类中是一个明显的错误,实际该错误在增订二版就已出现,至增订四版,教材将"影星"一词删除,至增订六版该词仍未出现,教材也未做特殊说明。"影星"作为一个基本词汇,为了避免与分类的冲突,教材选择将其删除,避而不谈,这样的做法不够严谨。我们认为,可以将上述分类中的1和2统筹,合并为"前后词分别选取其中的一个语素"。如此一来,诸如"影星"等词的分类就不再存在冲突。

二、内容增删问题

(一)同音词作用

同音词的内容早在试用本中就已出现,该部分内容与同义词、反义词放在同一板块进行介绍。20世纪五六十年代,周祖谟、张世禄等学者都采取这样的分类方法,教材大概也遵循了这样的方法。在介绍同音词时,除了对概念的介绍,教材还对同音词的作用也进行了介绍,包括同音词的积极、消极作用。在正式本中,教材还加入了同音词具有幽默色彩的作用。

从增订版开始,教材将同音词内容放入了新设的义项义素一节,却将同音词的作用进行了删除。直至今天的增订六版,教材也未将同音词的作用补回。虽然教材修订需要更新内容,但将一些重要的基础知识忽略,这也是不太合理的。

(二)成语和谚语区别

对于谚语的归类,教材在四十年的修订中做了巨大的变动。从最初的试用本开始,教材的熟语部分包括成语、谚语、歇后语,正式本又加入了惯用语和格言两部分内容。在后来的增订版中,谚语部分内容又遭到删除。直至增订五版,熟语部分才又出现了谚语内容。在如此反复的改编中,过去正式本中所提及的"成语与谚语的作用"被删掉了。增订五、六版中虽恢复了谚语的内容,却未将"谚语与成语的区别"补回。

(三)对异序词考察

异序词相当于武占坤(1959)提出的同素词,即两个词语素相同但顺序不同。早在2002年,我国开始试行第一批异形词整理表,因此在增订四版中,就有了对异形词的归类。在增订五版中,又加入了异序词的内容,虽然在内容上实现了补充,但教材的课后习题部分依然故我。增订六版仍和增订五版一样,只对异形词进行考察,未对异序词进行考察。作为一套针对中文系的典范性教材,不仅在知识讲解部分编写要全面,用于学生课后巩固的习题编写同样不可忽视。教材历久弥新不断进行改编,课后习题也要和知识讲解相对应,不可前后不一致。

三、结语

从1979年的试用本,至2017年的增订六版,无论是知识讲解还是课后习题部分,黄廖本教材都作了较大幅度的修订,从中不难发现编者对这套教材的精心打磨和艰苦付出。作为一套针对中文系教学的典范教材,在内容以及观点的取舍上,教材都进行了仔细斟酌。虽然在修订过程中,难免会存在遗漏、反复增删等情况,但经过前后对比,仍能清楚地看到教材在四十年中的进步。同时,教材也结合新技术,如书中附上二维码,扫描之后可获取相应的信息等。总体说来,黄廖本教材在现今的汉语教学中,仍起着举足轻重的作用。

【参考书目】

[1] 程树铭:《析黄廖本〈现代汉语〉(增订三版)词汇和语法部分的若干问题》,《牡丹江师范学院学报(哲学社会科学版)》2004年第6期。

[2] 董晓梅、胡建军:《黄廖本〈现代汉语〉(增订四版)纠谬商榷》,《淄博师专学报》2012年第4期。

[3] 付义荣:《黄廖本〈现代汉语〉(增订四版)指正》,《集美大学学报(教育科学版)》2012年第3期。

[4] 黄伯荣、廖序东:《现代汉语》(试用本),甘肃人民出版社1979年版。

[5] 黄伯荣、廖序东:《现代汉语》(正式本),甘肃人民出版社1981年版。

[6] 黄伯荣、廖序东:《现代汉语》(修订本),甘肃人民出版社1983年版。

［7］黄伯荣、廖序东:《现代汉语》(修订本),甘肃人民出版社1988年版。

［8］黄伯荣、廖序东:《现代汉语》(增订版),高等教育出版社1991年版。

［9］黄伯荣、廖序东:《现代汉语》(增订二版),高等教育出版社1997年版。

［10］黄伯荣、廖序东:《现代汉语》(增订三版),高等教育出版社2002年版。

［11］黄伯荣、廖序东:《现代汉语》(增订四版),高等教育出版社2007年版。

［12］黄伯荣、廖序东:《现代汉语》(增订五版),高等教育出版社2011年版。

［13］黄伯荣、廖序东:《现代汉语》(增订六版),高等教育出版社2017年版。

［14］李晓华:《对语素问题的几点认识——关于黄、廖版〈现代汉语〉中语素问题的思考》,《太原大学教育学院学报》2011年第2期。

［15］宋颖桃:《对黄伯荣、廖序东主编〈现代汉语〉增订四版的质疑与思考》,《现代语文(语言研究版)》2013年第5期。

［16］王艾录:《黄廖本〈现代汉语〉词汇部分指瑕》,《汉语学习》2003年第3期。

［17］周日安:《汉语单音节外来词初探》,《汉语学习》2004年第2期。

框架核心分析法

黄伯荣

(青岛大学文学院,山东青岛 266021)

框架核心分析法是既讲核心又讲层次,既讲框架又讲位次的一种析句法,简称"核心法"。它能把不同层次的句子成分放在同一线性框架平面上,便于显示句型框架,所以又可叫句型核心分析法。先分析下面一个单核心的动句的结构:

① 我们厂^1[最近]^{2}试制^4<成功>了^{3}几种新产品

主位　　状位 动词 补位　　　宾位　　　(框架位次)

统观全局,尽量把一个语义段分成有结构关系的两个语义段。本例依次共切分四次。第一刀切在主谓之间,在主语底下画双横线,主语以外的词语都是谓语,谓语符号(——)省去不画。未画符号的部分再一分为二,切出状语和中心语,用方括号([ ])表示状语,中心语符号(○○○○)省去不画。未画部分再一分为二,第三刀切在动宾之间,在宾语底下画浪线,动语符号(—)省去不画。未画部分最后切分出中心语和补语,用尖括号(< >)标明补语,中心语符号省去不画,只画核心符号(⊙⊙)。这时找到核心动词,句型已显露,句型分析到此为止。如果需作短语分析,到词为止。

本核心法同中心词分析法(中心法)、层次分析法(层次法)、格语法和其他核心分析法有继承、吸收和发展的关系,吸取了各种析句法的合理内核,融为一体,成为有自己的理论和析句符号的一种析句体系。现逐点说明于下：

1. 所谓核心，是句中关系到句型、决定全句性质、意义上和结构上联系最广的词语。抽出核心，句型成分就因失去联系而散了架。核心不是"句子成分"名称，动句核心就称为动词，它是所有带核成分的总代表，能代表带核成分与向核成分发生理论上的语法关系。句中包含核心的句子成分叫带核成分（指谓语、中心语、动语），与带核成分配对的成分叫向核成分（指主语、状语、补语和宾语）。在原句图解时只标出核心和向核成分，以便于做线性排列，显示句型。

2. 所谓"框架"，即语法单位的格式、模式。如例①的"主位、状位、核位、补位、宾位"就是汉语动句的一个基本框架。它可变简变繁和换位。主位等可以是空位，状位等可以由多层状语构成，宾位等可以套上别的框架。框架还可以连用（如连谓式），可以套叠（如兼语式），构成一个多核框架。汉人从小学习汉语，就是在脑子里逐渐存储从简单到复杂的框架及其变化的规律，学会用语义上合适的概念、语法上能前后搭配的词语往框架里填空。凭有限的框架将无限的词语经过调配编码生成无限的句子。没学过语法知识的人有时会发现病句，就是凭语感（吕叔湘说的语法感）觉得不通，即词语与框架不相适应。框架语法是汉语语法研究的重要内容和新思路。

3. 核心法能反映语言的层次性。上例的 1、2、3、4 就是层次切分的顺序，表示四个层次。本核心法有自己的一套层次切分程序手续[①]找出核心。先切核前，后切核后；先切远的，后切近的。两可的情况，灵活处理。

4. 本核心法强调八个一般句子成分是配对而共存共现的[②]，标出主语，其后必有谓语，谓语不画自明。有宾语其前必有动语，有状语补语就必有各自的中心语。总之，标出向核成分，不标的就是带核成分。遇到省略，必要时把省略的成分补出。

---

① 参看参考文献[1]。增订二版下册第 132 页"环绕中心，先远后近，层层二分"和第 6—7 页讲成分定义和成分配对。

② 参看参考文献[1]。增订二版下册第 132 页"环绕中心，先远后近，层层二分"和第 6—7 页讲成分定义和成分配对。

5. 本核心法自己有整套析句符号①,它来源于黎锦熙读书标记法,经过多次改造而成,现已广为流传,连《中学教学语法系统提要》也采用它。它是指主(═)、谓(—)、宾(〜〜)、定(( ))、状([ ])、补(〈 〉)、中(。。。。)。此外还有变体符号:‖、|和)、]、〈等,用于框式图解,图解短语。例如:

② [他病的时候], 他父亲[曾经] 给他〈三次〉钱　（原句图解时用的符号）

```
 ┌─────────┬──────────┐
 │   状    ]   中     │
 │     ┌───┴───┬──────┤
 │     │ 主 ‖ 谓      │
 │     │   ┌──┴──┐    │    （框式图解里有了符号,
 │     │   │状]  中   │     汉字可省）
 │     │   │  ┌─┴──┐ │
 │     │   │  │动 |宾│ │
 │     │   │  ├─────┤ │
 │     │   │  │中〈补│ │
 │     │   │  │动|宾 │ │
```

6. 各配对成分在句中有固定的位次,这是由汉语语序固定决定的。主在前谓在后,动在前宾在后,状、定居中心语前,补居中心语后。主状居动前,补宾居动后,造成例①那样的常用的句子框架,状语② 有时居主前,仍在动前,补宾易位,仍在动后。各个成分可以有几层(如例②③⑥),形成不同的框架。

7. 本核心法不但便于做格语法的分析,也便于较细致地表示句型框架。加上施、受等汉字或字母符号可表示不同的格,还可用来区分同型异构的框架,例如"鸡[不]吃了"是多义句,可在主语下加"施"或"受"来分化多义句式。

8. 核心法图解具有灵活性。遇到两可的结构可作两种分析,如例①第二刀可以不切在动前而切在宾前。通常不标切分先后的序号,两种分析都讲得通。

为了说明本核心法,为了比较它同其他核心法的异同,再举例于下:

---

① 参看参考文献[1]。增订二版下册第132页"环绕中心,先远后近,层层二分"和第6—7页讲成分定义和成分配对。

② 各句子成分有自己的定义,参考文献[1],第6页。

③ 你　这三本书　一本　也　没　看过　吗①
　　主　　宾　　　宾　　状　状　动　　　　　　（引自参考文献[2]）
　　主　　主　　　主　　状　状　动　　　　　　（本核心法）

④ [昨天]下了〈一场〉((破纪录)的特大)暴雨②
　　　　　　述　　　～～～～～～～　　　　　　（引自参考文献[7]）
　　[　]⊙·(　)　～～～～～～～　　　　　　（本核心法）
　　　　动

⑤ [科学的]总结〈出〉三十年来的经验③
　　　　动词　　　　　　　　　　　　　　　　（引自中学提要）
　　[　]动词〈　〉～～～～～　　　　　　　　（本核心法）
　　　⊙⊙

⑥ 商店的上级领导又表扬了　一次　老王。④
　¹主　　　²状　⁰述⁵附　⁴补　　³宾　　　　（引自参考文献[5]）
　¹主　　　²状　动⁴补　　³宾　　　　　　　　（本核心法）

⑦ 我的朋友　[已经]　准备　〈好〉　旅行的干粮⑤
　　主　　　　状　　　谓　　补　　　宾　　　　（引自参考文献[8]）
　　主　　　　状　　　动　　补　　　宾　　　　（本核心法）

　　拿例③、④、⑤作例子的三家虽然都没有提出"核心"这个名称和有关理论，但对后出的核心法有很大的启发和影响，所以放在此

---

① 没说明切分顺序和层次，主张宾可居动前。
② 成分符号与黄廖本和中学提要基本相同，但这句定语画法有问题。
③ "中学提要"是"中学教学语法系统提要(试用)"的简称。"提要"没说本例有核心和层次。
④ 主张本例应分为五个层次，五对成分的符号与众不同。
⑤ 文献[8]叫层-核分析法，认为"句子的核心和与核心相对的各个直接成分都是在第一层上。"（223页）

讨论。例④例⑤分析法极相似,只是例④把动词称为述语,并明说"状·述·补·宾"与"状·述·补""述·宾"都是一个层次,等于说多成分的复杂动词短语不分层次(但主张名词短语要分层次)。例⑦的作者主张"主·状·谓·补·宾"(连主语)都在一个层次之内,下一个层次是定语"我"和"旅行"。

各核心法历史很短,从总名到成分切分法和成分定名法都有差异,对多成分动词短语的层次问题的分歧最大。本核心法认为动词短语的几个成分不是在一个层次上。核心不是句子成分,如叫述语或谓语,必将难以反映汉语的层次性。动句核心就叫动词,形句核心就叫形容词,名句核心就叫名词。

析句是为了了解结构、归纳句型、以利应用。已有的析句法,对汉语都有一定的解释力,只是有强弱之别。矛盾或遗漏的现象越少,解释力就越强。寻求解释力强的、切合汉语实际、便于归纳句型的析句法,是语法工作者的重要任务。本文只是抛砖引玉,欢迎同行指正[①]。

【参考书目】

[1]黄伯荣、廖序东主编:《现代汉语》(简称"黄廖本"),甘肃人民出版社1979年试用本、1983年修订本,高等教育出版社1990年增订版、1997年增订二版。

[2]吕叔湘主编:《现代汉语八百词》(简称"八百词"),商务印书馆1980年版。

[3]陆丙甫:《主干成分分析法》,《语文研究》1981年第1期。

[4]陆丙甫:《对成分分析法和层次分析法相结合的一些看法》,《中国语文》1981年第4期。

[5]史有为:《语言的多重性与层—核分析法》,《中国语文》杂志社编:《汉语析句方法讨论集》,上海教育出版社1984年版。

[6]黄伯荣:《谈句法分析——介绍一部〈现代汉语〉的句子分析法》,

---

① 因为我准备在修订黄廖本教材时逐步试用框架核心分析法。

《中国语文》1981年第5期。

[7] 张志公主编:《现代汉语》(简称"张本"),人民教育出版社1985年版。

[8] 钱乃荣主编:《现代汉语》(简称"钱本"),高等教育出版社1990年版。

(原文刊载于《汉语学习》1999年第6期)

论句子结构的分析法

廖序东

(江苏师范大学文学院,江苏徐州 221009)

一

根据一定的语法体系分析句子的结构,是语法教学的一个重要内容。一种语言的完整的语法体系,要能够说明这种语言各种各样句子的结构,即它们的造句法。进行一种语言的语法教学,讲解一种语言的语法体系,目的在使学者能分析这种语言的句子结构,从而正确地理解句子的思想内容,在使学者能辨认一个句子结构的是否正确,从而提高运用语言的能力[①]。这就说明了语法教学的重要作用。为了使语法教学有较好的效果,需要有一个统一的语法体系和统一的析句法。目前汉语语法教学在语法体系上,在析句方法上都存在着分歧,有点像1956年以前语法教学的那种样子。在1956年中学汉语、文学分科教学以前,学校语法教学所采用的语法体系是很不一致的,有黎锦熙先生的,有王力先生的,有吕叔湘先生的,还有其他语法学家的。不同的语法体系,各有一套语法术语,各有一种析句法。一个量词又有单位名词、副名词等叫法。一个"是"字,有的叫系词,有的叫动词,有的叫同动词。老师给学生讲了一个术语,还得同别的术语相对照。"台上坐着主席团"这样一句话就有好几种分析法:(一)状语—谓语—主语。(二)状语—谓语(动词)—宾语。(三)主语—谓语(动词—宾语)。(四)主语—谓语(谓语—主语)。

---

① 这里是就一般学校的语法教学而言的,至于为搞电子计算机、搞机器翻译而作的语法研究并不包括在内。

教师给学生讲了一种分析法,还得按别的分析法去讲一讲。这样地教学语法,教者、学者都感到很吃力,花的时间多,收的效果小,达不到教学语法的目的。自从1956年有了《暂拟汉语教学语法系统》(以下简称《暂拟系统》)及以此为依据编写的中学《汉语》课本语法部分以后,学校的语法教学那种混乱的现象就完全克服了。这个《暂拟系统》是吸取我国主要语法学者的研究成果而制定的。词类、句法,哪位语法学者讲得好,就采用哪位语法学者的讲法。它是能为当时语法学界所共同承认的一个综合的语法体系。《暂拟系统》的出现给语法教学带来了很大的便利。原来争论不休的问题,有了统一的讲法了,不需要再作无谓的争论了。语法教师把精力用来研究汉语的语法规律,用来研究教学方法,提高教学质量。于是语法教学和语法研究工作都有了很大的发展。

《暂拟系统》的制定到现在已经有25年了。由于语法学界对汉语语法有了些新的看法和研究,语法教学又出现了语法体系及析句方法的分歧。以三本高校《现代汉语》教材(上海本、兰州本、郑州本)而论,它们一方面同《汉语》课本不一致,一方面彼此也不一致。它们都把副词归入实词,都把三个合成谓语作了另外的处理,析句都基本上采用了层次分析法。这都同《汉语》课本不一致。它们彼此也不一致的,如上海本、兰州本在助词中保留了时态助词和结构助词,而郑州本则把时态助词列入词的后缀,结构助词并入连词。又如上海本、兰州本保留了连动式和兼语式两种结构,而郑州本则作了另外的处理。又如兰州本、郑州本取消了复指成分,而上海本则保留了一部分复指成分(改称提示成分)。在析句法方面,可用"我们工程队的同志们已经完成了今年的基建任务"一句为例,对它们的分析法作个极简略的比较。① "我们工程队的同志们"这个片段,上海本说是"主语",兰州本说是"主语部分",其中的中心语是"主语"。"已经完成了今年的基建任务"这个片段,上海本说是"谓语",兰州本则说是"谓语部分",再分为"动词部分"和"宾语部分","动词部分"的中心语才是"谓语"。这是上海本同兰州本对于主语、谓语看法的不一致。郑州本则主张这类句子一开始就应三分:"我们工程队的

---

① 下面的分析是根据这三本教材讲的分析法作出的,并不是从这三本教材引用的。

同志"这个片段是"主语",与上海本一致,与兰州本不一致;"已经完成了"这个片段是"谓语","今年的基建任务"这个片段是"宾语",与上海本、兰州本都不一致。总之,不一致的地方不少。专家们从事语法研究,不妨百花齐放,自创新的体系、新的析句法;为了语法教学的便利,仍希望有一个统一的体系和统一的析句法,也就是说,希望有一个新的《暂拟系统》。

在目前,制定一个新的《暂拟系统》是完全必要的,也是完全可能的。广大的语法教学和研究者都很熟悉《暂拟系统》,也都很清楚它还存在些什么问题。《暂拟系统》在群众中有很广泛的影响。个人认为经过充分的讨论,在《暂拟系统》的基础上作些修改、补充,形成一个新的《暂拟系统》,容易为广大群众,为语法教学和研究工作者所接受。相信有了新的统一的语法体系和统一的析句法,语法教学和研究又将有一个新的发展。

二

谈到句子结构的分析法,即析句法,总体来说,目前通用的只有句子成分分析法和层次分析法两种。根据汉语语法教学的目的,究竟采用哪一种析句法好呢?这两种析句法各有什么优点缺点呢?这似乎应该有一个全面的比较才好,可惜现在作这种全面的比较的文章还不多见。[①] 我个人在长期的语法教学中两种析句法都用过。下面就说说自己的一些粗浅的看法。

层次分析法来自美国的结构主义语法学。这种析句法的最大优点就是能够显示一个语言片段结构的层次性。分析一个语言片段,总是先一分为二,然后一层一层分下去,分到全部都是词为止。例如:

```
   3   2   1   4   3   4   2   5   4   3
鲁迅 | 的 | 小说 | 深刻 | 地 | 揭露 | 了 | 旧 | 社会 | 的 | 黑暗
```

这是一个句子,先一分为二,即在"小说"与"深刻"之间划一道竖

---

① 这类文章就看到的有卢曼云《介绍两种析句方法》,载《语文战线》1978年第2期。又史存直《语法研究的两个方法》,载《华东师范大学学报》1979年第7期;《评几种新的句子分析法》,载《上海师大学报》1980年第5期。

线,把整个句子分为两部分。这两部分就是组成这个句子的直接成分。这两个直接成分再各一分为二,就得出了它们各自的直接成分,再逐层分析下去,分到第五层,全部就是单个的词了,分析就算结束了。因为每次分析都是一分为二,所以这种析句法简称为二分法(当然遇到并列的多项,那就要多分了)。

　　层次分析法对于理解一个有歧义的语言片段是有帮助的。例如"看打乒乓球的小孩"这个语言片段,分析起来,就可能有两种不同的层次,这就要从中确定一种从而消除这个语言片段的歧义。

```
          1   4       3  2
          看｜打｜乒乓球｜的｜小孩(这说的是一种"行为")
              3   4      2  1
          看｜打｜乒乓球｜的｜小孩(这说的是一种"人物")
```

　　但这种层次分析法把一个语言片段一层层地分下去,每一层总是两个直接成分,不能使人认识一个语言片段同另一个语言片段在结构上有什么不同。因为几个语言片段都被一分为二地分成一片片的,它们结构上的特点就不容易看清楚。分析句子,要使人认识所分析的句子的结构,认识它的格局,即句型。分析一个比较复杂的句子,层次越多,越不能掌握住它的结构的特点,它的格局——句型。有人说,层次多,分析到后面,就忘记了前面,哪里谈得到掌握住整个句子的结构上的特点?

　　有的语言片段,极普通的,用层次分析法也不知从哪儿切分好。这种语言片段有:

　　(一)双宾语结构　例如"奖工程技术人员一面锦旗",无论第一次切分是在"奖"与"工程"之间,还是在"人员"与"一面"之间,都不好理解。从前一处切分,那"工程技术人员"与"一面锦旗"是什么结构关系呢?从后一处切分,"奖工程技术人员"与"一面锦旗"是什么结构关系呢?不好回答。[①]

[①] 吕叔湘先生认为这两种切分法都可以,见《汉语语法分析问题》(商务印书馆1979年)第57页。有的同志认为第一次应从"人员"后切分,两个直接成分是述宾关系;第二次在"奖"后切分,两个直接成分也是述宾关系。

（二）兼语结构　　例如"请他去"，第一次切分是在"请"后，还是在"他"后？在"请"后一切，"请"与"他去"是什么结构关系？在"他"后一切，那"请他"与"去"又是什么结构关系？都不好回答。吕叔湘先生就说过："比较严重的问题是兼语式不适合层次分析。兼语式的定义就是一个动宾结构套上一个主谓结构，画个图就是

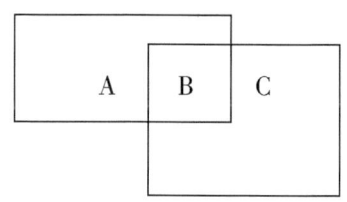

这怎么适用二分法呢？"① 所以有的同志就干脆否认兼语的存在，从而否认兼语式的存在，提出兼语式结构是"谓词性结构的连用"的一种新的处理法。② 总之是兼语式结构不适合层次分析。③

（三）宾语在补语当中的结构　　例如"拿出一本书来""走出门去"两个语言片段，也不知从哪儿作第一次切分好。

（四）词的排列不按照层次的结构　　例如"他们完成了自己的任务，出色地。""出色地"本是"完成"的状语，现在倒置在句尾了，不好一分为二了。

（五）带有独立语的结构　　例如"你呀，天晓得，会是这个样子的！""天晓得"不好处理，只有把它先剔出去，再来切分。

上面说的是有的语言片段不好用层次分析法分析。另有一种情形，有的语言片段可以作层次分析，但从哪儿切分没有定准儿。这个人可以这样切分，那个人又可以那样切分，谁也说服不了谁。这种语言片段有：

（一）动词前有状语、后有宾语的结构　　例如：
认真地学习｜科学技术

---

① 《汉语语法分析问题》，商务印书馆1979年版，第84页。
② 张礼训：《从层次分析作业方法上的要求看兼语结构分析上的矛盾》，《南京大学学报》1978年第3期。
③ 上海本《现代汉语》对这种结构用的是三分法，见该书第333页。

"认真地学习"什么呢?"科学技术"。这样地分析,这个语言片段的基本结构是动宾结构。

认真地｜学习科学技术

"认真地"干什么?"学习科学技术"。这样地分析,这个语言片段的基本结构,就是偏正结构。①

(二) 动词前有状语、后有补语的结构　例如:

壮烈地牺牲｜在敌人的屠刀下

"壮烈地牺牲"在哪儿呢?"在敌人的屠刀下"。② 这样地分析,这个语言片段的基本结构是补充结构。

壮烈地｜牺牲在敌人的屠刀下。

怎么样地"牺牲在敌人的屠刀下"呢?"壮烈地。"这样地分析,这个语言片段的基本结构是偏正结构。

严格地说,这种以动词为中心前有状语、后有补语的结构是不好一分为二的,正如一个人前后都背有东西,前后都应照顾,不能顾前不顾后的。

这种种切分上的分歧,主要是由于汉语的词没有严格意义的形态变化,不可以从形式上准确地判定这个词同那个词有结构上的关系。只凭意义,分析起来就难免有分歧。

(三) 句首有状语　例如"为了教育下一代,他参加了人民教师的行列"一句,如看作主谓结构,③应从"他"后切分。如在"下一代"后切分,那这个句子就是偏正结构。又如"昨天,大伙儿听了重要的报告"的分析也如此。一般人认为是主谓结构的句子有的就会排斥在主谓结构之外了。

又,一个句子句末一定有表示句子完了的点号(句号、问号、感叹号),点号前还往往有语气助词,按层次分析法的切分原则,先应从点号

---

① 吕叔湘先生认为这两种切分法都可以,见《汉语语法分析问题》第57页。我个人同意第一种切分法,因为"认真地"只依附于动词"学习"。没有"科学技术","认真地学习"仍旧能成立。

② 这当然不是补充说明处所的,而是说明牺牲者是被敌人杀害的。

③ 上海本《现代汉语》是看作主谓结构的,见该书第292页。

前切分,然后再从语气助词前切分,然后才是对构成句子本身的词语的层次分析。例如:

　　3　4　2　1
　他｜来｜了｜吗｜?

短短的一句话就有四个层次。分出这许多层次来,似乎并不能使人对句子的意思有更深刻的理解。

综上所述,层次分析法有它的优点,正如它的名称所示,能够显示语言片段的层次,但也有不少问题须待解决。用层次分析法分析句子可以《现代汉语语法讲话》为代表,但其中"分析句子的步骤"一小节用层次分析法只分析了"帝国主义的侵略打破了中国人学西方的迷梦"一句为例,并没有讨论用层次分析法会遇到什么问题。别的语法书,用层次分析法析句的,也只举少数几个例子示范,根本看不出这种析句法的全面运用。因此就有吕叔湘先生所说的情况:"层次分析法的理论也曾经渗入我国语言学界,但是目前通行的语法教材受它的影响还是微小。现在大多数讲汉语语法的著作,尽管在体系上有这样那样的分歧,方向还是一个——句子格局的分析。"①

下面再来谈句子成分分析法的优缺点。句子成分分析法是传统语法的析句法,是着重分析句子格局、着重确定句型的方法。这种析句法把句子成分分为主语、谓语、宾语、定语、状语、补语六种。如果一个句子具备了这六种成分,一次就能够把这六种成分全标志出来。例如:

　乌鸦的翅膀　绝　遮　不住　太阳　的　光辉。
　定语　主语　状语　谓语　补语　定语　　宾语

一看就知道这是个主谓宾型的句子。主语、宾语前都有定语,谓语动词前有状语,后有补语。从句子成分的搭配看清各种句子的格局——句型,从而掌握各种句子的构造规律,这就是这种析句法的优点。因为这种析句法是一次就把句中的所有成分都分析出来的,所以又称多分法。就层次分析法说,一个主谓结构的句子就只有两个成分:主语和谓语。其他的成分则是下一个层次或更下一个层次的东西。用层次分析法,

---

① 《汉语语法分析问题》,商务印书馆1979年版,第61页。

是不好问一个句子可能有几个句子成分的；至于句子的格局——句型，更不用问。

和层次分析法比较，句子成分分析法对句子结构的层次性显示得比较差。有的人说句子成分分析法不讲句子结构的层次，这实在是一种误会。用这种析句法分析句子，只是标志出了分析的结果，并不像层次分析法完全反映出分析的过程。吕叔湘先生评句子成分分析法说："拿过来一个句子，先摘出两个词，说这是主语，那是谓语，然后把这个那个连带成分，这个那个附加成分，一个一个加上去。"[1] 这只是"在手续上颠倒了"[2]，但在分析的过程中并未忽视句子结构的层次性。只是为了突出句子的基本成分，为了显示句子的格局——句型，不像层次分析法那样在纸上一层一层地写出来罢了。试问在摘出一两个词来，说这是主语，那是谓语以前，不看清句子结构的层次行吗？在用句子成分分析法析句的时候，先找出主语和谓语，谓语如是动词，就要看有没有宾语。然后再配上各种附加成分，如果需要的话，然后再作各种成分的内部分析。这样分析就在一定程度上显示了句子结构的层次性。

用句子成分分析法析句，比较容易检查出句子的毛病，如果有毛病的话。因为句子成分分析法着重抓句子的各种成分，那么句子成分的多余或残缺，这个句子成分同那个句子成分的搭配有无毛病是比较容易发现的。《语法修辞》一书是用层次分析法析句的，但也着重谈到用紧缩法来检查句子的毛病。[3] 该书说："一棵树有主干，有枝叶。枝叶纷繁，就不容易看清主干。句子也有'主干'，有'枝叶'。'主干'是句子的基本成分，'枝叶'是修饰成分。修饰成分多了，句子的基本结构就不容易看清楚。所谓紧缩就是把这些修饰成分去掉，使句子的基本结构显示出来。"[4] 这儿所谓紧缩法实际就是句子成分分析法的别名。前面所举吕叔湘先生说的"先摘出两个词，说这是主语，那是谓语"的话，不正是这儿所说的紧缩法运用的结果？用紧缩法检查句子的毛病不正是用句

---

[1] 《汉语语法分析问题》，商务印书馆1979年版，第62页。
[2] 《汉语语法分析问题》，商务印书馆1979年版，第62页。
[3] 北京大学中文系汉语专业编：《语法修辞》(修订版)，商务印书馆1978年版，第23—26页。
[4] 北京大学中文系汉语专业编：《语法修辞》(修订版)，商务印书馆1978年版，第23—26页。

子成分分析法来检查句子的毛病？所以吕叔湘先生给了句子成分分析法一个公允的评价："这种分析法有提纲挈领的好处，不仅对于语言教学有用，对于科学地理解一种语言也是不可少的。"[①]

句子成分分析法最被人指责的，除了不能分清句子结构的层次（前面已经说过，这只是一种误会）外，还有分析之后，基本成分不能反映原句的基本意思，或者成分与成分配不拢等问题。常见的例子有：

我不写小说。——分析之后基本成分是"我写小说"与句子原意刚好相反。（这说明了否定词不能抽掉）

解放区的天是明朗的天。——分析之后基本成分是"天是天"，不成话。（如果把"解放区的天""明朗的天"分析作主语谓语就没有问题）

我们应该尽最大的努力。——分析，"尽"是谓语，"努力"是宾语。"尽努力"配不拢，"最大的"不能去掉。

我笑破了肚子。——要是把"肚子"分析成"笑"的宾语，不成话，那要么把"肚子"分析成"笑破了"这个词组的宾语，要么把"破了肚子"分析成动宾词组去作"笑"的补语。又"走进大礼堂"也有这样的问题。

句子成分分析法虽然是传统的析句法，使用的人多，使用这种析句法析句的语法书有不少是很有影响的，但还须从理论上作进一步的研究，还须对某些结构的分析作深入的探讨，使这种析句法更臻完善。

三

统一的析句法需要经过语法教学和研究工作者共同讨论、研究而形成，下面提出个人在语法教学采用的析句法，以供讨论。这种析句法的要点是抓基本成分，确定句型。这同一般所说的句子成分分析法稍有不同，不妨称为基本成分分析法。[②] 下面简要地说一说这种析句法的具体内容。

汉语句子可以分析出六种句子成分：主语、谓语、宾语、定语、状语、

[①] 《汉语语法分析问题》，商务印书馆1979年版，第60页。
[②] 拙著《单句的分析》（《徐州师范学院学报》，1978年第3期）就是介绍这种析句法的。完全使用这种析句法析句的语法书有《语法基础知识》，江苏人民出版社1979年版。

补语。还可能有两种特殊的句子成分:同位语、独立语。

这六个句子成分分为两组:一组是基本成分,为附加成分所修饰的:主语、谓语、宾语。一组是附加成分,附加在基本成分上的:定语、状语、补语。

根据基本成分的运用情况确定句子的格局,即句型。只有一套基本成分的是单句,两套或几套基本成分的是复句。

单句有下列五种基本句型:

(一) 主谓型

主语　谓语

土地　肥沃。

人民　万岁!

(二) 主谓宾型

主　语　谓语　宾语

解放军　热爱　人民。

科　学　是　生产力。

(三) 双宾型

主语　谓语　宾语1　宾语2

党　　给　　我　　力量。

学生　　问　　老师　　问题。

(四) 连谓型

主　语　谓语1(宾语)　谓语2 (宾语)

社员们　下　　地　　割　　麦子。

人　民　起来　　　　打倒　反动派。

(五) 兼语型

主　语　谓语1　兼语　谓语2　(宾语)

工作　　使　　他　　忘记了　一切。

大伙儿　喜欢　他　　诚实。

宾语外加括号,表示有的句子有它,有的没有它,但都属于同一种句型。除主谓型外,其余四型都是由谓语动词的性质决定的,如双宾型,当然其中谓语动词是可能或需要带双宾语的。

《汉语》课本把句型叫作句子的格式,它列了一般单句的格式18种,是把附加成分看作组成格式的因素的。①

每分析一个单句,首先就要抓基本成分(有几个基本成分,就要一分为几),从而确定这个句子的句型。

各种句子成分有用单词充当的,有用词组充当的。经常见到的词组有联合词组、偏正词组(再分以名词为中心的和以动词、形容词为中心的两类)、补充词组、动宾词组、主谓词组等。一般地说,以名词为中心的偏正词组不充当主语和宾语,以动词、形容词为中心的偏正词组和补充词组不充当谓语。因为如果承认这些词组能够作句子的基本成分,那就同层次分析法一样了,不是什么基本成分分析了。

所有的词组都能够充当句子的附加成分。

词组作句子成分,倘有必要,可再作词组内部结构的分析。例如:

广大群众的支持　使　　他　有了　　克服困难的决心。
　定语　　主语　谓语1　兼语　谓语2　定语　　宾语

定语"广大群众"是个偏正结构,"克服困难"是动宾结构。②

多层定语、多层状语作为几个定语、几个状语来分析。例如:

他是我们学校的一位有多年教学经验的语文教师。

我们的队伍沿着溪边的小路向山麓前进。

"教师"前有四个定语,各从一个方面去修饰"教师",取消其中任何三个,剩下的一个仍然是"教师"的定语。可以说,这四个定语是分别修饰"教师"的,是"教师"的四个定语;但也可以像层次分析法那样去看:"语文"是"教师"的定语,"有多年教学经验的"是"语文教师"的定语,"一位"又是"有多年教学经验的语文教师"的定语,最后"我们学校的"又是"一位有多年教学经验的语文教师"的定语。

"前进"前的几个状语也可作这样的两种看法。

一个句子在前,如何着手分析?要确定句子的格局,即句型,就要

---

① 张志公主编:《汉语知识》(重印本),人民教育出版社1980年版,第182—185页。
② 这和《汉语》课本的分析法不同。按《汉语》课本的分析,"群众"是"支持"的定语,"广大"又是"群众"的定语。"克服"是"决心"的定语,"困难"是这个定语所带的宾语。要是动宾词组作句子的主语、宾语,《汉语》也是如此的分析。

找出基本成分来,但找基本成分,就要找附加成分。除开附加成分,就是基本成分。基本成分好比树的主干,附加成分好比树的枝叶,"拨开枝叶见主干"——就是这种析句法的具体的步骤。有人说析句先要抓主干,后寻枝叶,这种说法是不正确的。

为什么要先抓附加成分?因为附加成分好抓,它们是有标志的。这标志就是虚词。结构助词"的、地、得、所"就分别是定语、状语、补语的标志。介词结构经常作状语、补语,或带"的"字作定语,介词就是这些附加成分的标志。词序也是一个标志。例如分析下句:

鲁迅以自己的笔无情地批判了人吃人的旧世界。

"以"是介词,"以自己的笔"这个介词结构在动词前当然是状语。"无情"后有了"地"字,"人吃人"后有个"的"字,那又当然分别是状语和定语。"旧"在"世界"前,也是定语。把枝叶—附加成分拨开,那主干—基本成分"鲁迅—批判了—世界"不就呈现出来了吗?

句子分析的结果如用语言叙述出来,那太繁,最好用图形或线条符号表示出来。图解法能把抽象的语法现象形象化、直观化,是语法教学和研究的科学的工具。黎锦熙先生是运用图解法的代表。郑州本《现代汉语》对单句类型的分析也用了图解法。为了配合层次分析法的运用,目前有一种树枝式图解法,具体的例子可看范继淹《句法语义浅谈》第一讲。[①] 最为简便的表示法莫过于加线法(或称标记法)。黎锦熙先生在所著《中国语法与词类》介绍了这种方法,并运用于《汉语语法教材》。加线法有几个优点:(一)一个成分用一种线条或符号表示,易于辨认。(二)线条或符号可随文添加,不需要另外抄原文,省时,省地位。(三)可运用于全篇文章的句子分析。(四)运用时可繁可简。繁则把所有作句子成分的词组内部结构全标志出来,简则只标志基本成分。现在比较通行的线条、符号是:

＝主语的标志;—谓语的标志,或动宾词组中动词的标志;＿宾语的标志;( )定语的标志;[ ]状语的标志;〈 〉补语的标志 ~~ 兼语的标志;某些词组作∥句子成分的标志;△独立语的标志;∧介词的标

---

① 参见山西师范学院中文系编:《语文教学通讯》1981年第1期。

志；·连词的标志。

下面分析本文所引例句为例：

(鲁迅的)小说[深刻地]揭露了(旧社会的)黑暗。

(乌鸦的)翅膀[绝]遮〈不住〉(太阳的)光辉。

(广大群众的)支持 使 他 有了(克服困难的)决心。

他 是(我们学校的)(一位)(有多年教学经验的)(语文)教师。

(我们的)队伍[沿着溪边的小路][向山麓]前进。

目前出版的语法书用加线法的多，但线条符号所表示的成分颇不一致，最好能统一起来。《汉语》课本也用加线法，但主语、谓语全用 == 表示，定语、状语、补语全用 ~~~~ 表示，这当然不能起到标示句子成分的作用。

用加线法，倘再在主语谓语之间用 ‖ 隔开，在谓语动词与宾语之间用 | 隔开，则句子结构的层次性也适当地表示了出来。

(原文刊载于《中国语文》1981 年第 3 期)

拉近现代汉语教学与当下语言生活的距离

刁晏斌

(北京师范大学文学院,北京 100875)

现代汉语是高校中文专业重要的专业基础课,同时也是很多相关专业(如新闻、外语等)的重要必修或选修课,总体而言,虽然投入的时间以及人力物力并不算少,但是所取得的效果却往往不尽如人意,这说明,本门课程一定还存在不少需要改进的地方。本文就其中的一个方面,即现代汉语教材与教学和当下语言生活一定程度上脱节问题,谈一点儿意见和看法。

一、现代汉语课程面临的困惑

这里指的主要是,无论是从学生学习的角度,还是教师教授的角度,参与现代汉语这门课程的人往往都存有这样或那样的困惑、疑虑与不满,总体而言教与学的效果都不尽如人意。

先说学的方面。来自学生的困惑大致有以下几点:

一是已知与未知的矛盾不突出。很多东西都知道,甚至还学过一些,因此没有足够的吸引力。

二是所学内容与语言生活实际有一定程度的脱节。学生们活在当下的现实语言生活中,而他们所学的现代汉语却与实际使用的语言有较大的差异,由此对所学知识的可信度产生怀疑。

三是语言文字应用能力提高不明显,由此就对本门课程的有用性产生怀疑。

再看教的方面。来自教师的困惑,大致也有几点:

一是教学效果不太好,学生的学习积极性不高,但是往往又难以对症下药并找到有效的解决办法。

二是课程内容丰富与教学课时相对较少形成比较突出的矛盾。

三是在"规范"知识与实际语言现象之间犹疑不定,最后的选择往往是跟着教材走,而疏离现实的语言生活。

四是跟其他相关平行或后续课程不太好衔接,一定程度上造成某些讲授内容多余或残缺。

以上学与教两个方面出现问题的原因,我们认为主要有以下几点:

一是课程的定位不够清晰明确。现代汉语到底是一门知识课,还是技能(工具)课,还是二者兼而有之? 如果是兼而有之,二者以哪个为主,怎样分配课时比较合理? 这方面似乎还不太清楚,具体到不同地区、不同学校的教师,往往也有比较大的差异。就具体的教学实践来看,多数都以知识讲授为主,对语言能力的培养重视程度不够,或者是保障不力。

二是教师的素质与能力有待提高。年轻教师各有所学,但恐怕难以做到融会贯通;一些老教师知识老化,特别是规范观陈旧,对语言新的发展变化视而不见。不少教师不太了解学生的实际情况及需要,被教材牵着走,语音、文字、词汇、语法、修辞五大部分都要兼顾,虽未平均用力,但哪部分都不能割舍,致使没有明显的重点或重点不够突出。

三是教学手段使用不当。现在普遍使用PPT,有时达到无节制的地步,个别老师循环使用,以不变应万变,成为一种新形式的照本宣科;学生则拍照,连笔记都省掉了。教师与学生都产生了严重的依赖症,教学过程与环节被压缩、扭曲,进而变形,在一定程度上戕害了现代汉语课的教与学。

四是课时数差异极大,并且基本都是只减不增。各校基本上都是过几年一修订教学计划,对现代汉语课程而言,一方面课时数差别很大,另一方面基本都是只减不增,这在客观上也影响了知识的系统传授,特别是相关能力的培养与训练。以下是部分高校的课时安排:

北京大学:54 + 72=126　　　　南开大学:36 + 54=90

中山大学:36×2=72　　　　　　辽宁大学:54×2=108

河南大学:36 + 72=108　　　　宁夏大学:64×2=128
西南大学:54×2=108　　　　　山东师大:54 + 72=126
江苏师大:42 + 52=94　　　　 湖南师大:34×2=68
华中师大:32 + 48=80　　　　 北师大:36×2=72
哈尔滨师大:54×2=108　　　　黑龙江大学:106

二、对现代汉语教学与当下语言生活关系的基本认识

在这方面,我们的一个基本感觉和评价是,二者的距离相对较远,学与用之间有一定程度上的脱节,其结果是使学生把所学知识用于对照或分析当下的具体语言运用实践时,往往会产生一些参差即不对应的情况,由此而对所学的一些知识产生疏离感与不信任感。一些地方现代汉语课的教学效果往往不佳,与此有一定的关系。

究其原因,或许与以下两个方面有很大的关系:

其一,一些教材中的某些论断可能与事实相左,或者是有一定的差距。

早期好几部教材都把"关爱"列入生造词,就是一个比较典型的例子。在后来编写的一些教材中,这样的问题依然还在一定程度上存在着。

比如北大《现代汉语》(商务印书馆 2012 年增订本)241 页在"新词语"一小节中讨了生造词问题,指出"生造词是任意造出来的词,不同于新词,不能使用"。下边举了三个例子,分别是"解免(职务)""盼等(了一天)"和"离乳(婴儿)"。

书中的分析是,"解免"是把"解除"和"免职"压缩在一起,成了生造词。查《人民日报》,"解免"有二例,时间较早,分别见于 1951 年和 1957 年,意思是"解除+免除",亦即这两个词的压缩。北大 CCL 古代汉语子库"解免"共有 178 条,意思基本相同,其第一条出自《战国策》。现实的语言应用中,偶尔也会见到这样的用例,如:

考察期满后,合格者留任,不合格者进行解免。(《中国机电日报》2001.8.29)

至于另外两个生造词,当下的用例似乎更多一些,以下各举两例:

也许,苏维埃人以为,如果再没有外国入侵,他们将永远不用

"望穿秋水",盼等战场上的亲人归来了。(《人民日报》1987.12.27)

清明小长假刚过去不久,许多人在盼等"五一"假期。(《杭州日报》2017.4.11)

在上野动物园饲养人员的精心护理下,熊猫仔生长顺利。马上就要进入离乳期。(《人民日报》1986.9.16)

建议准备断奶的哺乳期妈妈,可通过每2~5日减少一次哺乳、缩短每次哺乳时间或增加哺乳间隔时间等方法来自然离乳。(《生命时报》2018.4.17)

另外,北大教材接下来还指出,和生造词性质相似的是滥用简称,也举了三个例子,分别是指称易燃品、爆炸品和危险品的"三品",以及表示"参加试验"的"参试"和分别指人造卫星与火箭的"星箭"。

"三品"在《人民日报》创办至今的图文库中共有307条记录,虽然所指并不相同,但是也有一些是北大教材中所说的意思,例如:

该站每月旅客发送量只有70至80人次,高峰期也只有100多人,而对查验"三品"和车辆安检,更是一无设备、二无人员。(2002.6.6)

"三防"之外,还有"三品"。易燃、易爆和危险品这"三品"的检查是确保客运安全的重要一关。当前"三品"的主角也在悄然更迭,指甲油、发胶、液体鞋油、空气清新剂……它们看似平常却危害巨大,极易引发火灾爆炸事故。(2014.1.21)

上述意思的"参试"在《人民日报》中一共有282条记录,例如:

他长年奔波在大漠深处、深山僻壤,与科学家、工程技术人员和参试部队官兵工作在一起,生活在一起。(2003.7.13)

为选择正确合理的气动布局方案,李天和参试人员一起现场分析试验结果,自己动手绘制草图,到风洞内进行安装。(2018.04.16)

"星箭"在《人民日报》中也有107条记录,例如:

北京时间2月1日二十时三十六分,实用通信广播卫星发射后,三条船先后及时捕捉了目标,并向航天测控中心发送了星箭飞行的重要参数。(1986.2.12)

西昌卫星发射中心火箭卫星吊装指挥员林国建,时时刻刻关

注着发射塔架上所有设备的状态,确保塔架好好地"呵护"星箭组合体。(2018.02.18)

再比如,很多在提及"不及物动词"的时候,都会举一些例子,如"休息、起诉、示威、带头、指正、通航"(李嘉耀、李熙宗《实用语法修辞教程》);"休息、播音、失败、点名、退却、防疫"(胡裕树主编《现代汉语(重订本)》);"游行、咳嗽、休息、示威、醒"(北大版《现代汉语(增订本)》)等。

就列出频率最高的"休息"来说,带宾语的用例并非罕见:

连续看电视或操作电脑 40—50 分钟左右,应休息一下眼睛。(《中国教育报》2008.9.5)

再比如,"点名"带宾语的现象在现实语境中也不乏其例:

有中国官员曾表示,中国领导人此前与美国总统奥巴马会面时特别强调遣返外逃人员,并第一个点名杨秀珠。(《新京报》2015.9.24)

其二,教材及讲授中对某些语言事实的反映不够全面、充分。

比如,上述北大版教材 195 页在"同族词的系统性"一小节下谈到,"现代汉语中以'篮'作为语素构成的合成词有'篮板、篮板球、篮球、篮圈、篮坛、篮子、菜篮、烘篮、花篮、筐篮、男篮、女篮、提篮、投篮、网篮、摇篮'等十六个"(笔者按,这应该是依据《现代汉语词典》)。但是,如果与当下的实际使用情况相对照,还是漏收了一些,比如表示"篮子"义的"果篮、吊篮";表示"篮圈"义的还有"球篮、上篮、灌篮、扣篮、篮筐";表示"篮球运动"义的还有"篮协、美职篮"。其他可能认知度不太高的还有"街篮、沥水篮、(油)炸篮、消毒篮、清洗篮、碗篮、滤篮、拉篮、水果篮、面包篮、餐具篮、塑胶篮"等,它们都是有一定使用度的新词语。

同一教材 280 页说,"有少数动词不能带宾语,如'游行、咳嗽、休息、示威、醒'等都不能带宾语,但是它们也不能受'很'的修饰。"就这里所列举的几个动词而言,它们确实不能受程度副词"很"等的修饰,但是如果扩大考察的范围,可能就未必完全如此了。比如,我们在《试论"程度副词+一般动词"形式》(《世界汉语教学》2007 年第 1 期)中曾经列举了一组语言学论著中的相关用例:

书面语对口语的发展有重要的作用,但是不能同口语过于脱

节。(于根元《二十世纪的中国语言应用研究》)

如西方认知语言学论著中常举的一个例子"time is money",在当今的中国就有一个很对应的口号"时间就是金钱"。(于广元《汉语修辞格发展史》)

从当时国际上语用分析的背景看,朱德熙的分析是相当领先的。(陈保亚《20世纪中国语言学方法论》)

(许多人)对各个原则的理解往往比较拘泥,有的则比较空泛。(施春宏《语言在交际中规范》)

一个字的读音在北京话里非常通行,而不合北京语音的一般发展规律,根据这个音在北方方言里应用得是否广泛决定取舍。(傅永和《二十世纪的汉语言文字规范工作》)

有的及物动词也有类似用例,如:

我们现在讲文艺,这方面非常忽略。(吕叔湘《短论二题》)

辞书的商业化是我们十分反对、不愿看到的事实。(王宁《维护"规范"的权威性》)

近千余年来,语言与意识都发生了很大的变化,使原来的"正字"变得越来越不"正",构形理性越来越丧失。(孙剑艺《谈汉字繁简与书同文》)

此外,我们还举了不少《人民日报》等的用例。总之,我们认为,上述表述有可能过于绝对了,由此造成了对一部分虽属"边缘性"但同时也有一定"客观性"的语言事实的忽略,从而影响了对语言事实概括的准确性甚至正确性。

必须指出,更多对语言事实不全面反映的责任可能不在教材,而在于教师的"选择性忽略"。比如,北大教材280页指出,"动词、形容词都能带状语,如'刚喂、才看、都同意、很红、完全正确'等,名词一般不能。"教材的表述既要正确,又不能过细,所以像"一般""基本""少数"等模糊表述用得比较多,这样的地方有一些需要教师在具体的讲授中加以明确或细化。比如这里说名词一般不能带状语,实际上就把新时期以来广受关注的"程度副词+名词"现象排除掉了,而这无疑是当代汉语中一种重要的词汇–语法现象,它的特点一是数量众多,二是使用范围比较广,三是有相当的可类推性。我们了解到的情况是,一些现代汉语教师在授课中并未涉及或提及相关的语言事实。其他的再如很多新词语,以及"动宾式动词+宾语"现象等,往往都不会进入一些现代汉语教师的讲授范围。

三、为什么要拉近现代汉语教学与当下语言生活的距离

现代汉语是现代汉民族的共同语,"现代"的概念自然也包含当下,而很多问题就出在对当下语言事实的疏离与隔膜,这一现实需要扭转。具体而言,我们的理由有以下几个:

其一,由现代汉语的教学目的看。

其实,很多现代汉语教材在这方面都有清楚明确的认识和表述。比如,马庆株主编《现代汉语》(中国社会科学出版社2010年)在绪论的"现代汉语课程的性质、目的和要求"一小节中指出:"现代汉语课程要面向实际,面向语言文明建设,加大语言学干预语言社会生活的力度","系统学习和掌握现代汉语的基本知识,并力求转化为技能。"陆俭明主编《现代汉语》(北京师范大学出版社2012年)明确指出:"本课程的目的是,通过本课程的学习,学习者能够较系统地掌握有关现代汉语语音、词汇、语法、修辞、现代汉字和标点符号方面的基础知识,并能运用这些知识指导自己的语言实践。"周建设主编《现代汉语教程(第二版)》(人民教育出版社2014年)在第一章的"要点小结"中对本门课程任务的概括是:"在语言学理论指导下,讲授普通话语音、汉字、词汇、语法和修辞的基本理论、基础知识,以提高学生理解、分析和运用普通话的能力,为从事新闻、宣传、文秘、教学等行政管理工作以及成功地进行社会交际打下基础。"

如果稍作归纳,则本门课程的目的不外乎以下两个方面:一是教授比较系统的基础知识,二是使学习者能够用之于自己的语言实践。我们的理解是,前者要求的是知识的正确性与准确性,而无论是正确还是准确,一个重要的标准就是与现代汉语实际情况的切合程度;后者同样要求与具体的语言实践保持较高的关联度,同时也要调动学习者自己的语言经验,二者不能脱节。

其二,由学以致用的基本要求看。

作为一门基础课,它的最基本要求无疑就是"有用",而这也就是以上所说的能够"力求转化为技能""指导自己的语言实践"。要转化为语言技能并指导语言实践,首先就要与之密切关联,与之具有相当的对应性和一致性,而这就要求对现实的语言生活予以足够的关注,并且适当、适度地介入其中。总之,现代汉语课程的所教所学,应该是当下的现代汉语,应当具有明显而又突出的"当下性"。

当然,现代汉语课程应以规范知识的传授为宗旨,但是这并不应该成为自外于当下的语言实际、脱离具体语言应用的挡箭牌。

四、怎样拉近现代汉语教学与当下语言生活的距离

怎样拉近二者的距离,主要有两个着眼点与着力点,其一是教材,其二是教学。

第一,关于教材。

教材在规范的知识体系与现实的语言运用之间保持适当的距离,既是必要的,也是合理的。教材一定要注重规范性,在语言的规范性与发展性中,显然更应注重后者。另外,教材的制作既要有成本,也要有一定的时间周期,所以不可能随时更新,即使更新也赶不上语言发展的速度。

但是,注重规范并不意味着可以忽视甚至无视语言的发展。相反,教材在与语言实践及实时状况的对应性方面,应当在一定程度上与时俱进。其实,我们已经看到一些这样的可喜变化,比如上述北大教材"修辞"部分有"网络语言的特点与规范"和"网络语言的语体和风格"两节,后者分别列出了"淘宝体""凡客体""咆哮体"等三种,最后一种举的例子如:

> 办公室上班族你伤不起!每天手机打卡机跟你作对有木有!
> 聊个QQ还得小心被抓到有木有!上下班挤成饼干有木有!

这样的例子,自然是非常"接地气"的。

再如沈阳、郭锐主编的《现代汉语》(高等教育出版社2014年)第一章"总论"的第二节"现代汉语的形成与发展"下,有一小节是"关注当

代社会语文生活",主要讨论了以下几种现象:

  怎样对待"汉外混用"现象?

  怎样对待"网络词语"现象?

  怎样对待"特殊格式"现象?

  邢福义、汪国胜主编《现代汉语》(华中师范大学出版社2005年)在"语体"部分介绍了两种"新兴语体",一是广告语体,二是网络语体,后者还分三个方面结合一些具体用例介绍了它的特点。

  邵敬敏主编《现代汉语通论(第三版)》(上海教育出版社2016年)中,在"现代汉语的功能变体"一小节中,列出了口语、书面语和网络语言三种,并且对后者进行了较为全面的举例说明。

  只是,与大量教材有意或无意疏离当下语文生活实践的现实相比,这样的变化还显得太少,因此在我们看来也是弥足珍贵的。

  第二,关于教学。

  毕竟不会是每一位现代汉语教师都去自己编教材,另外如上所述,即使编写出教材,多数也还是在一定范围内、一定程度上与实际的语言生活脱节。所以,要拉近现代汉语教学与语言生活的距离,更多地应立足于教学实践,在教学环节中弥补教材的相关缺漏与不足。

  笔者经常与不同地区、不同学校的同行交流,一个具有相当一致性的认识是:那些现代汉语课授课效果比较好、学生学习积极性比较高、甚至由被动性学习升华为主动性、研究性学习的,一定是在那些密切关注与结合当下鲜活的语言生活及语言事实的课堂上。相反,那些自我封闭、远离现实语言生活的书本式教学,不仅索然无味,而且往往教学效果极差,而这样的教学,实际上也在一定程度上坏了现代汉语课的"名声"。

  由此,我们认为作为一名合格的现代汉语教师,至少要在以下几个方面对自己提出一定的要求:

  一是与时俱进,建立正确的语言观与语言发展观;

  二是全面了解与正确认识当下"活"的语言使用状况;

  三是在具体内容的讲授中,较多地补充辅助性内容,加强实践环节,多做引导。

基于过程性评价的现代汉语教学模式重构

张怡春

(盐城师范学院文学院,江苏盐城 224002)

教高[2018]2号文件指出,需健全能力与知识考核并重的多元化学业考核评价体系,完善学生学习过程监测、评估反馈机制。2019年4月,教育部部长陈宝生在"六卓越一拔尖"2.0动员大会上的讲话中强调,注重质量是高等教育由成熟走向卓越的基本表征,提升质量是实现高等教育内涵式发展的核心要义,质量提升,评价护航。提升课程教学质量,加强学习过程管理尤为重要,过程性教学评价是学生学习过程管理的重要环节,从评价的价值取向、评价的内容和方法上来看,过程性教学评价能够激发学生学习兴趣和潜能,能够改变之前只重结果、不重过程的教育现象,是提升课程教学质量的有效手段;同时,过程性教学评价也是教师教学质量监控的重要手段,从评价的目标设定、评价的要素组织、评价的过程反馈上来看,过程性教学评价能够促使教师及时调控教学进度,调整课堂教学方式方法,与学生形成良好的互动教学关系。

过程性教学评价并非是一个新的概念,20世纪50年代美国教育学家布罗姆提出教育目标分类,就将过程性评价引入教育领域,发展到今天,过程性教学评价越来越注重评价实施者、目标群体以及诸多利益相关者的共同建构,过程性教学评价理念的变化直接影响着教学模式的变化。本文[①]以"现代汉语"课程为例,探讨过程性教学评价实施过程中,量化及非量化的评价指标带来的教学模式的重构。

一、现代汉语传统教学存在问题

现代汉语是我国高等院校汉语言文学、汉语国际教育等专业的一门专业基础课程,在整个专业课程体系中具有举足轻重的地位。本课程是一门知识性和实践性都很强的学年课程,专业人才培养方案中一般在第1、第2学期开设。传统教学方法是,以教师讲授为主,教师在讲清知识的基础上,多联系语言运用的实际,分析实例时多联系学到的知识,将理论学习与实践应用结合起来,在突出教学重点的同时,扩展教学内容,引导学生延伸阅读,结合专题培养学生分析语言事实的能力。传统的教学方式可以解决课程教学的各个基本环节,但教学过程中存在的问题给教学及评价带来一定的困扰,这些问题主要表现如下:

1. 学情不能及时反馈。以现代汉语语法部分为例,语法部分分为词类、短语、句法成分、单句、复句五小节,每节都必须配以大量的习题辅助理解,但批改作业的耗时性及烦琐性,以及课堂上一个小语法点讲解后不能及时以习题来测验学生的理解程度,都使得在以往教学过程中,老师以为学生听懂了,学生也以为自己听懂了,但真正操作时却一错再错。

2. 教学内容延展性不够。课堂讲授的内容有限,现代汉语很多内容与现实生活中的语言文字规范、高考作文中的"修改病句"、网络及口语交际中的新词新语等语言现象有关,这部分的内容需要学生培养语感,及时捕捉生活中出现的语言现象,并且用所学的理论知识解释和讲解诸多语言现象,但往往老师课堂上布置学生课后阅读,而实际阅读效果如何,却无法考量。

3. 教学评价方式单一。期末一张试卷带来的结果是,学生考前突击,死记硬背,考完即忘,反映到语言表达上,特别是毕业论文上,基本的

---

① 本文为盐城师范学院教学改革研究项目"'一带一路'背景下汉语国际教育专业'汉语+'国际化人才培养模式研究与实践"(批准号:2018YCTUJGY013)部分研究成果。

文字准确流畅都无法达到,错字、病句甚多,句式杂糅,条理不清。

4. 学生注意力集中不能保证。主要问题出在手机上。现在老师上课一般都用PPT,学生来不及记,就用手机拍,手机随时拿在手上,有时注意力就转移到手机里其他内容上去了,老师维持课堂纪律浪费时间。

5. 师生互动的方式比较单一。传统的教学方法中,师生互动一般是老师提问,学生回答,但大学课堂上,存在老师提问少,或者老师提问但学生羞于回答或不愿回答的现象,这样带来的结果往往是老师一言堂,学生在讲台下记笔记,或者开小差。

二、过程性教学评价模式

(一)过程性教学评价要素及物化形式

过程性教学评价要素主要包括学情分析、课堂教学、自主学习、书面作业、课后答疑、小组学习、实践活动、练习测试等。教师需要观察学生在学习过程中的表现,需要了解学生的自评和他评结果,以物化的形式呈现过程性评价要素。这样的评价结果直观化,可信度强。过程性教学评价要素及物化形式见下表1:

表1 过程性教学评价要素及物化形式

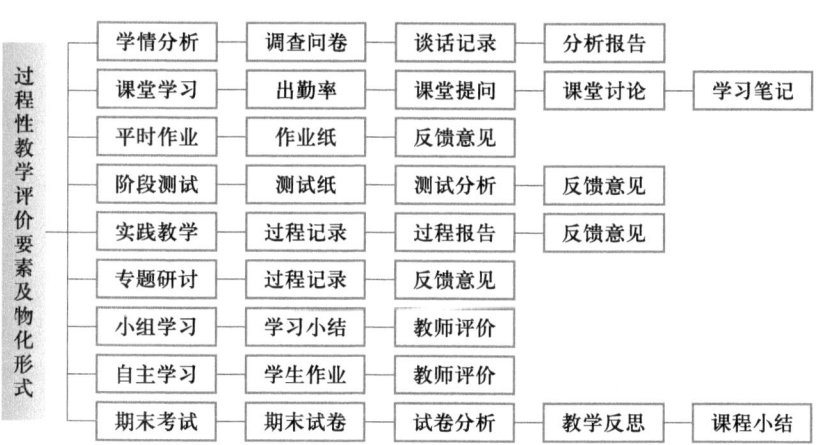

（二）过程性教学评价全程数据采集

1. 过程性教学评价线上数据采集

线上数据可采用"雨课堂"、蓝墨课、超星学习通等教学 App 完成，这些教学平台都可以利用 PowerPoint 和微信，进行翻转课堂教学实验和学习实践。通过教学平台可采集线上阶段测验、课堂相关表现、自主学习、出勤率等线上全程量化数据。线上数据采集可包括：(1)线上阶段性测验。分章节细化实施课堂小测验，及时回馈学习效果。例如《现代汉语》有绪论、语音、文字、词汇、语法、修辞等章节的细化测验。(2)课堂相关表现。除传统课堂提问互动外，可利用教学平台的实时课堂功能，用年轻人喜欢的"弹幕"等功能，实时收集学生针对知识点提出的疑问和评价，"弹幕"的频次，发起的讨论都可以作为"形成性评价"的支撑材料。(3)自主学习。课前，老师提前推送每章节的预习课件，课上，推送教学课件，利用线上 App 功能收集预、复习数据，掌握学生自主学习进度。(4)课堂出勤率。利用教学平台点名功能，快速完成课堂出勤率的统计。

2. 过程性教学评价线下数据采集

线下数据采集主要包括课后提问、分小组课题汇报、书面作业、实践报告、学习笔记、期末试卷等全程量化数据，其中课后提问环节数据采集有两个，一个是线上教学平台讨论区、QQ、微信的留言，一个是线下课间的提问，这些都需要老师及时整理收集。

（三）过程性教学评价考核要素及权重

过程性教学评价需要加大过程考核成绩在课程总成绩中的比重，以现代汉语(2)课程考核形式为例，教学过程性评价考核要素及权重如下表2：

表2 现代汉语(2)过程性教学评价考核要素及权重

平时学习												期末考试
线上阶段性学习35%							线下阶段性学习15%					
绪论	词类	句法成分	短语	单句	复句	修辞	课堂表现	自主学习	小组讨论	书面作业	出勤率	
2%	5%	5%	5%	5%	5%	5%	3%	3%	5%	5%	2%	50%

三、现代汉语过程性评价教学模式

（一）教学理念与教学目标

现代汉语过程性评价教学模式融入"互联网+"创新思维,采用"课堂教学+自主学习"相结合的教学模式,适度开放教学,转变教育者和受教育者对本科阶段教与学的传统观念;从经验主义向数据主义转换,以全周期、全程的量化数据辅助老师判断分析学生学习情况,以便调整教学进度和教学节奏,做到教学过程可视可控;将过程性考核与期末考核相结合,全面进行教学评价。

针对"高中生—大学生"过渡性阶段的教育教学特点,课程教学目标设定为:养成自主学习的能力、解决复杂问题的能力、"坐得住、说得出、做得实"的学习实践能力,为大学四年的专业学习打下坚实的基础。

（二）教学模式总体设计与细化

现代汉语教学模式主要采用"线上线下混合式":线上"课前预习+实时课堂+课堂小测+课后研讨"全程教学活动数据采集;线下"书面作业+自主学习+小组学习+实践活动"多方式巩固教学效果。教学设计细化为如下内容:

1. 教学内容的组织

针对本科教育新生阶段"高中—大学过渡性学习习惯养成"的学习特点,现代汉语教学内容的筛选以现代汉语语音、文字、词汇、语法、修辞等基础知识为主,辅以课后自学内容及调查研究课题。针对本科生"学生自主意识较强,有一定的自主探究能力"的学习特点,引导学生关注最新的语言现象,包括新词新语、新的格式、新的用法,加强对语音、文字、词汇、语法、修辞等各种不规范现象的识别及改正能力训练;掌握表达、应用现代汉语的能力,能够得心应手地解决工作或教学中有关现代汉语的基本问题。

2. 教学活动的组织

（1）课前学情分析及预习布置。针对新生学情不明确性,利用"番茄表单"或"问卷星",设计调查问卷,及时对学生的知识基础、学习态度、学习兴趣、学习方法、理解能力等进行分析,了解学生的学习状态和学习需求。针对本科学习特点,合理设置课程知识点,按基础、重难点、拓展、练习及巩固几个环节教学,提供PPT及教学讲义,并将预习PPT传进微信,以语音方式进行针对性提醒或指导,老师可以收到学生的预习和复习情况,同时设置预习截止时间的时间节点,在节点前还没有点开课件阅读的学生会收到提醒。

(2) 课堂教学及随堂测试。老师利用教学平台开始课堂讲授后自动生成本堂课程的二维码,学生通过微信扫描进班,教师课上的每一页PPT会即时送到学生端,帮助学生保存课件及课程回顾。每页课件下方有"收藏"和"不懂"按钮,学生可把课程中的不懂的知识点进行整理收集,教师也会收到匿名"不懂"数据的反馈,进而调整课程节奏及重点讲解。课上,笔者打开"弹幕"功能,学生在老师讲解过程中,可以随时匿名弹幕,发表自己的观点,或对老师提出讲解速度、重点、难点要求。实际操作过程中,学生起初感到非常有意思,弹幕的内容甚至与教学无关,有时只是一些语气词"哈哈"之类,可用竞赛的方式引导学生利用"弹幕"抢答,激活课堂气氛。除了"弹幕",教学平台还有互动功能,与"弹幕"不同的是,互动功能是学生一对一地跟老师交流,可以匿名也可以实名。实践下来,学生大多喜欢匿名,但问的问题明显比以前多了。随堂测试,教师可在课堂利用教学平台自动推送一组测验,练习题以客观题为主,并设置考题的答卷时间,便于当下查看学生的答题情况,实时把控学生学习情况。

(3) 课后自主学习及辅导答疑。课程开设初即提供学生本课程的参考书目,针对每一章节,提供学生阅读文字材料和网络教学视频,组织学生进行自主学习,掌握学生学习时间、知识掌握程度、对重点、难点的理解等,了解学生的学习情况,予以指导。实施下来,最初学生怨声不断,因为增加了他们的学习负担,老师又定期检查课堂笔记,他们有不情愿的心理。但随着课程的推进,配以课堂习题、课堂讨论,他们逐渐感受到"现代汉语"有意思的地方,慢慢地从不主动到主动看相关学习书籍,也慢慢开始利用教学平台的讨论区提出问题、讨论问题了。课后答疑可通过"讨论区"、QQ、微信、课间提问等方式,及时了解学生学习状况,整理收集学生不懂的知识点,调整课程节奏并进行重点讲解。

(4) 书面作业、小组学习、实践学习。针对现代汉语课程特点,如文字部分"改正错别字"练习不适宜网上操作等实际考核需要,保留传统"书面作业"形式。与传统批改方法相区别,可采用多种批改方式,如以小组为单位,小组内有组长,有发言人,由组长课前组织讨论,指定发言人上课时当老师讲解习题;老师主讲,学生作业互相交换批改;老师批改,抽查学生修改作业情况。小组学习,即按现代汉语中知识要点,将学生分为若干学习小组,有目的有计划地进行协作学习,小组学习要有学习时间、学习地点、学习内容、学习方式、参与学习者、学习效果、存在问题等记录。实践学习,即每学期组织1—2次实践活动,如:语言文字规范性调查、语言文字基本功比赛等实践教学,教师通过对学生在实践教学活动中的综合表现的观察、分析,了解学生对三基的掌握情况,及其运用知识的能力、实践能力和创新能力。

(5) 教学考核形式。结合教学,采取"线上"结合"线下","数据分类采集+定期考核"多角度考核机制。

四、过程性教学评价与教学模式的双向互动

过程性评价与终结性评价或形成性评价不同,后二者均是学生学习结束以后进行的评价,注重学习结果,过程性评价与教学同时进行,注重学生学习结果,同时也注重学习过程;注重评价标准的数字化呈现,同时也注重学生学习能力、实践能力的外在表现。过程性教学评价与多元智能理论所倡导的评价理念相吻合,不用同一把"尺子"去评价不同的学生,而是通过评价学生在学习过程中的表现来衡量学生的学习质量和学习水平。

笔者连续四学期试行现代汉语过程性教学评价模式,教学实施效果反馈主要通过两种方式验证:一是期末考试成绩反馈。试行过程性教学评价模式的学生期末考试成绩较往年有所提高,而且高分段的学生数明显增多。二是调查问卷反馈。以2018级学生为例,笔者在《现代汉语》学年课程结束后发放了98份调查问卷,回收有效问卷98份,调查相关内容及数据见下表3:

表3 现代汉语过程性评价教学实施反馈

序号	反馈内容		比例	序号	反馈内容		比例
1	课程比较	区别很大	68%	5	知识掌握	较好	77%
		区别一般	32%			一般	23%
2	师生交流	与老师交流增多	62%	6	自主学习	大幅提高	19%
		与同学交流增多	57%			提高一些	68%
		与同学交流没变	5%			没有变化	23%
3	学习负担	增加不多	72%	7	效果变化	教学方法变化很大	30%
		增加很多	28%			教学方法有变化,但不明显	70%
4	总体评价	效果好	97%	8	推广性	很有必要	72%
		一般	3%			一般	28%

从调查反馈来看,采用过程性教学评价一方面有利于积极引导学生自我管理、主动学习,有利于激发学生的求知欲,提高学习效率,提升自主学习能力;另一方面教师也可根据评价反馈的情况,及时调整自己的教学思路,使教学过程和教学评价相互融合,实现教师和学生的积极互动,提高课程教学质量。有意思的是,大部分同学没有意识到老师教学方法的变化,却认为实施过程性教学评价的总体效果很好,究其原因,可能学生在学习过程中,关注自身的学习方法、学习过程,对老师的教学方法改变还没有足够的能力来总结。从上表中还可以看出,大部分同学认为自主学习能力提高不明显,究其原因,一方面,受传统的教学和学习方法影响,同学们还是习惯老师讲、学生记笔记的学习方式;另一方面,实施课程改革的时间有限。总之,有关自主学习的力度和方法还有待在今后的教学过程中进一步思考和探索。

五、过程性教学评价模式需要进一步考虑的问题

过程性教学评价课程改革的关键因素是需要明确课程改革的最终目的,从教师层面上讲,是为了杜绝"水课";从学生层面上讲,是"因材施教"。过程性教学评价模式尚需进一步思考的问题是:

(1) 与过程性教学评价相配套的教学管理及激励机制滞后的问题

过程性考核,教师必然要付出很多,例如,体现在考核内容上,需要教师每一章节都要做到:预习课件的制作、线上主、客观题的设计、教学课件的推送、讨论区问题的提出、回复;体现在考核目的上,需要教师提前了解每一个学生,做好学情分析,包括调查问卷的设计、利用"问卷星"等软件做好问卷调查及分析、与学生逐一交谈(这一点很关键,必须建立在调查问卷问题的基础上);体现在考核组织上,需要教师重视培养学生自学的能力,包括小组学习的管理、课题探究的引导、课题汇报流程、语言的教导等。考核细化必然会给教师带来更多的数据统计、批改习题、讨论答疑等烦琐工作,相关的教学管理及激励机制尚需配套跟上。

(2) 评价主体如何从他评转化为他评、自评、互评相结合

目前教学评价的主体基本还是由教师来完成,学生被动接受。如何发挥学生的主观能动性,让学生主动自我反思,主动地采用合作探究方式,让学生更清晰地认识到自己的不足,客观地评价自己,认识到与理想状态存在的差距,通过反思,及时调整自己的学习进度和状态,还需要在今后的教学工作中进一步思考。

(3) 考核元素权重设置的合理性及数据采集的有效性

课程考核元素的设置及权重的配比关系到学生课程总评成绩的判定,但在实际处理过程中,课程考核元素权重因课程的不同要作相应的调整,数据采集过程中部分学生利用软件漏洞投机取巧,如何提高考核的信度和效度仍需要进一步的思考和践行。

(4) 如何利用新的信息技术,更快、更精、更准进行教学考核

例如,笔者在理论性比较强的语言学概论课程教学中,引导学生用"思维导图"APP做了整本书每一章节的思维导图,教学效果、学习效果都非常好。"思维导图"的绘制可引导学生学习并进入平时考核模块。

【参考书目】

［1］王邦权:《斯坦福大学本科教学评价研究及启示》,《中国大学教学》2018年第3期。

［2］袁凌:《慕课背景下现代汉语教学模式的反思与构建》,《高教学刊》2018年第11期。

［3］张蕊、张华、李司雨:《基于学生发展核心素养的课程评价策略探讨》,《新课程研究》2019年第4期。

［4］高凌飚:《关于过程性评价的思考》,《课程·教材·教法》2004年第10期。

［5］黄黎明、胡中锋:《多元智力论与课程评价》,《课程·教材·教法》2003年第5期。

探讨新课程背景下小学教育专业现代汉语教学的改革措施

张世洁

(张家口学院文法学院,河北张家口 075000)[①]

"现代汉语"是我国高职高专小学教育文科方向的一门必修科目,具有较强的实用性、学术性。该课程的设置目的是培养学生的语言素质,提升学生语言教学、分析研究以及实际运用现代汉语的能力。然而在实际课堂教学过程中,仍存在教学目标模糊、教学手段单一以及教学内容编排不当等问题,导致现代汉语教学的课堂效率十分不理想。在这种情况下,要求高职高专必须改变传统教学模式,对小学教育专业现代汉语教学模式进行改革创新,灵活运用现代化教学手段来教学,充分发挥学生主观能动性,以提高课堂教学效率与质量。

1. 传统的小学教育专业现代汉语教学的局限性

1.1 教学目标具有模糊性

小学教育专业的教学特点注重"综合培养,学有所长",教育部在《全日制义务教育语文课程标准》明确指出,九年义务教育按照规定划分为4个阶段:1—2年级、3—4年级、5—6年级和7—9年级,每一个阶段应依据"识字和写字""阅读""写作"以及"口语交际"来确定教学目标,体现小学教育专业"现代汉语"课程设置的整体性与目标的阶段

---

① 本文为2014—2015年度河北省高等教育教学改革与实践项目《农村卓越小学教师培养改革的实践与探索》(课题编号:2015GJJG207)的阶段性研究成果。

性。然而在我国大部分高职高专小学教育专业教学过程中,教学目标的制定与大学中文系课程雷同,没有体现自身教育教学的特色,导致小学教育专业的学生由于教学目标模糊,难以适应新课程背景下的教学改革需求。

1.2 教学手段过于单一

在小学教育专业现代汉语课堂教学过程中,受历史因素与教师自身教学观念的影响,大部分沿用传统以师为本的"教师在台上讲解,学生在台下听讲"教学模式,教学手段过于单一,难以挖掘学生内在潜力与动力,导致学生质疑能力与自主探究能力不足。加上部分教师本身缺少对基础教育的感性认识与经历,基础理论知识与实际教育脱离,课堂气氛沉闷,无法激发学生学习积极性,降低了课堂教学效率。

1.3 教学内容编排不当

在小学教育专业现代汉语教学中,受某些因素影响,教学内容仍存在编排不当的问题,具体表现为:(1)语音部分。过于注重基础知识的讲解,忽略实践教学的重要性,导致学生学习只知道一味学习,不懂灵活运用。例如在声母n与l的教学过程中,学生只知道n是舌中、鼻音与浊;l是舌中、边音与浊,分辨龙与浓、难与蓝、恼与老、你与里、年与连等单音节上相对比较容易,但在实际发音过程中,大部分学生会将"牛腊"读成"刘娜"。(2)文字部分。汉字形体的演变、文化承载的介绍以及汉字规范要求流于表面,学生使用错别字的频率较高。(3)词汇部分。过于强调词的结构,忽略词义、词汇和语境的教学,难以培养学生的实际运用能力。(4)语法部分。部分教师认为语法科学是个摆设,学了也没有任何作用,原因是语法教学与语言运用实际脱离,教材例子过于陈旧,缺少语境,没有任何特色,惯性肢解个别语句,课堂教学缺乏创新,显得枯燥、乏味。(5)修辞部分。仅系统介绍各种修辞手法,不能实际体现修辞手法的精妙之处,令学生难以感受到"言有尽而意无穷"的语言魅力。

2. 新课程背景下小学教育专业现代汉语教学的改革措施

2.1 明确教学目标,凸显人才培养的特色

在新课程背景下,要想改变传统小学教育专业现代汉语的教学现

状,让学生被动接受知识转变成主动接受知识,必须在小学教育专业现代汉语课堂教学中引入新的教学理念,紧紧围绕课堂教学目标,与各个学科之间加强联系,实现语文学科的内部沟通和其他学科之间的外部沟通,让各个学科之间的有关知识相互渗透、融合,顺利完成知识迁移。具体体现为:适当融入现代教育技术、小学教育原理、小学语文教材、小学生心理学、小学语文多媒体课件设计和制作以及小学教学论等内容,加强与小学教育专业语文教育类课程、普通教育类课程的优化整合,让教学目标与小学教育专业现代汉语教学实际吻合。此外,在教学过程中,应围绕小学教育专业的人才培养目标,科学制定教学目标,消除小学教育专业现代汉语教学目标的模糊性,真正凸显自身办学与人才培养的特色。

2.2 优化教学手段,展现生动形象

在实际教学过程中,将小学教育专业现代汉语教学素材制作成多媒体课件,利用电脑投影仪与大屏幕将课件展示出来,让学生一边观看,一边学习。这种教学模式不仅打破传统以师为本的"教师在台上讲解,学生在台下听讲"教学模式,通过多媒体的情景、音频、声音、动画以及文字显现出来,让教学素材变得更加具体、生动,还可将课堂上无法利用语言讲解的教学素材展示出来,创设学习情境,让学生犹如身临其境,不知不觉受到吸引,自觉参与到课堂教学活动中,巩固所学知识。例如,在语音教学过程中,可通过多媒体课件将气流的运动过程与舌尖位置等展示出来,让学生进行观看并演示,将语音方面的教学内容立体化,方便学生了解发音构造的原理和发音过程,并对正确的发音部位进行揣摩,共同讨论,活跃课堂气氛。在实际讲授时,还可将汉字的字体演变与造字方法播放出来,实现文字的再现过程,从而调动学生学习的积极性与主观能动性。又如,在数词"三"的教学过程中,可将"三伏""一问三不知"以及"三军"中的"三"代表全数,在"三五个人"与"三分模样,七分打扮"中的"三"代表约数等教学内容制作成CAI软件,播放出来让学生观看,然后采用联想式教学模式进行讲解。通过这样的方式,不仅能将呆板的文字语言变得生动形象,还可让学生充分发挥想象力,总结出数词的修辞作用。

2.3 合理编排教学内容,实现教与学

小学教育专业现代汉语教学的目的是将理论知识与实际密切联系,系统讲解基础理论知识,加强学生操作技能的锻炼,提升学生理解、分析以及运用语言能力,为毕业后从事语文教学工作或者是研究现代汉语奠定扎实基础。这就要求在小学教育专业现代汉语课程编制过程中,必须按照人才培养目标,合理编排教学内容,才能达到预期教学目的。例如在"清""晴""睛"以及"情"等识字教学过程中,学生极易写错字,这时教师可从表意的角度合理编排教学内容:"有水河水清,有日天气晴,有目大眼睛,有言说声请,有心好交情。"通过突出文字特征,加深学生对知识的理解与记忆,此外,还可组织学生通过网站方式收集整理日常生活中用字不规范的现象,并利用自检自查或者是自查方式来规范自己的用字行为,培养自身良好的用字习惯。

3. 结语

综上所述,现代汉语教学的改革不仅是一个经久不衰的话题,也是一个复杂与棘手的问题。因此,要想实施小学教育专业现代汉语教学的改革,必须以人才培养为依据,明确教学目标,合理编排教学内容,优化教学手段,将课堂教学内容形象化、生动化,这样才能真正做到因材施教、有的放矢。

【参考书目】

[1]边春丽:《小学教育专业现代汉语教学存在的问题及对策》,《教育探索》2014年第6期。

[2]蒲晓华:《浅论高校现代汉语课教学方法改革创新》,《学周刊》2015年第32期。

[3]李丽群、韦恩洁:《影响现代汉语课程教学改革若干因素的考察》,《教育观察》2013年第11期。

[4]韩丽国:《现代汉语教学改革与创新教育》,《湖北函授大学学报》2015年第14期。

武警院校民族班《现代汉语》语法教学存在的不足及对策

李岑星

(武警工程大学基础部,陕西西安 710086)

给武警院校民族生学员开设《现代汉语》课程是现代汉语教学领域的一个新事物,对推广普通话、增加学生对汉语的了解、提高工作中使用国家通用语言文字的能力有重要作用。语言是民族文化的载体,学好现代汉语有助于民族生通过语言这把钥匙,打开民族文化的宝库,进而增进相互了解,提高人文素养,更好地完成肩负的任务。

一、"现代汉语"课程概况

20世纪50年代中期,我国开始仿照苏联"现代俄语"开设"现代汉语"课程。

教育部《现代汉语教学大纲》规定:"现代汉语课贯彻理论联系实际的原则,系统地讲授现代汉语的基础理论和基础知识,加强基本技能的训练,培养和提高学生理解、分析和运用现代汉语的能力,为他们将来从事语文教学工作和现代汉语的研究工作打好基础。""现代汉语"的教学内容主要是现代汉语的概念、语音、词汇、语法、文字、修辞。地方高校使用的教材主要有三种:北京大学中文系现代汉语教研室编《现代汉语》,黄伯荣、廖序东主编《现代汉语》(增订本)和胡裕树主编《现代汉语》(重订本)。教学方法经历了全程灌输式、精讲自习式(因课时一再减少,为不放弃知识点,教师精讲重要章节、学生自习其余章节)、精讲启发式(教师精讲重要章节、启发学生用所学知识点指导语言运用,往往要求学生提交小论文)。这门课程教师难教、学生难学,经过在教学内容、教学方法上的创新,学生学习兴趣有所提升,问题得到一定程度的解决。

在武警院校,"现代汉语"课程刚刚起步,目前是给大三民族生开设半学期计60课时,使用的教材是黄伯荣、廖序东主编的《现代汉语》(下文称"黄廖本")。由于教学内容较多,课时不足,教学方法采用精讲启发式,在结课时,除了笔试,还要求学生提交民汉语言对比的小论文。

二、民族班"现代汉语"教学存在的不足

(一)课程定位有待明确

"现代汉语"课程是一门基础性的语言课。具体到民族生这一特殊教学对象,他们大多数没有接受过完整的中小学汉语《语文》教育,在入校时接受过一段时间的汉语预科,经过两到三年的汉语授课,其汉语听说能力得到一定的培养,但读写能力有待提高。对民族生来说,"现代汉语"课的教学目的是什么?依据教育部公布的《现代汉语教学大纲》明确这门课的教学目的是"培养和提高学生理解、分析和运用现代汉语的能力,为他们将来从事语文教学工作和现代汉语的研究工作打好基础。"不难发现,该大纲的培养目的并不完全符合民族生的实际情况。武警民族生学员毕业后走上任职岗位几乎不太可能从事汉语文教学工作和现代汉语研究工作,更可能从事基层指挥员、民族语言教学与翻译等工作。

(二)教学内容有待取舍

依据现在通行的《现代汉语》教材,本课程教学内容包括绪论、语音、文字、词汇、语法、修辞共五部分,与地方大学抱怨的"炒冷饭"(部分内容中学学过)相比,民族生没有学过相关内容,对汉语的语感也并不强。"黄廖本"教材大多数内容尽管很有针对性,但由于此教材主要是以推广普通话、促进汉语规范化为政策导向,内容有大量的汉语方言辨正、文字规范、结构主义语法分析等,这些内容有的不符合民族生任职需要,如汉语方言辨正;有的例子比较老旧,脱离现实语言生活实践;有的似不应属于本课程讲授的范畴,如汉字形体的演变似乎放到"古代汉语"课程更合适。

(三) 教学方法有待创新

语言教学方法在不同历史阶段曾产生过很多,比如以词汇和语法为教学重点的翻译法和演绎法、贯彻实践性教学原则侧重听说训练的"相对直接法"、贯彻交际性原则侧重句型操练的"结构和功能相结合"教学法、"结构、功能、文化相结合"教学法等。对"现代汉语"课程的教学而言,首先,会说不等于会教,现有教学方法没有解决如何使民族生学会教与学的问题。其次,现有教学法只试图帮助学员学会说某种语言,并不能使学员具备教育部提出的"理解、分析、运用现代汉语的能力"。现有教学方法把语言当工具来教,对思维的训练束手无策,不能满足教学需求。从教学实践来看,由于教学方法的局限而导致学员对教学内容的理解存在偏差也就不足为奇了。

(四) 学习方法有待选择

军校学员与地方大学生有明显不同。首先,由于本门课的课时比地方大学少一半,这意味着单位时间内军校学员要学会更多的知识点、形成更多的能力,这对学习效率提出了很高要求。其次,地方大学有大量的课余时间可以安排学生预习、复习、练习,甚至可以安排学生旁听学术会议,但军校学员的日程规划是统一的,课余时间往往很有限,这要求学员应尽可能在课上解决问题,学习方法的选择有待探讨。

(五) 学生测评有待规范

上课结束后,应对学生掌握的知识点、形成的能力进行测评,在地方高校往往采用期中测试和期末测试两次笔试的分数加权方式,这种方式可以测试理论掌握情况,但无法测试学员的口语能力,毕竟这不只是一门理论课。有的地方高校采取国家普通话水平测试(测试口语能力)和期末测试(测试理论掌握程度、语言分析能力)相结合的方式。我们采取的是平时成绩(课堂表现)、期末测试(测试理论掌握程度、语言分析能力)、小论文(测试学员将所学知识点运用到未来工作中的设想)相结合的方式,这种方式的优点是以任职为导向,缺点是学生的汉语口语水平缺乏衡量标准。总之,应如何测评学生仍有待探索。

当然,由于教学领域太新,教员缺乏相关经验也是一个不可否认的缺陷。

三、民族班"现代汉语"教学改进的对策

(一) 做好顶层设计,明确课程体系

做好顶层设计指教学规划部门应明确对民族班要教哪些科目并根据教学实践适当修订、明确不同科目的作用来确定开设顺序。为民族生讲授"现代汉语"属于学历教育还是任职培训?开设该课程的目的是什么?为达到该目的应在何时开课?有无其他类似课程?考虑教学实际,建议明确该课程的学历教育性质,开课目的为:通过贯彻理论联系实际的原则,系统地讲授现代汉语的基础理论和基础知识,加强基本技能的训练,培养和提高学生理解、分析和运用现代汉语的能力,提高学员使用国家通用语言文字的能力,通过学习语言教学法为学员将来从事民族语言教学工作和军事语言研究工作打下一定基础;在学员全面发展方面,通过汉语这把钥匙,打开民族文化的宝库,增加民汉相互了解,提高人文素质,促进学员全面发展。建议课程按照"语言学概论""现代汉语""古代汉语"的顺序开设。先开"语言学概论"可以打下理论基础(否则"现代汉语"课程会被迫补充大量"语言学概论"的内容),再结合任职目标开设"现代汉语",引导学员一方面学习和分析汉语,另一方面做好民族语言和汉语的对比,加深学员对汉语的理解,然后由教员补充语言教学法。最后开设"古代汉语"课程,通过给予学员一定的古代汉语和汉字的知识,培养学员阅读古代文献如《孙子兵法》等的能力。

(二) 做好学员摸底,明确实际需求

民族生与其他类型的学员不同,有其自身的特点,如基础偏弱且参差不齐、汉语水平有待提高、受自身的民族语言及宗教习惯影响,这要求教员应做好学员摸底,结合课程教学总体目标分析学员的实际需求。例如:学员的目的可能有提高汉语听说能力、通过民汉对比加深对两种语言的理解、语言教学法的任职需求、书写符合规范的汉字、学好汉语进而学习汉民族优秀文化、满足军事语言研究兴趣等。只有调查了其实际需求,教学工作才可能做到纲举目张。如果学员汉语基础普遍很差则应更注意汉语听说水平的训练,否则其他教学目的也无法达到。如果学员汉

语基础较好,则可引导其对比民汉语言加深理解。汉语、汉字体现的传统文化可以作为补充教学内容。语言教学法、书写规范汉字则是必须教的,因为这是他们的任职需要。

(三)做好重点规划,明确课时配备

由于课时与地方高校相比十分不足,只能采取抓重点内容教学的方法,而什么是重点内容则应该结合教学目标和民族生实际需求统筹规划。应将以下教学内容作为重点:现代汉语的概念和特点、方言地域分布、汉语拼音方案、国际音标、声调、汉字的构造、掌握规范汉字、现代汉语词汇的构成、熟语、词典和字典、词义分析法、句子结构常见错误。课时配备应将主要课时分配给这些内容,另需预留一定量的练习和复习课时,否则教学质量无法保证。剩下的课时应配备给非重点内容,这些内容必要时可适当压缩。

(四)做好思想工作,明确学习意义

民族生对本门课程的教学容易产生以下三种情绪。第一种是畏难情绪。由于"现代汉语"课程有一定的理论性,通用教材内容也比较枯燥,民族生一看教材难懂,畏难情绪油然而生。为此,应明确本门课程不仅是一门理论课,也更是一门语言课,非理论部分学习难度并不大,理论部分主要也是要求识记。第二种是消极情绪。由于本门课程不像军事科目在任职中经常使用,也不像政工类科目运用于按纲建队的实践,而类似于一门基础课或汉语基础提高课,学员容易产生消极情绪。为此,应明确语言在实际生活中的巨大作用,如搜索引擎、查字典词典、学习和推广普通话、军语研究、公文写作、民族交流等,尤其需强调本门课程讲授的语言教学法有助于学员将来在任职中从事民族语言教学。第三种是过于积极。有的民族生认识到学好现代汉语的重要作用和深远意义,学习积极性高涨,但是求快、不注重方法,有的民族生下定决心抄写教材多遍,但抄写教材并不是个好方法。为此,教员应给予正确的引导,客观指出语言学习是个长期积累的过程,然后提供符合实际的学习方法、学习资料。

(五)做好教法储备,明确教法选择

语言知识的教学方法多种多样,不同类型的知识点、不同类型的语言能力的培养需要不同的方法,为此应做好多种教学方法的储备。具体来说,"现代汉语的概念"这一知识点有权威表述,应对概念的含义进行解释。"现代汉语的特点"内容复杂,应运用自己的民族语言事实与汉语进行对比。"方言地域分布"教材表述复杂,应采取看图说话和观看方言视频相结合的方法。"汉语拼音方案、国际音标"内容抽象,应采取对各个音标、拼写方式精讲多练的教学方法。"声调"部分是教学难点,因为维语等民族语言没有声调,从教学实际看,民族生难以分辨具体某个字的声调,应指导学员识记常用及易错字的声调。"汉字的构造和掌握规范汉字"教学难度大,由于对汉字的构造不清楚,民族生书写的汉字笔画常常堆在一起,而汉字的规范写法最基本的就是笔顺和笔画,应指导学员认真分析常用汉字的结构,给学员讲解汉字的常用笔顺和笔画规律。从教学实际看,学员对"熟语"部分有浓厚兴趣,但难度在于汉语中的熟语数量惊人,哪些熟语应该教?由于缺少语料库的帮助,这个范围还难以确定。"词典和字典"有实体书籍存在,应让学生在课堂上实际操作。"义素分析法"没有标准答案,言之成理即可,应指导学生多多训练。"句子结构常见错误"应在总结类型的基础上指导学生多做改错训练。总之,各个重点内容需要用不同的教学方法,需采用阅读指导、语言对比、观看演示文稿、看图说话、精讲多练、观看视频、语料库检索等方法,以此形成强大的教学力。

(六) 做好学员测评,明确努力方向

学员测评是个复杂的系统工程,通过系统测评首先可以使学员明白学习收获和努力方向;其次可以使教员了解学员学习情况,如教学重点是否掌握,教学难点学习程度如何,评估教学方法是否得当,要求一般了解的知识点是否了解,明白教员的努力方向;再次可以使教学管理者评估教学目标是否达到,明白课程建设的努力方向。"现代汉语"课程兼具理论性和实践性,对理论知识点和语言分析能力的测试应在期末闭卷笔试,如"义素分析法"应利用多个近义词采取分析题的命题方式进行考察。对口语听说能力和民族语言教学能力的测试应采取何种方式,是学员试教、问答口试和笔试或者其他方式,至今尚无定论。

综上所述,武警院校民族生现代汉语教学虽起步晚、课时少、内容多、任务重,存在上文所说的一系列不足之处,但这门课程基础性强、对民族生的培养意义重大,故需要花大力气教好。我们相信,通过采取适当对策,民族生"现代汉语"课程一定可以取得更好的教学效果。

【参考书目】

[1] 北京大学中文系现代汉语教研室编:《现代汉语》,商务印书馆1993年版。

[2]《国家级精品课程——北京大学"现代汉语"》,《中国大学教学》2004年第5期。

[3] 陈黎明、温欣荣:《新时期以来现代汉语教学改革综述》,《河北师范大学学报(教育科学版)》2008年第9期。

[4] 胡裕树主编:《现代汉语(重订本)》,上海教育出版社1995年版。

[5] 黄伯荣、廖序东:《现代汉语》(增订三版),高等教育出版社2002年版。

[6] 冷瑾:《对现代汉语教学改革中课程意识的审视和思考》,《江西社会科学》2003年第6期。

[7] 佟斯琴:《民族院校蒙汉双语专业现代汉语课程教学存在的困境与思考——以内蒙古民族大学蒙汉双语专业为例》,《民族高等教育研究》2013年第2期。

[8] 张先亮:《试论"现代汉语"课的定位、内容与方法》,《浙江师范大学学报(社会科学版)》2012年第6期。

[9] 赵金铭主编:《对外汉语教学概论》,商务印书馆2004年版。

[10] 照格申白乙:《影响高校蒙汉双语教学质量的教学语言因素及改进策略》,《民族教育研究》2011年第2期。

[11] 周珊:《论少数民族语言文学专业大学生〈现代汉语〉语法教学——从新疆师范大学蒙语言文学专业〈现代汉语〉课程设置谈起》,《新疆师范大学学报(哲学社会科学版)》2007年第4期。

高等院校"现代汉语"课程教育创新探析

张 艺

(安徽大学文学院 安徽农业大学人文社会科学学院,
安徽合肥 230000)

"现代汉语"是高等院校中文相关专业的必修课之一。"现代汉语"课程具有专业性、基础性、理论性等特点,在语言学类课程中处于核心地位,在专业课程体系中具有不可替代的地位。现代汉语课程的学习,直接影响"语言学概论""社会语言学""语用学"等语言学课程及其他相关课程的学习。然而,现代汉语课程内容多、课时多,在教学过程中容易让学生产生枯燥、单调的感觉。同时,课程中的一些知识在高中语文中有涉及,学生有时缺乏新鲜感,产生已掌握的错觉。要想全面地提升现代汉语课程的教学效果,必须对现有教学体系进行探索和重构。我们以黄伯荣、廖序东主编的《现代汉语》(增订六版)教材为依托,对现代汉语课程教学做了一些探索和尝试。

一、现代汉语课程创新的教学策略

(一) 融入语言生活,引发学生讨论

要使"现代汉语"课受学生欢迎,就要关注当下的语言生活,将现实生活中的语言现象融入教学中,对最新语言现象进行分析和解释。比如网络低俗词问题就是个需要在现代汉语课程中讨论的问题。新华社连续几年公布了年度网络低俗词语排行榜,其中"尼玛""逗比""++""你妹"等一些网络低俗词多次上榜。一部分大学生也屡屡将其挂在嘴边,

甚至将其当作彰显个性的流行语。在词汇部分的教学中,我们就将这个话题引入了课堂。不仅向同学们展示了"网络低俗词语排行榜",还在课堂上对同学们的语言态度进行了匿名投票,最后引入《中国语言生活状况报告》中的相关分析。通过这次课堂活动,学生不仅了解了网络低俗词的来源及本义,还讨论分析了其使用原因,最重要的是意识到这些网络低俗词的粗俗本质。通过对这一现象的讨论,同学们不仅规范了语言行为,而且对现代汉语词汇的发展变化和规范化问题有了更直观的认识。

事实上,很多来自现实语文生活的问题都可以放到现代汉语课堂上讨论分析。比如怎么看待汉语中的字母词现象,如何正确使用标点符号,怎么看待新词新语的涌现,怎么分析和运用现代汉语多义现象,如何看待推广普通话和保护方言之间的关系,等等。这些都是活生生的语言现象,也是最现实的现代汉语问题。现代汉语课堂应该积极引入这些语言现象,激发学生兴趣,引发学生思考。

(二)重视语言事实,提炼语言理论

现代汉语的研究对象是现代汉民族共同语。"现代汉语"课程建立在汉语语言事实的基础上,可以利用语言学理论对现代汉语进行研究分析。在教学过程中,我们不仅要重视语言事实的描写,也要注重语言理论的学习。特别是在较为抽象的语法部分,要注意二者的平衡。《现代汉语》(增订六版)的编排设计给了我们很好的启示。教材第四章"语法"部分中每一个语法层级结束后都有小结,包括词类小结、短语分析小结、句法成分小结、单句分类小结等[1]。例如单句一节,在介绍完句型、常用句式、变式句、句子变换、句类五个部分后引入"单句小结",归纳出现代汉语的句型、句类和句式体系,并用图表的方式将其提炼总结,进而讨论单句和短语的区别。最后,在此基础上介绍"三个平面"理论以及语义成分、语义特征和语义指向的相关内容。这种由语言事实出发,经过充分描写分析后,进行归纳总结,最后引入语言理论的思路值得我们在课堂上实践。一方面,我们不能只谈理论不谈现象。离开基本的语言事实去介绍理论,犹如无源之水、无本之木,无法让学生获得感性直观的印象,而且容易使课程枯燥,不利于学生学习。另一方面,我们也要避免

"只见树木,不见森林"。止步于语言现象的分析和描写,不利于学生知识体系的建构,也不利于后续课程的学习。现代汉语课程应该以教材为依托,以语言事实为起点,通过细致的描写和分析,上升到理论高度进行总结和深化。

(三)聚焦汉语事实,树立语言自信

当代语言学研究的绝大部分理论都来源于国外语言学界,主要是苏联的语言理论和西方的结构主义等,缺乏我国本土文化的浸润。学生对于汉语事实往往习焉不察,做语言分析的时候常常受到印欧语系的影响。例如,学习词类划分的时候,学生往往使用英语中的形态依据,不自觉地去寻找汉语词的形态标记。《现代汉语》(增订六版)在这点上的处理非常好,值得我们在课堂上借鉴。一方面,教材立足汉语事实。例如在词类划分一节中举了"走"这个具有典型性的语例,分析其在不同的句子中分别做主语、宾语、谓语和定语的情况,使学生通过自身语感得出不能把"走"归入名词和形容词的结论,也对"汉语的词本身没有形态依据或词类标记"这一事实有了非常直观的印象。另一方面,教材通过这个代表性的语例,引出了汉语词的功能分析,并与英语词的功能进行对比,既让学生意识到汉英语法的差异,也让他们感受到了汉语语法的特点。

在语言学界,一度有研究者觉得汉语没有印欧语言先进,在语法上体现为缺乏形态标记,在文字上体现为表意文字的使用。通过现代汉语课程的教学,我们应该让学生明白各民族的语言都有自己的独特性。汉语作为汉民族的共同语,有自己的独特魅力,也值得我们为其付出更多的努力,把它研究得更透彻。语言自信是文化自信的重要方面,也是新时代对大学生的要求。

(四)打造多元评价,打通教学内容

考核评价是课程教学重要的组成部分,不仅考察学生的学习情况,也是学生学习的"指挥棒"。多元化的考核评价体系能真正地将多种教学内容落到实处,督促学生进行知识、理论、实践等多方面的操练。从内容上来看,考核评价不仅应该关注语言知识和语言理论的掌握程度,也应该重视对思考分析和综合运用水平的考察;从目标上来看,评价考核

不仅是对学生掌握程度的考察,更应该作为学生督促自己学习的手段,为下一阶段学习重点指明方向;从频次来看,评价考核不应该是期末一次性的,而应该是阶段性的;从手段来看,除了笔试,评价考核也应该加入口头汇报、研究报告、线上讨论等方式的考察。重视实践性、综合性、过程性、开放性,更好地打造多元考核评价机制,真正促进教学,提升教学效果。

以现代汉语语法和修辞部分为例,目前我们已经开展的考核方式包括:

1. 阶段笔试。结合现代汉语语法的教学内容,分别进行词性辨析、短语的层次结构分析、单句的句型句式分析、复句的层次划分、病句修改的笔试。形式上采用开卷考试,不要求学生记忆,只是运用此阶段学习的理论进行操作训练,考察学生的理论理解程度和操作能力。

2. 小组汇报。即以小组合作的方式完成某一论题的研究,以PPT的形式随堂汇报并递交书面报告。小组汇报的论题围绕教学的重点和难点,随着教学的推进而变化,涉及课程的大部分章节。已试行的小组汇报包括:现代汉语语法特点,能愿动词"能""会"辨析,离合词使用规则分析,形容词语法特点分析,量词概况,副词"又、再、还"辨析,虚词"了"的基本用法,现代汉语的歧义现象,补语的引申用法辨析,"把"字句句法规则分析,等等。

3. 选题报告。即教师给出开放式题目,学生思考研究,完成报告撰写。已实行的开放式题目有二,分别关联语法和修辞两个部分:选择一个语法项目写一篇综述;运用尽可能多的辞格写一篇文章或者一个相声小品剧本。该考核方式旨在考查学生的知识运用能力,并培养学生的开放性思维,增加学习的趣味性。

二、构建现代汉语"3×4"课程架构

通过上述教学探索,我们逐渐形成了现代汉语"3×4"课程架构。课程体系分为两部分,一是教学内容,包括语言教学、文化教育和实践创新三部分;二是问题导向模式,包括问题启发、线上讨论、线下汇报和成果展示四个步骤(详见下图)。

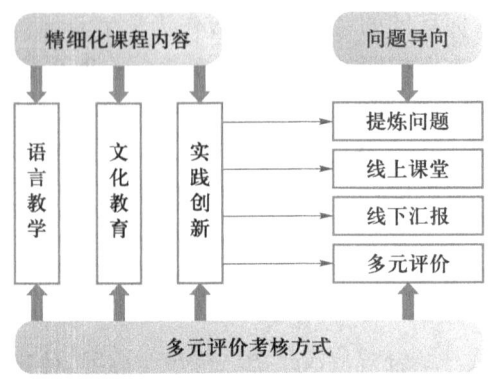

现代汉语"3×4"课程架构示意图

(一)教学内容是课程架构创新的核心和灵魂

以往的现代汉语教学内容多集中于语言知识教学,即语音、文字、词汇、语法、修辞等现代汉语课程内容。然而,新时代的现代汉语教学内容除了语言知识教学,还应该包括文化教育和实践创新。文化教育是指发掘汉语知识所承载的文化内涵,如古语词所承载的传统文化,熟语所体现的观念文化,汉字所体现的中华文化等。这些内容不应该埋伏在深处,而应该将其凸显,成为现代汉语教学的内容之一。语言是文化的重要载体。我们应让学生在学习语言知识的同时,了解语言现象背后的文化理念。在现代汉语课程的学习中学习优秀中华传统文化,提升语言自信和文化自信。实践创新是指以培养学生的语言应用能力和创新能力为目标,让学生学习如何使用汉语知识与语言理论解决语言生活中的实际问题,提升语言素养,培育创新精神。在新时代双创背景下,现代汉语课程也应将实践创新纳入教学内容,以问题导向,通过线上和线下互动,将实践创新作为重要的课堂内容,切实地提高学生实践创新的能力。

(二)应用型教材是实现课程内容的主要渠道

黄伯荣、廖序东两位先生合作的《现代汉语》自1979年面世开始,一版再版,赢得全国师生的好评和青睐。此教材先由甘肃人民出版社发行,后改由高等教育出版社出版,荣获国家教委高等学校优秀教材二等奖。时至今日,全国现代汉语教材林立,但"黄廖本"依然是最叫得响的品牌[2]。黄廖本教材的可贵,在于它与时俱进,在保持原框架大体不变的基础上适时修订更新。该教材的每一次修订都增补了必要的内容[3]。黄伯荣、廖序东主编的《现代汉语》具有鲜明的应用型特色,主要表现在以下四个方面:

1. 以学生为本。从学生熟悉的语言实例出发,用通俗易懂的语言将知识引入并抽象出基本概念和理论;

2. 目标要求明确。沿着语言事实描写、概念和理论解释、解决问题的思路组织教材,目标明确,培养学生运用现代汉语知识解决实际问题的能力;

3. 教材内容简明。既注意吸收学界新的成熟的科研成果,又能深入浅出,使学生易于接受;

4. 与时俱进,不断更新。密切结合鲜活的语言生活,注重知识与能力贯通。

(三) 紧扣教材的课程设计是新架构的实施路径

《现代汉语》(增订六版)教材的每一节都是按照"教学目标"—"正文"—"思考和练习"的模式安排。每一节前的"教学目标"主要介绍本节的学习重点和难点,使学生能够一目了然,容易抓住主要内容。正文主要以丰富的汉语语例介绍概念和理论,每个模块结束后有"小结",使脉络清晰,又扩大了教材的知识含量。课后配合"练习与思考",作为教学的延展,使学生能够举一反三,加强思辨能力,有助于学生把理论与实践结合起来,巩固和提高所学内容。另外,每一章后有附录和二维码本章小测验。这样的体例安排对教师和学生而言都很"好用",特别对学生来说,即使自学,也能很快抓住重点和难点,很适合学生学习的需要。大部分章内还设有选择自学小节,引导学生开阔视野和深入思考。对于一些学界有争议的问题,在主要说明一种观点和意见的基础上,注重给学生和教师留出思考和发挥的空间,包括把一些问题列入思考题让学生和教师去琢磨,为创新实践打下了坚实的基础。

(四) 特色化的资源是课程内容的重要补充

《现代汉语》(增订六版)教材不仅有《教学与自学参考》等传统纸质课程资源,还有"现代汉语教学论坛"教材专用网站、高等教育出版社网络学习平台,以及现代汉语多媒体教程、电子课件等新媒体资源。教材配套的《现代汉语多媒体教程》光盘,给予学生丰富的音频资料,对于学习语音部分帮助巨大。《现代汉语》(增订六版)更是对原有的数字化资源进行了整合与修订,拓展了知识内容,设置了即测即评练习,方便学习者及时检验学习效果。同时还采用二维码链接形式方便手机扫描获取,逐步形成了以"互联网+"为特色的课程资源。

(五)多元化的考核方式是新架构的重要保障

现代汉语课程的教学目标在于教会学生如何分析语言现象,提高语言文字使用水平,为他们日后从事语言文字方面的工作和研究打下基础。现在的现代汉语课程教学往往存在"重理论轻实践、重知识轻能力"的问题。如何激发学生思考,引导实践创新是我们在课程教学中应该考虑的问题。相对于传统的课堂传授,翻转课堂等新型教学方式受到越来越多的关注。我们认为,无论使用何种教学方式,"问题导向"应该是教学中应该关注的重点。"问题导向"即更加注重抛出问题,激发学生开展小组讨论、实作演练、立即应用等高效的主动学习方式。

我们以教材多媒体资源为依托,尝试以问题为导向,以章为单位进行项目设计。具体实施步骤包括:

1. 问题启发。结合所学章节内容,引入实践题目。已进行的实践项目有"大学生普通话学习和使用情况调查""《现代汉语词典》(第七版)增订条目统计分析""留学生语法偏误统计分析""标语的修辞研究"等。教师通过材料、视频、新闻等多媒介呈现语言现象,并在课堂上进行要点提示。

2. 线上讨论。针对提出的问题,在线上网络平台设置讨论区。教师通过考察线上互动情况激发学生讨论积极性,包括统计学生发帖数、参与互动人数等数据;并通过回帖引导思考和讨论的方向,开启更深层次思考。通过线上平台的讨论,进一步提炼问题,寻求解决思路。

3. 线下汇报。学生以小组为单位,以课堂汇报的方式呈现思考结果,提出解决问题的思路。老师和其他小组同学各提出一个"有难度、有深度"的问题,大家围绕问题集思广益,开展头脑风暴,找到更完美的解决方案,深化思考。

4. 成果展示。要求学生结合老师和其他组同学的问题和意见,对方案进行修改,并具体实施。最终以课程论文或者研究报告的形式将思考运用结果呈现出来,使学生能够直观感受用所学的知识解决问题的效果,激发学生进一步学习的动力。

三、结语

"现代汉语"是传授现代汉民族共同语基本知识的一门课程,提高学生的语言素养,训练学生归纳、分析语言现象的基本能力的一门课程。在教学中,我们进行的创新实践证明,紧扣《现代汉语》(增订六版),利用问题导向模式,重视语言知识、文化教育和创新实践三方面内容,建立现代汉语"3×4"课程架构对于提升教学效果有重要作用。课程的新架构增加了学生课下学习的时间,提升了他们的学习兴趣。不仅提高了学生用语言知识解决实际问题的能力,而且有助于学生提升语言自信和文化自信,树立爱国情怀。我们力争像《现代汉语》教材编写组一样,不断更新教学内容,改进教学模式,把现代汉语课打造成为"金课",为培养新世纪高素质的文科人才奠定基础。

【参考书目】

[1] 黄伯荣、廖序东:《现代汉语》(增订六版),高等教育出版社2017年版。

[2] 邵霭吉:《一本常出常新的〈现代汉语〉教材——读黄廖本〈现代汉语〉"增订四版"》,《盐城师范学院学报(人文社会科学版)》2008年第3期。

[3] 王建军:《冲淡平和 淹博厚重——廖序东先生评传》,《徐州师范大学学报(哲学社会科学版)》2007年第2期。

大事纪要

黄廖本《现代汉语》出版发行 40 周年大事记

黄廖本《现代汉语》教材编写组[①]

黄伯荣、廖序东主编的《现代汉语》教材,自 1979 年出版以来,风行 40 载,总发行量已逾千万册,哺育了好几代学子,在海内外产生了广泛的影响,堪称现代汉语教材史上的一个奇迹。为纪念这部教材出版 40 周年,帮助人们更好地了解其发展历程,特编写大事记,将主要事项胪陈如下。

1978 年

3 月,全国《现代汉语》教材协作会议第一次会议在郑州召开,共有 23 所高等院校和有关单位的 60 多位代表参加。会上,制订了《现代汉语》第一方案和第二方案两个编写大纲。黄伯荣、廖序东等提出的大纲为第一方案。会后,黄廖本《现代汉语》教材开始编写初稿。

8 月,全国《现代汉语》教材协作会议第二次会议在昆明召开扩大会议。全国 81 所高校和有关单位的 150 多位代表参加。会议讨论了教材初稿,并对有争议的问题展开了讨论,认为以第二方案为基础把两个方案的教材初稿合编成一部教材没有可能性,决定分别编出两部各有特色的教材,上报教育部审定。会议推选黄伯荣和廖序东为第一方案《现代汉语》教材的主编,增加了一些新编者,重新分工落实教材初稿的修改编写任务。

[①] 本文由编者邵霭吉执笔。在整理过程中,得到了李行健先生的指导,刘小南、李申、王建军等多位编者作了补充、修订。

1979年

2至3月,兰州大学受教育部的委托,在兰州主持召开黄廖本《现代汉语》教材的编审定稿会。全国45所高等学校及有关单位的代表71人参加。编写组的老师们受到当时甘肃省党政军主要领导的热情接待,省委、省政府和兰州军区领导宋平、杨植霖、肖华等同志都出席了接待会。会后,执笔编写人员认真整理、研究了代表们提出的意见,对教材进行修改,形成定稿。

8月,黄廖本《现代汉语》(试用本,上册)由甘肃人民出版社出版。这是黄廖本《现代汉语》教材的第1个版本。卷首《编者的话》列出的编者有:鲁允中、张文熊、刘小南、叶长荫、李谱英、吴树辉、武占坤、李德润、张国庆、詹人凤、许绍早、韩馨、丁恒顺、程仪、王中安、黄伯荣、文以战、谢晓安、赵浚、宋玉柱、吴天惠、胡安良、殷焕先、葛本仪、钱曾怡、高更生、程希岚、龚继华、庞继章、詹伯慧、杨月娟、边兴昌、王勤、徐思益、廖序东、李兆同、程家枢,共37人。《编者的话》还指出:张志公、岑麒祥、周祖谟、张拱贵等先生对这部教材提出过宝贵的意见;徐青参加了"绪论"的修改工作;教材工作组的班兴彩、刘伶、刘公望、刘汉城、仇志群、杨因等同志做了大量的工作。

1980年

2月,黄廖本《现代汉语》(试用本,下册)由甘肃人民出版社出版。

3月,在兰州饭店举行黄廖本《现代汉语》教材修订会。黄伯荣、廖序东、李行健、吴天惠、胡安良等人参加。

7至8月,经国家教委批准,在青岛召开黄廖本《现代汉语》教材审稿会议。黄伯荣、廖序东、殷焕先、高更生、许绍军、胡安良、吴天惠、李行健、龚继华等编者出席会议。邀请多位著名语言学家莅临指导。在会上发言的专家有:吕叔湘、周祖谟、张志公、胡裕树、严学宭、朱星、徐世荣、陈必恒、张拱贵、吕冀平、张斌、张静、张寿康、李临定等。会议认为,黄廖本《现代汉语》教材总结了前人的经验,吸取了科研新成果,贯彻了理论联系实际的原则,编写体例和内容都符合教学的要求。会后,国家教委批准黄廖本《现代汉语》为高等学校文科教材。

1981年

2月,黄廖本《现代汉语》由甘肃人民出版社正式出版。这是黄廖本《现代汉语》教材的第2个版本,亦称为"兰州本"。卷首《编写说明》列出的编者有:鲁允中、韩馀、李谱英、吴树辉、刘小南、肖天柱、叶长荫、詹人凤、张国庆、武占坤、程仪、丁恒顺、王中安、李德润、许绍早、黄伯荣、文以战、谢晓安、赵浚、宋玉柱、胡安良、葛本仪、钱曾怡、殷焕先、高更生、程希岚、龚继华、李行健、庞继章、詹伯慧、顾静如、杨月娟、边兴昌、吴天惠、张文熊、王勤、林端、徐思益、廖序东、李兆同、程家枢、邱锷锋、徐青(按学校音序排列),共43人。《编写说明》还指出:本书各章"曾分别请王力、岑麒祥、王均、商承祚、周有光、邢公畹、张弓等同志进行了审阅,提出了宝贵的意见。""班兴彩、刘伶、刘公望、刘汉城、仇志群、杨因等同志做了大量工作。"

6月,甘肃人民出版社出版了与黄廖本《现代汉语》配套的鲁允中编选的《现代汉语资料选编》,主要收录"文化大革命"之前发表的一些关于现代汉语的重要论文。

本年出版了与黄廖本《现代汉语》配套的"现代汉语知识丛书",有詹伯慧《现代汉语方言》、徐青《字典和词典》、张寿康《构词法和构形法》等。

1982年

12月,黄廖本《现代汉语》在河南开封召开修订会。应邀参加修订会的有来自全国29所高等院校的35名专家和编者。

本年出版了与黄廖本《现代汉语》配套的"现代汉语知识丛书",有岑麒祥《国际音标》、向光忠《成语概说》等。

1983年

9月,黄廖本《现代汉语》(修订本)由甘肃人民出版社出版。这是教材的第3个版本。王力先生为本书题写了书名。卷首《编写和修订说明》列出的编者有:鲁允中、韩馀、李谱英、吴树辉、刘小南、肖天柱、叶长荫、詹人凤、张国庆、武占坤、程仪、丁恒顺、王中安、李德润、许绍早、黄伯荣、文以战、谢晓安、赵浚、宋玉柱、向光忠、胡安良、葛本仪、钱曾怡、殷焕先、高更生、程希岚、龚继华、李行健、庞继章、詹伯慧、顾静如、杨月娟、边兴昌、吴天惠、张文熊、王勤、林端、徐思益、廖序东、李兆同、程家枢、邱锷锋、徐青(按学校音序排列),共44人。《编写和修订说明》还指出:陈汝立、吴智勇参加了修订工作;陈炳迢改写了附录"词典和字典";班兴彩、刘伶、刘公望、刘汉城、仇志群、杨因、吴新华对本书付出了辛勤的劳动。

本年出版了与黄廖本《现代汉语》配套的"现代汉语知识丛书",有高更生《长句分析》等。

1984年

6月,语文出版社出版了与黄廖本《现代汉语》教材配套的、由黄伯荣廖序东主编的《现代汉语习题解答提要》。

本年,河北人民出版社《中国现代语言学家》1—5册出齐,黄廖本《现代汉语》编者队伍中的黄伯荣、廖序东、李行健、殷焕先、徐思益、詹伯慧、许绍早7人入选为传主。

本年出版了与黄廖本《现代汉语》配套的"现代汉语知识丛书",有谢晓安等《语法修辞表解及练习》等。

1985年

1月,云南人民出版社出版了卢永康等编写的《黄伯荣廖序东〈现代汉语〉答问200题》。

本年出版了与黄廖本《现代汉语》配套的"现代汉语知识丛书",有吴天惠《普通话音位》、邵霭吉《现代汉语词组》等。

1986年

3月,黄廖本《现代汉语》被评为甘肃省优秀图书,荣获中共甘肃省委和甘肃省人民政府颁发的优秀图书奖。

6月,国家教委刊物《高教战线》第6期"教材评介"栏发表竟成写的书评:《一部受欢迎的〈现代汉语〉教材——黄伯荣、廖序东〈现代汉语〉评介》。

7至8月,在河北承德召开黄廖本《现代汉语》教材修订会。修改了教材和《〈现代汉语〉使用说明及习题提要》。

本年出版了与黄廖本《现代汉语》配套的"现代汉语知识丛书",有高更生《句组分析》等。

1987年

继荣获甘肃省优秀图书奖之后,黄廖本《现代汉语》又获得甘肃省教育厅颁发的高校优秀教材奖。

7月,黑龙江教育出版社出版了由黄廖本《现代汉语》编者刘小南编写的《现代汉语千题解》,该书的部分内容是在黄廖本《现代汉语》的基础上提炼形成的,对解析黄廖本的重点、难点、易混问题很有裨益。

本年出版了与黄廖本《现代汉语》配套的"现代汉语知识丛书",有鲁允中《轻声·儿化》、林端《句子分析法》。

1988年

1月,黄廖本《现代汉语》荣获国家教委颁发的高等学校优秀教材二等奖。

4月,黄廖本《现代汉语》(修订本)由甘肃人民出版社出版。这是本教材的第4个版本。封面和版权页虽然标为"修订本",但实为"修订二版"。卷首《编写和修订说明》称1979年"试用本"为第一版,1981年"正式本"为第二版,1983年"修订本"为第三版,称这一版为"第四版"。《编写和修订说明》列出的编者与1983年"修订本"相同。

8月,黄廖本《现代汉语》教材修订会和《现代汉语》教学研讨会在青岛大学召开。出席和列席会议的代表共82人,来自全国24个省(市、自治区)。

1989年

7月,甘肃人民出版社出版了黄伯荣、廖序东主编的《〈现代汉语〉教学说明及习题解答》,内容包括课程说明和教学建议、思考和练习题参考答案两部分。

9月,黄廖本《现代汉语》"增订版"定稿会在天津师范大学召开。

1991年

1月,黄廖本《现代汉语》(增订版)由高等教育出版社出版。这是高等教育出版社出版的黄廖本的第1个版本,也是本教材的第5个版本。前言指出,黄廖本编者中的黄伯荣、廖序东、王勤、刘小南、鲁允中、韩愭、李谱英、詹人凤、张国庆、丁恒顺、王中安、许绍早、谢晓安、宋玉柱、向光忠、吴天惠、葛本仪、高更生、龚继华、林端等20人参加了这次"增订版"

工作。前言还指出,在编写、修订和出版过程中,陈炳迢、郑骅雄、班兴彩、刘伶、刘公望、刘汉城、仇志群、杨因、陈汝立、马鸣春、刘朗熙、吴智勇、吴新华等同志也都付出了辛勤的劳动。

1992 年

黄廖本《现代汉语》教材修订会在山东济南召开。

1993 年

6 月,高等教育出版社出版了与黄廖本《现代汉语》教材配套的、黄伯荣廖序东主编的《〈现代汉语〉教学说明与习题答案》。前言指出:"本书执笔者是:丁恒顺、高更生、韩愹、黄伯荣、李谱英、廖序东、鲁允中、宋玉柱、王中安、谢晓安、许绍早、詹人凤、张国庆等。龚继华、王勤曾参加过早期编写工作。""李志霄、张志静等同志在本书定稿时提过宝贵意见"。

1997 年

3 至 4 月,在山东济南召开《〈现代汉语〉(增订二版)教学说明及自学辅导》编写会议。重写语音、词汇习题答案,修改了《教学大纲》和《课程总说明》。

7 月,黄廖本《现代汉语》(增订二版)由高等教育出版社出版。这是高等教育出版社出版的黄廖本的第 2 个版本,也是本教材的第 6 个版本。增订二版前言指出:"参加这次修订工作的编者有(按音序排列):边兴昌、丁恒顺、高更生、葛本仪、龚继华、黄伯荣、李谱英、李行健、廖序东、林端、刘小南、钱曾怡、王勤、王中安、肖天柱、谢晓安、徐青、许绍早、詹伯慧、詹人凤、张国庆,共 21 人。"前言还指出,在本版成书过程中,吴启主、陈汝立、谭德姿、仇志群、邵霭吉、刘中富、罗日新等提过宝贵意见,或同时做过大量工作。

1998 年

4 月,高等教育出版社出版了与黄廖本《现代汉语》教材配套的、由黄伯荣廖序东主编的《现代汉语(增订二版)教学参考及自学辅导》。前言指出:"先后参加本书执笔修订者有:边兴昌、丁恒顺、高更生、葛本仪、龚继华、韩愹、黄伯荣、李谱英、廖序东、林端、刘小南、鲁允中、宋玉柱、王勤、王中安、吴天惠、谢晓安、许绍早、詹伯慧、詹人凤、张国庆等。"在本书定稿时,李志霄、张志静、罗日新、亢世勇等先后提过宝贵意见,做过许多工作。

1999年

5月,黄廖本《现代汉语》教材被教育部公布为首批重点推荐使用的中国语言文学专业七门主要课程30种教材之一。

2001年

5月,在江苏徐州师范大学召开《现代汉语》教材修订会。出席修订会的编者有:黄伯荣、廖序东、王勤、刘小南、詹人凤、丁恒顺、王中安、谢晓安、宋玉柱、高更生、张国庆等。高等教育出版社袁晓波出席会议。徐州师范大学李申、张爱民负责接待安排,并全面参与配合修订工作。

8月,在青岛大学举行了黄伯荣从教50周年学术思想研讨会、《现代汉语》教材(增订三版)修订稿定稿会及现代汉语教学研讨会。

2002年

7月,黄廖本《现代汉语》(增订三版)由高等教育出版社出版。这是高等教育出版社出版的黄廖本的第3个版本,也是本教材的第7个版本。前言指出:"参加本次增订执笔的有:边兴昌、丁恒顺、高更生、葛本仪、黄伯荣、廖序东、林端、刘小南、宋玉柱、王勤、王中安、谢晓安、詹人凤、张国庆。""参加修改或提意见的编者有:程希岚、龚继华、李行健、鲁允中、向光忠、肖天柱、叶长荫等(按音序排列)。"前言还指出,张志毅、严戎庚、罗日新、张小克、李炜、张文元、雷涛、贾娇燕等老师也对本教材提出了宝贵意见。

为了便于教与学,特别是为了便于参加自学考试的学生自学,本版另编有《〈现代汉语〉(增订三版)教学说明与自学参考》一书,"普通话和国际音标"录音带一盒,配合发行。

7月,出版了与黄廖本《现代汉语》教材配套的、由黄伯荣廖序东主编的《现代汉语(增订三版)教学说明与自学参考》,内容有教学大纲、课程说明、习题答案等。前言指出:"参加本书这次修订的编者有:丁恒顺、高更生、葛本仪、黄伯荣、廖序东、林端、刘小南、宋玉柱、王勤、王中安、谢晓安、詹人凤、张国庆(按音序排列)。""参加2001年8月在青岛召开的现代汉语教学研讨会和学术研讨会的老师以及贾娇燕等许多老师也提出了不少意见。"

12月,南京大学出版社出版了江苏省社科联主编的"当代江苏学人丛书"之《人淡如菊——语言学家廖序东》一书。廖序东在卷首《生平琐记》中回忆自己的生平经历,其中谈及编写黄廖本《现代汉语》教材的经历。黄伯荣在书中发表《喜撰教材结友情》一文,畅谈二人在黄廖本《现代汉语》编写过程中结下的友谊。黄廖本编者高更生在书中发表《研究教学语法的楷模》一文,盛赞廖先生对教学语法研究做出的卓越的贡献。王建军在书中发表《平生何所有,师书抵万金——我与廖序东先生的书信缘》。张爱民在书中发表《我跟老师学汉语》。卷末为李申编写的《廖序东教授工作纪年》。

本年,哈尔滨工程大学出版社出版了王磊主编的《现代汉语学习指南》,该书"将黄伯荣、廖序东主编的《现代汉语》教材中的基础知识重新加以梳理,突出重点、解析难点,对于容易混淆的问题指导学生掌握正确的解决方法,同时提供了一定数量的自测题"。

2004年

5月,河北教育出版社出版了由中国语言学会编写的五卷本《中国现代语言学家传略》。黄廖本《现代汉语》编者中有黄伯荣、廖序东、李行健、詹人凤、詹伯慧、许绍早、钱曾怡、殷焕先、高更生、徐思益等10人入选为传主。

11月,徐州师范大学、江苏省语言学会和九三学社徐州市委共同举办了"庆祝廖序东先生九十华诞学术交流会"。全国人大常委会副委员长许嘉璐发来贺电,中国社会科学院语言研究所、教育部语言文字司、《中国语文》编辑部等多家单位发来贺信。著名语言学家郭锡良、张斌、卞觉非等出席会议并讲话,王学奇、钱曾怡、高更生等先生发来贺辞、贺联、贺诗。全国数十所高校、科研院所单位的100多名代表参加了会议。黄廖本教材编者向光忠等参会。

2005年

1月,高等教育出版社出版《汉语教学与研究文集——纪念黄伯荣教授从教50周年》一书。卷首为黄伯荣《框架核心分析法答客问》。书中有黄廖本编者谢晓安、高更生、葛本仪、王勤、林端及戚晓杰等人的论文。

7月,黄廖本《现代汉语》教材被江苏省教育厅评为"江苏省高等学校精品教材"。

2006年

黄廖本《现代汉语》教材被教育部评为"普通高等教育'十一五'国家级规划教材"。

9月,黄廖本《现代汉语》教材修订会在北京举行,参加会议的有:黄伯荣、廖序东、李行健、王勤、刘小南、高更生、向光忠、詹人凤、林端、王中安、谢晓安、丁恒顺,以及高等教育出版社的领导同志。

12月12日,廖序东先生因病去世,享年92岁。

2007年

6月,黄廖本《现代汉语》(增订四版)由高等教育出版社出版。这是高等教育出版社出版的黄廖本的第4个版本,也是本教材的第8个版本。前言指出:"参加这次修订工作的编者有:边兴昌、丁恒顺、高更生、葛本仪、黄伯荣、李行健、廖序东、林端、刘小南、宋玉柱、王勤、王中安、向光忠、谢晓安、詹人凤、张国庆(按音序排列)。"在本版成书过程中,邢捍国、林穗芳、戚晓杰、邵霭吉等提出过修订意见。

6月,高等教育出版社出版了与黄廖本《现代汉语》教材配套的、由黄伯荣、廖序东主编的《现代汉语(增订四版)教学与自学参考》。

9月,高等教育出版社出版王建军、李申主编的《楚风汉韵何悠悠——廖序东先生纪念文集》。李行健在书中发表《永远难忘的廖序东老师》,谈跟廖先生在黄廖本《现代汉语》教材编写和其他交往中的难忘记忆。书中还有黄廖本《现代汉语》编者钱曾怡、高更生、向光忠、殷焕先、王勤、丁恒顺、王中安以及孙良明、李申、王建军、张爱民、邵霭吉,黄廖本责任编辑袁晓波等人的信、联、诗或文章。

2008年

6月,《盐城师范学院学报(人文社会科学版)》2008年第3期发表邵霭吉书评《一本常出常新的〈现代汉语〉教材——读黄廖本〈现代汉语〉"增订四版"》。

2009 年

9月,兰州大学百年校庆期间,校史馆"大师云集"专栏中共列出百年来兰州大学大师15名,黄伯荣先生是其中之一;校史馆"教材建设"专栏列出的几十部教材中,黄廖本《现代汉语》教材属于有专门评介的两部教材之一。

9月,黄廖本《现代汉语》教材修订会在广东阳江举行,参会的编者有:黄伯荣、刘小南、林端、谢晓安等,其他与会者有:邵霭吉、戚晓杰、张文元、韩宝育、占勇(即詹勇)、林捍国、和丹丹、王琳,高等教育出版社于晓宁等。

会议决定编写黄廖本《现代汉语》的简编本。

会议期间,召开了"黄廖本《现代汉语》教材出版30周年纪念会"。出席黄廖本《现代汉语》教材修订会的编者、专家,高等教育出版社于晓宁,阳江市政协、阳江市文联的领导同志,阳江新闻媒体的记者等参加了会议。

会议期间,录制了黄伯荣、林端、刘小南、谢晓安四位编者的讲课短视频。

会议期间,在阳江职业技术学院召开了黄廖本《现代汉语》教材教学研讨会。

2011 年

6月,黄廖本《现代汉语》(增订五版)由高等教育出版社出版。这是高等教育出版社出版的黄廖本的第5个版本,也是本教材的第9个版本。教材附有《现代汉语多媒体教程》光盘一张。黄伯荣主持了本版的修订工作。前言指出,"参加本次修订的编者有:李行健、边兴昌、林端、高更生、詹人凤、王勤、刘小南、宋玉柱、谢晓安、丁恒顺、王中安、胡安良,他们都已进入耄耋之年,有的带病参加此次修订工作。"前言还指出,邵霭吉、戚晓杰、秦存钢3人为本教材的新编者,孙汝建、占勇、曹德和、崔妍等参加了部分内容的修订工作。

7月,北京大学汉语语言学研究中心和中山大学中文系于广州中山大学联合举办了"高等院校《现代汉语》《语言学概论》教材研讨会暨黄伯荣先生九十华诞庆典"。来自全国70余所高校的近百位专家学者参会。北京大学陆俭明、王洪君和教育部语言文字应用研究所的有关领导参加了会议。

10月,黄廖本《现代汉语》荣获"山东省高等学校优秀教材"一等奖。

11月,黄廖本《现代汉语》被教育部评为"普通高等教育精品教材"。

12月,高等教育出版社出版了与黄廖本《现代汉语》教材配套的、由黄伯荣、廖序东主编的《现代汉语教学与自学参考(增订五版)》。《前言》指出,参加过教材和教学与自学参考用书编写修订工作的有:黄伯荣、廖序东、鲁允中、韩愬、李谱英、吴树辉、刘小南、叶长荫、詹人凤、张国庆、肖天柱、武占坤、程仪、丁恒顺、王中安、李德润、顾静如、杨月娟、徐青、许绍早、詹伯慧、文以战、谢晓安、赵浚、庞继章、宋玉柱、向光忠、边兴昌、胡安良、葛本仪、钱曾怡、殷焕先、高更生、程希岚、秦存钢、龚继华、吴天惠、张文熊、王勤、林端、徐思益、邵霭吉、李行健、李兆同、程家枢、邱锷锋,合计46人。

2012年

12月,黄廖本《现代汉语》被教育部评为"'十二五'普通高等教育本科国家级规划教材"。

2013年

5月12日,黄伯荣先生在阳江辞世,享年92岁。

8月,广东省阳江市举办"南国书香节",特设"语言学家黄伯荣学术主题馆"。馆中展出了从1979年初版到2011年增订五版的9种版本的黄廖本《现代汉语》教材,以及黄先生生前从事现代汉语教学与研究的许多照片和资料。

2014年

6月,黑龙江大学出版社出版了殷树林主编的《现代汉语习题精编》,该书"根据黄伯荣、廖序东版《现代汉语》的内容,精心编写了相应的配套练习"。

10月,黑龙江大学出版社出版了殷树林、孙连刚主编的《现代汉语参考资料精选》。该书是为配合黄廖本《现代汉语》教材的教学需要编选的一本论文集,收录当代汉语研究论文40篇,其中20世纪80至90年代发表的论文16篇,2000年以后发表的论文24篇。

2015年

3月,江苏师范大学举办"廖序东教授百年诞辰纪念暨学术思想研讨会"。近百位专家学者出席会议,高等教育出版社黄廖本《现代汉语》责任编辑吴军到会并代表高等教育出版社发言。

6月,黄廖本《现代汉语》教材修订会在北京举行。参加会议的有:李行健、黄绮仙、李申、戚晓杰、王勤、刘小南、邵霭吉、秦存钢,高等教育出版社文科出版事业部、法务部的相关同志及黄廖本《现代汉语》的责任编辑吴军等。会议充实了黄廖本《现代汉语》修订工作领导小组,推选李行健先生为召集人。经过充分讨论,确定了第五版修订的主要原则和方案,并作了具体分工。

2016年

2月,黄廖本《现代汉语》"增订六版"第一次统稿会在北京举行。出席会议的有:李行健、王勤、刘小南、戚晓杰、李申、秦存钢、邵霭吉、张爱民、王建军、岳立静、冯海霞、姜仁涛、张秀松、詹勇、曾令香、刘群、邢军、崔云忠等。高等教育出版社的相关领导和黄廖本《现代汉语》编辑人员出席了会议。会议完成了增订六版书稿的统稿任务并决定在此基础上编写黄廖本《现代汉语》精简本,以适应当前教学需要,完成黄廖二师的未竟心愿。会议确定了黄廖本《现代汉语》"精简本"的编写原则和方法,各章的负责人和编写者,规定了完成初稿的时间。黄廖本《现代汉语》"精简本"的编写工作正式启动。

2017年

1月,黄廖本《现代汉语》"增订六版"第二次统稿会(校样审定)和黄廖本《现代汉语》增订六版"精简本"统稿会在北京举行。统稿会由召集人李行健先生主持,出席会议的有:刘小南、戚晓杰、李申、秦存钢、王建军、邵霭吉、张爱民等。会议完成了增订六版的最后定稿和"精简本"的统稿任务。会议期间,召集人李行健先生主持召开了领导小组扩大会议,决定充实领导小组成员,并研究了数字资源建设及后备人才培养等问题。参加领导小组扩大会议的有李行健、刘小南、戚晓杰、李申、秦存钢、王建军和吴军等人。

6月,黄廖本《现代汉语》(增订六版)由高等教育出版社出版。这是高等教育出版社出版的黄廖本的第6个版本,也是本教材的第10个版本。前言指出:本版由王勤、李行健和刘小南三位同志主持,具体参加修订或审读的同志有:林端、钱曾怡、高更生、王中安、戚晓杰、秦存钢、邵霭吉、李申、王建军、张爱民等。参与修订讨论会的有:岳立静、冯海霞、姜仁涛、张秀松、詹勇、曾令香、刘群、邢军、崔云忠、李晋霞、王冬梅等同志。

8月,在苏州大学召开了黄廖本《现代汉语》教学研讨会暨现代汉语课程建设与教学改革研讨会。全国60多所高校100多位教师参会。李行健、戚晓杰、李申、秦存钢、王建军、邵霭吉、张爱民等黄廖本编者出席。出席会议的专家有:张世平、刁晏斌、汪平等。高等教育出版社文科事业部副主任于晓宁、编辑吴军等参加了会议。

为了加强编者与使用者的沟通联系,及时了解使用者发现的教材的问题,听取他们对教材修订的意见,这次会议上建立了"812现代汉语研讨会交流群"。

10月,哈尔滨工业大学出版社出版了屠海波《现代汉语习题集》。书中内容根据黄伯荣、廖序东主编的《现代汉语》(增订五版)的章节分布编写,收录了大量的练习题和考研真题,同时配备详尽的答案,便于学生对教材内容的理解,同时也为复习考研的学生提供了充足的联系资料。

11月,武汉大学出版社出版了夏耕编《黄伯荣·现代汉语·同步辅导·习题精练·考研真题·上下合订本·增订6版》。该书"是高等院校语言学相关专业本科学习和考研辅导书。作为黄伯荣、廖序东《现代汉语(增订六版)》的配套辅导书"。全书遵循黄廖本《现代汉语(增订六版)》的章目编排。

2018年

9月,教材修订领导小组组长李行健先生荣获第四届辞书事业终身成就奖。他主编的《现代汉语规范字典》《现代汉语规范词典》《两岸常用词典》《两岸通用词典》等一系列辞书在海内外产生了广泛的影响。教材第六版词汇章的附录"词典和字典"收录了上举前两部书,对其内容和特点作了简要介绍。

12月,黄廖本教材配套的新成员——《现代汉语》(增订六版)"精简本"出版发行。全书34万字,适合各大专院校非中文专业作为必修课或选修课教材使用。编写工作由黄廖本《现代汉语》教材领导小组的王勤、李行健、刘小南主持指导,李申、戚晓杰、王建军具体负责落实编写任务。钱曾怡、秦存钢、邵霭吉、张爱民、岳立静、李晋霞、王冬梅、冯海霞、曾令香、姜仁涛、张秀松、詹勇、刘群、邢军、崔云忠等参加编写或讨论。出版前,李行健又组织李申、戚晓杰、王建军、仇志群、李晋霞、王冬梅进行了通读和审改。

2019 年

2月,《盐城师范学院学报(人文社会科学版)》第1期发表张怡春书评《一部长盛不衰的现代汉语教材——读黄廖本〈现代汉语〉增订六版》。

4月,纪念黄廖本《现代汉语》教材出版40周年学术讨论会在山东青岛大学召开。

此次会议由高等教育出版社、黄廖本教材编写领导小组主办,青岛大学文学院承办。来自全国18个省市自治区近50多所高校的110多位专家学者、一线教师代表及两位主编的亲属出席了会议。

13日上午开幕式上青岛大学副校长于永明、江苏师范大学副校长钱进、青岛市语言学会名誉会长李行杰、高等教育出版社副社长王卫权、黄廖本教材编写领导小组组长李行健先后讲话,鲁东大学副校长亢世勇和苏州大学文学院教授王建军分别代表特邀嘉宾和新编者发言。

与会领导和专家学者、一线教师代表高度评价了黄廖本教材长期以来对培养大批人才、促进语言学事业发展所作出的杰出贡献。认为这部教材风行40年,发行量逾千万册,被评为普通高等教育"十一五"国家级规划教材、"十二五"普通高等教育本科国家级规划教材,2019年又入选中国教育出版传媒集团有限公司庆祝中华人民共和国成立70周年70部中教经典图书并成为专题报道的10部经典之一,是现代汉语教材史上的一个奇迹。李行健先生的发言从四个方面总结了黄廖本成功的经验,对继续发扬老一辈的优良学风、更好地修订这部教材提出了殷切的希望。

会议邀请中国海洋大学刘中富和上海交通大学王珏两位教授作了词汇、语法方面的专题报告,并请"爱课程"网王冰怿作了在线开放课程建设的辅导报告。

会议前夕,李行健先生主持召开了领导小组扩大会议,研究增订六版及精简本的修订计划,作出调整、增补后备班子和领导小组成员的决定。参加会议的有李行健、刘小南、李申、王建军、秦存钢、邵霭吉、张爱民和高等教育出版社的于晓宁、梅咏、吴军等十余人。

会议之后,各大新闻媒体对这部教材和青岛纪念会议作了深入的宣传报道。

8月5日,《中国新闻出版广电报》在第6版发表了章红雨撰写的《黄廖本〈现代汉语〉:四十年演绎语言学教材传奇故事》。

10月27日至29日,黄廖本《现代汉语》教材修订会在北京高等教育出版社金马宾馆举行。会议讨论了"增订六版"的修订问题,决定于2020年上半年启动"增订七版"的编写工作。会议由召集人李行健先生主持,参加会议的有:李申、王建军、秦存钢、邵霭吉、张爱民、刘中富、李晋霞,以及高等教育出版社的于晓宁、梅咏、吴军等。会议期间,李行健主持召开了领导小组扩大会议,作出调整领导小组成员等多项决定。

1980年黄廖本《现代汉语》教材审稿会纪要

邵霭吉　整理

（一）会议概况

1980年7月21日至8月3日，在青岛召开了黄伯荣、廖序东主编的《现代汉语》教材审稿会。应教育部邀请，吕叔湘先生、周祖谟先生等8位专家出席了会议。出席会议的还有来自全国20多所高等院校及科研机构的代表30人，旁听的代表25人。黄廖本《现代汉语》教材主编黄伯荣、廖序东，编者殷焕先、高更生、许绍早、胡安良等出席了会议。

这是一次大师云集的会议，也是我国现代汉语教材编写史上空前的一次盛会。

开幕式上，中国社会科学院语言研究所所长吕叔湘先生首先发言，提出"编教材有三'难'"，即"讲什么""讲多少""怎么讲"，希望大家在审稿的时候从这三个方面来考虑。吕先生的讲话受到与会者的一致响应，北京大学周祖谟先生、人民教育出版社张志公先生、黑龙江大学吕冀平先生、中国社会科学院语言研究所李临定先生等，都在发言中高度赞同吕先生的主张，并结合一些具体的问题谈了自己的感受和想法。

审稿会采取各人宣读意见稿、小组讨论和大会发言等方式进行。在大会上发言的有：北京大学周祖谟先生，人民教育出版社张志公先生，复旦大学胡裕树先生，华中工学院(今华中科技大学)严学宭先生，天津师范学院(今天津师范大学)朱星先生，北京师范大学徐世荣先生，中山大学陈必恒先生，南京师范学院(今南京师范大学)张拱贵先生，黑龙江大学吕冀平先生，上海师范学院(今上海师范大学)张斌先生，郑州大学张静先生,北京师范学院(今首都师范大学)张寿康先生,中国社会科学院语言研究所李临定先生等。

大会发言中,各位先生对黄伯荣、廖序东主编的《现代汉语》(上下两册)"试用本",全都表达了肯定的评价。大家一致认为,这部教材总结了前人的经验,吸取了科研新成果,贯彻了理论联系实际的原则,编写体例和内容都符合高等学校文科教学的要求,完全赞成将这本教材用作高等学校文科统编教材。当然,在充分肯定这部教材的同时,大家也具体指出了这部教材中的一些不足之处,并提出了积极的修订建议。

参会专家发言中还谈到了跟《现代汉语》教材相关的一些问题。如周祖谟先生谈到了他在1956年在高教部的领导下主持制定的《现代汉语教学大纲》,说大纲的"内容就是现在这本教材的几部分内容,只是没有'修辞'"。严学宭先生重点谈到了文字的性质和"六书"理论,指出:"古代文字,既非表意文字,也非纯粹的表音文字。""六书的理论,并非完美无缺。"胡裕树先生重点讲了汉语的词法、句法问题,指出:"句法分析是句子分析的一种补充,而句子分析主要是找句型。"徐世荣先生谈到了"现代汉语规范化"问题,觉得看了这本教材后"感到我们的汉语规范化工作欣欣向荣",认为"我们讲的《现代汉语》,就是规范化的现代汉语,要教学生做好规范化工作。"吕冀平先生的发言重点谈"教材里面的规范化问题"尤其是"语法的规范化"。张志公先生在发言中讲到了"中学语文教学语法系统问题",希望下一年"由教育部或者人民教育出版社作为召集人……召开一次中学教学语法系统问题的专题讨论"、"在至多一年之内为中学语法教学系统提出一个比较完整的方案"。张寿康先生还回忆起1956年他也"在七月底八月初的时候"来青岛参加"全国语法座谈会",并对当年来参加会议今天又来参加会议的吕叔湘、张志公等先生表示敬意,对当年参加那次会议以后过世的罗常培等几位前辈语言学家表示怀念。张先生的讲话篇幅很长,既讲了高校《现代汉语》教材问题,也讲到了"中学教学语法体系问题"。张静先生则联系他所主编的《新编现代汉语》(郑州本),着重谈了《现代汉语》教材编写中的一些共性问题及处理办法。朱星先生提出,教材的编写班子"不要散……让大家分工,提出新课题,深入研究,不断提高教材的质量"。李临定先生在发言中重点讲到了"被"字句的分析及相关问题。

北京大学岑麒祥教授收到邀请但因事未能参加审稿会。他专门给大会写来一封信对教材加以评价。信中说:"黄伯荣、廖序东主编的《现代汉语》,我曾受委托从头到尾看过一遍,特别是上册第一章'语音'部分,曾应主编的要求尽量加以校订,改变了一些不适当的提法,增加了一些新的材料。整个说来,这一章无论是取材方面或章节安排方面,我觉得都已能做到从实际出发、理论与实践相结合,每节之末加上一些有关的附录,既可以节省正文的篇幅,又可以收到互相印证的功效。这些想来都是总结了过去集体经验的效果,(这套教材)用来做当前高等学校'现代汉语'课的教材是比较合适的。"

参会专家感谢山东大学的同志为这次审稿会选择了好的居住环境,感谢审稿会会务组所做的良好服务。

会后,吕叔湘先生把他在黄廖本《现代汉语》教材审稿会开幕式上的讲话整理成《编教材有三难》,发表在《中国语文》1980年第6期上。朱星等先生后来也把自己在会上的发言写成文章寄给会务组。

会后,负责会务工作的黄廖本《现代汉语》编者胡安良先生,与现代汉语教材工作组班兴彩、仇志群、刘汉城、杨因等先生一起,把与会专家在大会上发言的录音整理成文,于1980年10月打印成册,分发给有关同志。2007年,胡安良先生又在青海民族学院汉语文系谷晓恒先生的大力支持下,由青海地矿印刷厂帮助用电脑排版,胶版印刷成《〈现代汉语〉统编教材审稿会大会发言汇编》(内部出版),作为给教材出版30周年的献礼。

(二) 在黄廖《现代汉语》教材审稿会开幕式上的讲话

吕叔湘
(中国社会科学院语言研究所所长)

要我来参加审稿会,我最初以为只是二三十位同志到一块儿来谈谈。今天,到这会场一看,真是济济一堂啊!这样巨大的规模、隆重的气氛,我这话就不大好讲,要有长篇大论,才跟这个场合相称。但是,我没有这个准备呀,我只准备简单地说几句开场白,或者叫做前言,没有紧扣本题,多多少少有点题外之言的味道。

我想简单地谈谈写教科书之难。凡编过教材之类的书的同志都深知其中甘苦。我就不具体联系这一本教材,来日方长,大家都可以谈。

我所想到的有三难。第一难是"讲多少",多讲了不合适,少讲了不合适,到底讲多少最合适,煞费斟酌。这一层为难,大家都有经验,我就不多说了。

第二难呢,是"讲什么",这个提法好像有点滑稽。讲什么?你的题目是现代汉语,那就讲现代汉语呗。我这样提是因为我想不出别的更好的提法。我的意思是说,光讲一个"当然",光讲什么是什么呢,还是也讲点"所以然",就是讲点为什么这个是这个,那个是那个,讲一点"为什么"在里头。或者说,让读者像剧场里的观众一样,光看前台的戏呢,还是也让他知道一点儿后台的情况,比如,你摆出来了一个结论,是不是须要讲一点为什么会产生这么个结论,或者讲这个结论当中有哪一点还不大牢靠,或者哪一点上还有不同意见。讲是不讲?这也是编教材的人为难的一个问题。给中学生编课本,可以只讲一点"当然"的东西,不讲什么"所以然"。但是,给大学生讲课就不大一样了,不能把大学生当中学生看待。你把他完全当中学生看待,只告诉他就这样这样,你不必再问"为什么",他就不高兴,因为你没把他当大学生看,大学生是喜欢动动脑筋的。所以这个第二难就难在这上头。

第三难是什么呢,就是"怎么讲",也就是怎么行文。我想拿教科书跟两种别的著作来比较。一种是自学讲义,函授讲义。编写这种讲义,得不厌其烦,两句话可以说完的非得上三句,三句话可以说完的非得说上五句。因为学习的人不是当面听讲啊,他就靠在那儿看,他是拿眼睛来代替耳朵,听不见你的声音,看不见你的手势,有疑难又不能问。所以编自学讲义就是要不厌其烦,啰唆点儿就啰唆点儿。可是,普通的教材,你要是这样编的话,就不对头了。不但是同学看起来感到腻味,老师也不愿意,因为没得讲了,他要讲的话你都给写上去了,他上课的时候怎么办呢?不是吗?所以教科书不能写得跟自学讲义一样。还有一种,就是学术论文,教材也不能写成学术论文那样。学术论文嘛,围绕一个题目,前后左右,来龙去脉都得要讲清楚,有时候讲起道理来像证几何题一样,一层一层那么证下去。课本这么写的话,不合适。课本的行文要概括些,也要生动些才好。当然不能写得像有些科普读物那样追求趣味,要写得比较正经。但是不能写得死板,要比较生动,让同学喜欢读。这很有关系。课本的文字枯燥,学习起来就没有兴趣,就不像吃饭而像吃药。教科书文字比较优美,才能发挥作用。我当学生的时候,学过英国文学史。英国文学史那种书多得很,少说也有三五十种。我们那个老师挑了一种,他上课的时候告诉我们,为什么挑这本课本。这本课本在内容方面没有什么特别见长的地方,就是文字比较好,课文本身有一点文学的味道,念起来经得起念。事实也确实是这样。因此,我想,我们编课本要注意这一点,行文方面不能完全忽略,不能写得很死板、很枯燥,否则同学不爱读,教学效果受影响。

　　上面说的三件事情,其中有一致的地方,也还有矛盾的地方。比如,第一难和第二难之间就有矛盾。你要不光谈谈前台的情况,还要看看后台的情况,难免就把分量搞多了。你要少讲一点,就照顾不到这些。行文也有这种关系,你又要讲得周到,又要文字简洁,有时候是会很为难的。

　　我就提出来编教材这三方面的困难,也可以说三方面的要求。要一本课本在这三方面都很理想,是不容易的。现在这本课本可能在这一点或那一点上跟这个要求有点距离,我想审稿的时候是不是从这三个方面都来考虑考虑。能够从这三方面考虑,我看就是从大处着眼。至于具体的一句话该怎么说,一个问题该怎么处理,比如,语法上的问题,这是个宾语呀,是个补语呀,我看那些问题是次要问题。我就讲这么一点意思,完了。

(根据《中国语文》1980年第6期排印)

(三) 大会发言(摘录)

　　1980年黄廖本《现代汉语》教材审稿会上,有十几位专家在大会上发了言。他们从不同的角度发表自己对黄伯荣、廖序东主编的《现代汉语》"试用本"的意见。现在依据胡安良先生编辑的《〈现代汉语〉统编教材审稿会大会发言汇编》(内部资料),摘录其中一部分发表于此。大多数先生的发言都比较长,现因篇幅所限,只能摘其十之一二。下文主要摘录他们有关教材的评价,至于讨论具体问题和阐述教学理念的内容,则有所省略,期盼谅解。

周祖谟(北京大学)

今天在这里参加审阅《现代汉语》统编教材的会议,心里非常高兴。在座的很多同志都是多年不见的朋友了,特别是在这暑热的天气里,很多同志由远路专程来到这里,群英硕彦,济济一堂,正好可以趁这个机会向各位请教,所以心里格外地高兴。山东大学的同志们为我们选择了这样好的居住环境,使我们得以很好地工作,非常感谢。我相信我们的会议一定会开得很好,胜利地完成教育部交给我们的任务。

前年我在兰州的时候,黄伯荣先生就跟我说正在同兄弟院校的同志一起编写一部《现代汉语》教材,并且谈到编写方面的一些问题。后来知道很快有了成稿,又经过反复修改,去年就有了印本,拜读之后,非常钦佩。对"词汇"部分我曾提过几点意见,以供参考。今年又出了下册。这种为提高高校教学质量而努力的精神实在令人感动……

编写一本教材确实不容易。吕叔湘先生昨天说到编教材有三难,讲多少,讲什么,怎样讲,都要仔细斟酌。这三点也正是审稿所应注意的。一本好的教材,本身就是一部科学研究著作,代表一定的科学水平。教材的针对性、科学性、系统性,都要强;同时文字本身要能引导读者喜欢读。文句要生动活泼,例句要富有趣味,这都是需要用心考虑的……

我看了这部教材各个章节以后,有一个非常明显的印象,就是编者把多年从事教学所积累的经验大都表现在这里了。这是一个事实,不容否认。

这本书由于是集体编写的,所以各部分的分量不一样。当然内容没法平衡,这是很自然的。例如"语音"这部分特别详备,"文字"部分就少了些,我并不是说要等量齐观,要求字数一样,而是考虑在教学上如何安排匀当,从进度、进程多作考虑。在课本前面最好写个使用说明,指出各部分如何调配,时间如何安排。书中有个别章节还薄弱一些,小毛病也是有的,有个别提法还要认真考虑。说得更确切一些。例如"文字"部分第四节讲"汉字改革的方针和当前的任务"一段,就需要根据目前文字改革的工作方针有所陈述。其他细节就不多说了。"词汇"部分,我已提过一些肤浅的意见,听说已有所改动。"语法"方面有些问题在语法学界中意见尚有分歧,本书可备一说,经过试用,再使其逐步完善。

总之,我的意见是本书可以作为统编教材来试用。这是个人的一点不成熟的意见,是否确当,还要大家来讨论。(以下略)

张志公(人民教育出版社)

这个教材有不少优点、特点,作为高等学校《现代汉语》教材来用是合适的。还有几种教材我都看过,这本教材也是其中之一。如果投票的话,我各投一票,这本当然也照例投一票。这部教材确实有它的优点,这里不准备多说了。要提意见,也提不出多少具体的,先说点儿空的。吕先生说了个"三难",我觉得很有道理。因此,我恐怕连东施效颦也说不上,只是步长者的后尘吧。我也说几点一般性的想法。不逐条举例。虚实分开,先空说几句关于教材的看法。

第一,教材的科学性。教材具有科学性,科学性就是要准确、严密,言之成理,持之有故。……

第二,教材的行文、举例、表述,要多从教和学的角度考虑。教材不是学术论文,也不是一般知识读物,教材在教学教法上有它的要求,要切合于教学。……

第三,解放思想问题。这个问题在编写教材中并没有完全解决,所以必须真正解放思想,使教材有本身的特点。所谓有特点,并不在起个名目上面,而在整体、全貌上思想解放。……

第四,教材要有点时代性。我们这本教材是此时此地编出来的,翻开一看,就看得出来,这是中华人民共和国20世纪80年代编出来的教材。……

第五,"零件"问题。外国书(包括高校教材、科学论著)附"零件",里面内容有二:一个是参考书目,一个是索引。给读者以方便,对读者负责。(以下略)

胡裕树(复旦大学)

黄伯荣先生和廖序东先生主编的《现代汉语》,优点很多,比方说,各个方面材料很丰富,各部分的分析很细致。又比方说,在"语法"部分的很多问题上处理得很好,比过去有所前进,下面谈"词法"和"句法"问题时将会具体谈到。

另外,这本教材吸取了同类教材的优点,也吸取了过去的教学经验,包括编书人的经验,同时还吸收了近年来学术研究的成果,因此这部教材有许多创见,看了很佩服。周祖谟先生对这部教材进行了详细的分析,是很精当的。这部教材是可以作为教育部的统编教材公开出版的,但是需要进行一定的加工,做到好上加好。下面就谈谈"语法"这部分,目的是向大家请教。

(一)词法部分(略)

(二)句法部分(略)

严学宭(华中科技大学)

承邀参加这次盛会,能有机会向大家学习,使我感到非常荣幸。

我读了这本教科书,受到很多教益,我完全同意周祖谟先生对本教材全面的分析和肯定,也同意胡裕树对本教材的高度评价。第一,它总结和普及了前人以及当代的研究成果;第二,它在传授基础知识方面,符合教育规律,因此我总的认识,是"合格的教材"。我现在就"文字"部分谈谈自己不成熟的看法,请批评指正。科学从来就是百花齐放,通过讨论,我相信一定会发展这部书的特长和特点,取得积极的成果。

"文字"部分,古今兼备,抓住正字,重点突破,写得很好,主流是成功的,只是有一两个一向有争论的带探讨性的问题,提出来研究一下。

一、汉字的性质。(略)

二、有关古文字形体结构的规律。(略)

我们现在就需要对于这些问题,作出新的答案,如果只能作到一种基本上还是人云亦云的水平,包括我自己在内,那只是在重复劳动,因此我们要研究新的材料,研究新的问题,研究新的方法,写出新的观点的著作。

这本教科书有自己的创见和意见,加上充分的事实根据,周密的论证,它本身就是一种创新,不足之处,任何一本教科书都在所难免,稍加修订,就完满了,谨祝它胜利地诞生。

朱星（天津师范大学）

这次教育部利用暑假在青岛召开高校中文系《现代汉语》部颁教材审查会议，我也被邀来参加，感到很荣幸。

这份教材在初次试用印出上下册时，我已全部细读过，提了几十条修改意见。这次又听了各位专家的发言，我也受益不浅。我对这本教材是比较满意的。今再经群众反复讨论，数次修改，又提高了不少。

在试用期间，群众一致反映本教材的特点是：(1)适合于目前大学生的程度；(2)适合于教学时数；(3)适合于讲授与自学，编有配套书以供课外阅读，充实学生的科学知识，注意理论与实践相结合，各章又附有不少练习材料，而练习材料中有改错习题，又是正反两面相结合。总之，是较成功的新教材，是对四化的一个新贡献。

但目前的发展形势很快，不容许我们骄傲自满、停步不前。作为一本大学教材，虽有一定的稳定性，但可作局部的修改和补充，以便不断吐故纳新，这是经常要做的。我希望主编黄伯荣、廖序东两位教授还须注意此事，不要散班子，让大家分工，提出新课题，深入研究，不断提高教材的质量。

我这里再谈一些题外之言，供大家参考。（略）

以上一些题外之言，不是都很成熟的。趁此机会说出了供大家讨论。其中"语法"方面的，我曾反复想了几十年。1963年，我曾对语法革新派先驱者陈望道先生谈过，他劝我写出来，但我至今还没写，今后也不会写，我相信将来必有人会这样写的。所谈有错误处，请批评。

徐世荣（北京师范大学）

参加《现代汉语》统编教材的学习讨论，我非常高兴。高兴的具体内容：第一点，我感到我们的汉语规范化工作欣欣向荣，大家都在贯彻落实党的语言政策。我们讲的现代汉语，就是规范化的现代汉语。……第二点，我感到，在大学里有这样好的教材，推广普通话就有了保证。……第三点，大家对于教学非常重视，对课本，这么郑重，很认真地研究。这样，一定会提高我们的"现代汉语"的教学质量。同时，也培养我们青年一代，使他们将来乐于从事这方面的工作。另外，很高兴的是，这是一个很好的学习机会。这两天听了几位先生的发言，不禁耳目一新。有许多事是自己闻所未闻的,增长了许多学问。……

我说这本书"是"一本教材。我现在说的"是"是大家讨论的语气副词。是一本教材,有它的特点。总的来说,总结了科研成果,语句深入浅出,提纲挈领,取材稳妥。"稳妥"里头包含了一些折中,也不是怎么严重。北京的土语叫"通大路"。通大路,大家都比较容易接受。去粗取精,能够适用于教学。里头有些练习布置得还不错,精讲多练,结合实际,要求实效,能够运用。这是总的来说,下面分几个方面来说。

一是系统性。教材系统性较强。由简单到复杂,由已知到未知,中间的关联之类,这本书写得好。

二是基础性。可以把我们的学生引进门。

三是接受性。很新的科学研究,很新的东西,有时对大家还不大普及,大家还不大了解。写到教材里是否合适,那不一定合适。教师能够接受,学生听起来也是比较喜欢听。

四是比较性。我看到许多教学的同志很重视这个东西。抓重点,抓主要的东西。估计学生能不能接受,能不能理解,布置的作业、练习,思考能不能做?学生要读得下去,文字要通畅清新。讲道理,语句不要太长,要简短。教材就是这样。有人觉得编教科书没有多大意思,完全是错误的。

陈必恒(中山大学)

这次审订黄伯荣先生和廖序东先生主编的《现代汉语》,我粗略地看了一遍,总的说来,我个人对这部教材是满意的。"现代汉语"这门课程,我们国家好像是在1953年开设的,到现在有二十几年了。这么多年来,经过许多同行们的努力,不断地吸收各方面的经验,逐步地提高。黄先生、廖先生主编的教材是集体努力完成的,这部教材综合了我们在这方面的成果。各个部分,无论是语音、文字、词汇、语法、修辞都比较完善,内容相当充实,特别是理论联系实践方面做得更好,比过去一些教材人大推进了一步。这是很值得肯定的。正如前面专家谈过的,这部教材最能够反映当前这门课程教学的成果,其中也吸收了不少这方面的科研成果,内容充实。可以肯定,在目前来说,这部教材是可以适合于这门课程教学的要求的,应该公开出版发行,以便利于各大专院校的教学工作。

这部教材的优点很多,各位专家都谈了,我不再一一肯定了,只简要地谈以下几点。

首先,"语音"部分安排了"朗诵"这个章节,是过去好些教材所没有的,这个安排是很重要的。这是一门技术性的课程,要真正联系实际,就要体现在语言的表达运用上,尤其是口语。这一点,徐世荣先生着重提到了。……

其次,"修辞"部分,也写得很好,特别是"词语的锤炼"这一节。我认为修辞的关键在词语的锤炼,其他像各种各样的修辞格倒不是很重要的。修辞格不过是表达手段的一些分类。人们在说话中都很自然地经常使用修辞格,不过是有用得恰当不恰当、合适不合适这一些问题的。……

第三,"语法"部分也很好,系统性很强,联系实际很紧密,有正面、反面的例子,这很好。但要注意两点,一点是规范化的问题,另一点是练习中的一些要改正的错例,怕是编写者造出来的,与学生实际水平不符,这两点吕冀平先生也谈到了,应该避免。

此外,我想谈谈"语法"上的一些具体问题。(以下略)

张拱贵(南京师范大学)

昨天听了周先生和胡先生以及今天听了严老师的精辟的报告,我受到很深的教益。三位先生对这本教材的评议,我都同意。……

兰州本《现代汉语》教材,它的特点,从教学这个角度来看,它的章节、内容,特别是语法体系方面接近中学的课本。南京师范学院上学期用的是胡先生主编的《现代汉语》,因为这个书写得比较早,"文化大革命"前用过这个课本。讲到"语法"这一部分,他们就不得不照着课本来讲,一面要跟中学这个系统来对照,这样双管齐下,老师和同学都感到吃力,两种体系搅。现在他们采用兰州这个《现代汉语》课本,这主要是避免跟中学课本发生差距,发生矛盾,因为师范学院毕业的同学大部分是派到中学去当教员,而学生也都是从中学来的,他习惯了中学那一套体系,特别是"语法"这一方面,为了在教学的时候免得把两套同时灌下去,很需要调整一下,这说明兰州本教材,除了昨天今天老师们提到的特点之外,它接近中学课本,学生比较容易接受,这一点对师范学院的教师、同学来说,用起来比较方便。

对这本书,我们还有些希望,这些希望,也不单是我个人的希望,也是我们南京师范学院一些同志的希望。这个希望呢,就是现在中学的课本里面,已经讲了许多的汉语知识,分量并不小,那么到了大学,如果《现代汉语》内容和这些差不多,扩大的有限,那么学生感觉到已经学过的东西又在大学里来学,无所提高,或者提高不多,所以,我们有些同志看了这本书之后,希望能够加深,能够提高。那么加深的办法呢,除了分量上增多一些以外,更重要的是,不但要讲"当然",也要讲些"所以然"。在这个课本里面理论部分讲得不很多,不过我们如果在适当的地方简单地提到一下,这样就可以引起教师和同学们注意,教师可以在教材提到的地方发挥和补充,这样学生听起来跟中学所学的相比就有提高,我们希望大学的汉语教材比中学的加深加广。……

底下我再谈几个零碎的意见。(以下略)

吕冀平(黑龙江大学)

我参加了这次会议,听了吕先生的讲话,还有好多前辈老先生的专题报告,受到了很大的启发,感到这次能够有幸参加这次会议,的确是收益良多的。

我对教材,主要是看了"语法"这一部分,感觉到我们的教材,既有理论上的阐述,比如说对于各种成分结构跟类型的分析,各种成分搭配的顺序等,都既有理论上的阐述,又有实践上的指导,有些个正误练习,编得是很好的,对于指导学生的写作,肯定是有很大用处的。因此,它体现了理论与实践相结合的原则。在文字上,它简明扼要,论述清晰。就"语法"部分的安排和分量来说,也是合适的。"思考和练习"的编写,很见功夫。从中可以看到,编写的同志是做了十分可观的努力的。有些是很有启发性的。其中有些个比较,不仅仅对于同学们的语法分析能力有所提高,对于训练同学们的逻辑思维也很有好处。

总的说来,我完全同意上面许多位老师对于这部教材的评价。这是一部在现在来说是可用的、比较好的高等学校《现代汉语》教材。当然也有一些地方还有待于进一步的补充和提高,这些问题我在阅读的时候都写在上面了。不管这些看法正确与否,我都写出来了,仅供编者同志参考,这里就不重复了。

我这里想简单地谈几点和这部教材的具体修订可能没有什么直接联系,但从长远看也许有点关系的想法。我想了一下,很可能可以算在吕先生所讲的编教材的"三难"里面,不知道对不对。

第一点,教材是具体体现教学目的的,因此,它和培养目标直接联系在一起。培养目标不同,教材就应该有所不同。……

第二点,也就是体系问题,主要是语法体系问题。这是我国语法学界争论最大的问题。……

最后一个问题,是谈教材里面的规范化问题。(以下略)

张斌(上海师范大学)

这次参加审稿会议,听了吕先生的发言,还有好多老先生的发言,还有大组、小组同志们发表的意见,觉得这些意见,这些讲话,不但对黄伯荣先生和廖序东先生编写的《现代汉语》教材的修订有很大的作用,对我们自己科学研究、教材编写、教学工作也富有指导意义。诸位先生对这一本教材提出了中肯的意见、恰当的评价,都觉得这本教材取材丰富、分析详细、注意实践,特别是教材的各部分都有它自己的见解,有新的面貌,有些地方是在传统的体系上头加以改进。大家一致肯定这本教材,认为这本教材是一本合格的高等学校的《现代汉语》教材。我个人也很同意这种看法。

就在前几天听到了严先生讲"文字"方面的问题,他特别提醒我们,从事科学研究,从事教材编写,一方面要吸收前人的成果、经验,同时呢,也不能老踏着前人的脚印走。这个意见,给我的印象很深刻,觉得很有指导意义。因为很多的新事物,很多的新成果,要我们去吸收,才能进步。我举个例子说吧。……

总的意思呢,就是说,我们在研究、学习当中,我们自己,就是我自己吧,常常有些老框框套住了自己,想问题,在这个框框里头想就想不开,就解释不了。

张静(郑州大学)

参加这次审稿会,我觉得收获很大。通过大会发言、小组讨论、会下交谈,向很多语言学界的老前辈和同志们学习了很多东西,开阔了眼界。

《现代汉语》第一方案和第二方案是一个教材会议上的双胞胎,因而我对这部教材有一种特殊的感情,在发言的时候恐怕总要带些偏向吧。我完全同意前几次大会上几位老先生的意见。这部教材是一部比较好的教材,是集体智慧的结晶,经过修改,可以作为正式的高校文科教材。

　　有一些问题不光是这部教材的问题,也是各种教材甚至是整个学术界都没有很好解决的问题。我们在编写教材中,这些问题也都碰到了,各部分都有。比方说"文字"部分,六书要不要讲？讲六书的话,转注呀,假借呀,要不要讲？这些问题都拿不准。"语音"部分也有一些没定下来的问题,反映到教材里,就会有不少矛盾。比方说轻声。……"词汇"里也有不少问题。……"修辞"部分也有很多问题,比如消极修辞、积极修辞的提法要不要？……

　　这几天,大家讨论比较多的是语法体系问题。这个问题是我们编写教材中头等棘手的问题。它逼着我们绞尽脑汁,投入了大量的也可以说是无效的劳动,或者是成效不大的劳动。"语法"里头,问题很多,大大小小百把十个。(以下略)

张寿康(首都师范大学)

　　参加这次会很高兴,这句话很像套话,但有实际的内容。这是我第二次在青岛开这样的会,1956年全国语法座谈会也是七月底八月初的时候在这个地方召开的。吕叔湘先生和王力先生都参加了那次会,在座的好几位都参加了那次会。……那次的会,虽然没作什么结论,但是明确了一点,就是要依据汉语的特点,这是留下的最深刻的印象。

　　参加这次会感到很高兴,还因为经过这么多年,语言学界的春天确实来了。自己平日不学,也苦于没时间读书,这次到青岛来,就是想好好看看书,好好学习大家集体编写的教材《现代汉语》。……

　　读了这个教材,感到有很多优点。想从两方面谈谈自己的体会。

　　一方面,这部教材总结了前人和当代人在现代汉语这个范围内的研究成果,这一点从很多章节都能看出来。例如在"汉语的形成"方面采用了罗先生和吕先生在"现代汉语规范问题学术会"上的专题报告和见解,"词汇"部分也采用了周先生的很多看法,"语法"部分分别采用了郭绍虞、张志公、朱德熙、胡附、文炼等同志的很多看法,这就是总结了研究成果,这是一部教材所需要的。一部教材,就是要把最新的研究成果告诉我们的学生,让学生能够在很多问题上不再走弯路,接受这些研究成果。在这些研究成果的基础上再向前发展。这是一方面。

另一方面,这部教材总结了教学经验,总结了编者多年的教学经验。这部教材有不少地方回答了学生的疑问。回答了学生的疑问,实际上就是总结了教学经验,不经过教学怎么能知道学生有这样的疑问呢?碰到这些问题是要经过思考,要经过自己的研究或参考别人的论文来回答学生的问题,是迎头赶上的。总结了教学经验就不再被动了,当然学生在以后的学习过程中还会有问题。学生提的问题都是很宝贵的,给教师很多启发。针对学生提的问题,可以说这个教材很多部分都是教学经验的结晶,也是研究的成果。

这是总的印象。

下面谈一下仅供参考的意见和建议。(略)

总之,高等学校的"现代汉语"教学,可以于成立一家言,而且可以形成学派,这是我个人的看法。

李临定(中国社会科学院语言研究所)

这几天,在大会上、小会上听到各位老前辈和同志们很多、很有见地的发言,在个别的交谈中,也听到不少的高见,使我学习到不少的东西,收获很大。我自己没有教过书,按理说是没有资格评论教科书的。但是,既然来了么,也不得不谈几句。

首先就是对这本书——黄伯荣先生和廖序东先生主编的这本书表个态。这本书在黄、廖二位先生的主持下,有几十位同志参加编写,经过反复地征求意见和修改,现在这本书是保证了一定的质量的,有不少的优点。和胡裕树先生主编的《现代汉语》、张静先生主编的《新编现代汉语》相比较,各有各的特色。特别是我们这么一个大国,需要有几本风格不同的教材。这对我们教学是非常必要的,也是非常有利的。因此,我同意各位老前辈的发言,这本教材是能够作为正式的教材出版使用的。

吕叔湘先生在开幕式上说,编教材有三难。编教材的确是不容易,我们就拿汉语语法来说,我们汉语的语法构造是相对的复杂而灵活的。特别是我们现在对有些问题还研究得不够清楚,而且我们在语法的观点上还存在着不少的分歧。在这种情况下,我们要编一本好的语法教材,的确不容易。这里边除了我们的语法体系要更加完善一些以外,还有一个问题,就是如何使我们的语法体系能更好地概括语言事实。这里也有一个问题,就是吕先生所说的,在一本语法教材里边究竟谈多少才算合适。

现在我们想举个例子来谈谈这个问题。(略)

黄、廖二位先生主编的这部教材,我们上边说了,有不少的优点,同时也存在一些不足之处。我也同意以上先生说的,在行文上,恐怕还是要下一番功夫的。关于这本书的意见,我已经一一写在那本书上了,我已经交给大会,所以我这里就不谈了。

后　记

2019年4月13—14日,由高等教育出版社和黄廖本《现代汉语》教材编写领导小组主办、青岛大学文学院承办的"纪念黄廖本《现代汉语》出版40周年学术研讨会"在青岛大学隆重召开。来自全国18个省(市、自治区)近50所高校的111位专家学者出席会议并进行了交流。会场气氛热烈,发言踊跃,洋溢着浓浓的学术氛围和人文情怀。为了全面反映这次会议的成果以及黄廖本四十年的发展历程,高等教育出版社和黄廖本《现代汉语》教材编写领导小组决定出版纪念文集。

本文集由历史回眸、宾主致辞、教材修订、教材评议、教学研讨以及大事纪要六大板块构成。

"历史回眸"精选了黄廖本历次修订、培训以及研讨活动的有关图片,借以反映前辈学者的探索足迹和不朽功绩。

"宾主致辞"收录了会议开幕式上的重要发言,有些标题为编者根据内容添加。李行健先生的发言全面回顾了黄廖本《现代汉语》教材四十年的筚路蓝缕历程,诸多细节为首次披露,既有情真意切的追忆,又有条分缕析的归结,娓娓道来,富有启迪。特移至卷首,作为文集的序言。

"教材修订"主要收录了黄廖本编者撰写的反映增订六版及精简本的修订思路和修订要点的几篇论文,以便使用者能够精准地把握教材的脉络和细节。本板块的另两篇论文反映了增订六版使用者对教材的热切关注和美好期许。

"教材评议"收录了各界对教材的评论之作。内容有述评、有褒扬、有商订的意见和建议,但都充满了对黄廖本教材的厚爱。除了对体例略加统一调整外,原文未加更动,个别不妥之处略有调整。

"教学研讨"所收论文反映了现代汉语教学与研究方面的最新成

果,对如何利用教材开展教学提出了许多真知灼见。其中黄、廖二位先生的论文尽管年代久远,但读来春风拂面,依然对当下的现代汉语教学具有指导意义。

"大事纪要"主要由两部分构成。《黄廖本〈现代汉语〉出版发行40周年大事记》记述了40年来黄廖本的发展轨迹和重要事件,有助于读者透过历史源流来细细研习老一辈学人的工匠精神。《1980年黄廖本〈现代汉语〉教材审稿会纪要》再现了当年夏天在青岛召开的"现代汉语统编教材会议"的盛况。青岛会议堪称黄廖本教材编写史上乃至现代汉语教学史上一次意义非凡的盛会,大师云集,高论纷呈,影响深远,至今仍让人津津乐道。限于篇幅,只能择要展示。

本文集汇聚了黄廖本编者和众多关爱者的心血。无论是图片的征集,还是文章的撰写,都得到了诸位同道的积极响应和鼎力支持。文集具体工作主要由王建军、邵霭吉承担,编辑吴军多方协调、精心审稿,费力尤多。对他们的辛勤付出,在此一并致以诚挚的谢意!

黄廖本《现代汉语》教材编写领导小组
2019年10月

郑重声明

高等教育出版社依法对本书享有专有出版权。任何未经许可的复制、销售行为均违反《中华人民共和国著作权法》，其行为人将承担相应的民事责任和行政责任；构成犯罪的，将被依法追究刑事责任。为了维护市场秩序，保护读者的合法权益，避免读者误用盗版书造成不良后果，我社将配合行政执法部门和司法机关对违法犯罪的单位和个人进行严厉打击。社会各界人士如发现上述侵权行为，希望及时举报，本社将奖励举报有功人员。

反盗版举报电话　（010）58581999　58582371　58582488
反盗版举报传真　（010）82086060
反盗版举报邮箱　dd@hep.com.cn
通信地址　北京市西城区德外大街 4 号
　　　　　高等教育出版社法律事务与版权管理部
邮政编码　100120